HANS WEIGEL

DAS ABENDBUCH

HANS WEIGEL

DAS ABENDBUCH

Egozentrische Erinnerungen
und Berichte
unter
tunlichster Aussparung
des allzu Privaten
und religiös
Konfessionellen

Verlag Styria

CIP-Titelaufnahme der Deutschen Bibliothek

Weigel, Hans:
Das Abendbuch : egozentrische Erinnerungen
und Berichte unter tunlichster Aussparung des allzu Privaten
und religiös Konfessionellen / Hans Weigel. –
Graz ; Wien ; Köln : Verl. Styria, 1989
ISBN 3-222-11916-3

Printed in Germany
Umschlagbild: Elfriede Ott
Redaktion: Elke Vujica
Druck und Bindung: Ebner Ulm
ISBN 3-222-11916-3

INHALT

»Wie schön wär' das, wenn ... die G'wölbtür der Vorzeit wieder aufg'sperrt und die Budel der Phantasie voll ang'ramt wird mit Waren von ehmals, wenn ich dann beim lebhaften Ausverkauf alter Geschichten sagen könnt': ›Oh, ich war auch einmal ein verfluchter Kerl ...‹«

Johann Nestroy
Einen Jux will er sich machen

Rethymnon (Kreta), 6. September 1988

»Manchmal, wenn ich nachts nicht schlafen kann, weil ich zuviel Plumpudding gegessen habe, wälze ich mich im Bett auf und ab, weil wie ein Albdruck etwas auf mir lastet: Hauptmanns siebzigster Geburtstag«, schrieb einst Kurt Tucholsky in der »Weltbühne«.

Ich erinnerte mich dran, ich hab die Stelle in der Gesamtausgabe gesucht und gefunden, als mein Achtzigster bevorstand. Ich wollte sie bei einer meiner Reden zitieren, dazu bin ich nicht gekommen, doch jetzt will ich mein Buch mit diesem Zitat beginnen.

Natürlich hinkt der Vergleich, und dies nicht nur, weil's bei mir der Achtzigste ist. Auch dräut der eigene Geburtstag ganz anders als ein prominenter. Mein Geburtstag flößte mir Angst und Freude ein, namentlich letzteres. Ich nenne einen äußerst liebenswerten Buchverlag seit langer Zeit mein eigen, und der hat sich zerfranst, hat mich und meine Umgebung nach meinen Wünschen gefragt. Ich hatte nur einen: Der Erich Sokol möge mich karikaporträtieren. Die Elfriede Ott (ich will sie künftig hier so nennen, wie man sie, ihr nahestehend, zu nennen pflegt: die Evi) verbündete sich mit meinem Freund, dem Dr. Gerhard Trenkler vom Styria-Verlag, und der fragte das Theater in der Josefstadt zu Wien, ob. Und die Josefstadt wollte, und das war eine der großen Freuden. Und sie baten zu der Matinee am 29. Mai 88 auch das von mir so geliebte Alban-Berg-Quartett. Und damit stieg die Freude ins Ungemessene.

Man merke sich dieses Datum des 29. Mai 1988. Wir kommen schon hin, aber es wird lange dauern.

Denn ich will mich hier an Hand von Örtlichkeiten, die mit meinem Leben, aber auch mit meinem Geburtstag zusammenhängen, an vieles erinnern.

Ich werde nicht immer chronologisch sein können, ich will so locker vor mich hin schreiben. Und es wird den Herrschaften Leser(inne)n nicht erspart bleiben, gewisse Dinge, die bereits in von mir verfaßten Büchern oder sonstigen literarischen Produkten zu lesen sind, hier wiederzufinden. Ich bitt vielmals um Verzeihung; ich suche hiermit demütig um eine entsprechende Amnestie an. Ich weiß nicht, ob die Tatsache, daß ich's weiß, ein mildernder oder ein strafverschärfender Umstand ist.

Es will Abend werden, drum ist dies kein Tagebuch, sondern ein Abendbuch. Das Verfassen von Büchern ist selten vergnüglich, aber diesmal wird's ein Vergnügen; denn zum ersten Mal weiß ich im voraus, was ich schreiben werde.

Und nun begrüße ich alle, die dieses Buch zu konsumieren gedenken, mit einem herzlichen: LESEN SIE WOHL!

JOSEFSTADT

Als das Theater in der Josefstadt unter Max Reinhardt eröffnet wurde, ging ich schon ins Theater. In Konzerte und in die Oper ging ich lieber, und das ist so geblieben. Im Burgtheater war ich als relativ älterer Jüngling zum ersten Mal bei »Nathan der Weise«. Mein Vater war in russischer Kriegsgefangenschaft, und meine Mutter erlaubte mir Konzerte, aber sie wollte meinem Vater meinen ersten Theaterbesuch vorbehalten. Ich betrat das Haus und sagte: »So klein?«, Rotzbub, der ich damals schon war. Den Nathan spielte ein Herr Siebert, die Recha Frau Mayen (ja!), den Sultan Herr Devrient, die Daja und den Derwisch hab ich verdrängt, den Tempelherrn Herr Gerasch, die Sittah Frau Wohlgemuth – na ja! Doch der Klosterbruder war Hugo Thimig, und ihn liebte ich, und der wurde, als das Theater in der Josefstadt dann unter Max Reinhardt eröffnet wurde, dorthin engagiert.

Er spielte dann in der Eröffnungspremiere des »Diener zweier Herren« den Brighella wunderbar betulich und patschert. Und den Truffaldino spielte der große Hermann Thimig, den ich damals geliebt habe und dem ich in meiner Kritiker-Sturm-und-Drang-Zeit übel mitgespielt habe, aber das wurde aus der Welt geschafft, und dann mochten wir einander. Truffaldino raste über die Bühne, machte Purzelbäume, hatte Hunger und mußte anderen servieren, verballhornte die Worte »Pudding« und »Frikassee«, und Egon Friedell spielte den Dottore.

Das Haus war Max Reinhardts beste Inszenierung, obwohl der »Diener« und »Kabale und Liebe« auch recht wohlgelungen waren. Als ich mehr als zehn Jahre später für das Schauspielhaus Zürich den »Diener zweier Herren« textlich etwas überholen sollte und das Textbuch von damals in die Hand bekam, erinnerte ich mich an viele Dialoge von damals, vor allem Hermann Thimig betreffend. Und als, wieder ein Jahrzehnt später, Hermann Thimig am Burgtheater den Zettel im »Sommernachtstraum« spielte, den ich von ihm damals an der Josefstadt in ihrem frühen Stadium gesehen hatte, waren mir von ihm über zwei Jahrzehnte hinweg Tonfälle aus Josefstädter Urzeiten im Ohr (»Mir war, als wär' ich, mir war, als hätt' ich«). Neben ihm waren damals nur die anderen Rüpel herrlich, so Richard Romanovsky. An den geliebten Gustav Waldau, der den Squenz gab, erinnere ich mich bis heute bei jedem »Sommernachtstraum«, und über ihn rede ich immer wieder, wie es immer älteren Leuten geht, die von Schauspielern schwärmen, die jene, vor welchen sie schwärmen, nie gesehen haben. Sogar Josef Kainz geht mir auf die Nerven. Damals anno Reinhardt – frühe Josefstadt – schrieb Karl Kraus: »Die Bäume waren echt, und die Verse waren von Papier maché.«

Hans Moser. Eigentlich hat ihn Hubert Marischka – Ehre, wem Ehre gebührt, wenn auch mit zusammengebissenen Zähnen – sozusagen entdeckt, aber Reinhardt folgte auf dem Fuß.

Manchmal ist's ein Glück, Theaterkritiker sein zu dürfen; mir wurde es zuteil, ich durfte über Moser als Vater Weyring in »Liebelei« und als Polizist in »Liliom« schreiben, und ich darf annehmen, daß er beides gelesen und sich gefreut hat.

Meine erste Begegnung mit Hans Moser und mit diesem Haus stand also unter einem günstigen Stern; sie war lange vorher. Ich war ein Autor der Wiener literarischen Kabaretts und wurde unvermutet in das Theater in der Josefstadt gebeten. Wer dies veranlaßt hat, erfuhr ich nicht. Dunkel erinnere ich mich daran, daß in diesem Zusammenhang der Name des Dr. Hans Ewald Heller genannt wurde, aber diesen Herrn kannte ich nicht; es war wohl der liebe Gott, der mir dies, wie so vieles, vermittelt hatte. Doktor Heller war vor dem Ersten Weltkrieg mit meinem seither vermißten Onkel Theo bekannt gewesen, das wußte ich, und Doktor Heller kannte wohl durch familiäre Beziehungen meinen Namen als den des Neffen seines Freundes. Was weiß ich? Ich wollte ihn damals immer anrufen, aber wie's schon so geht ... Er war ein Komponist, ein Arrangeur, er instrumentierte Walzer von Edmund Eysler, er hat mich zu Nestroy, meinem Schutzpatron, vermittelt.

In der Josefstadt wurde der »Jux« vorbereitet, sie brauchten Zusatzstrophen, hatten schon etliche Autoren herangezogen, Lothar Metzl hat mir vor zwei oder drei Jahren erzählt, daß auch er gebeten worden sei. Das Stück war bearbeitet von Hans Lengsfelder und Siegfried Tisch, zwei damals eher vielbeschäftigten Textdichtern, als das »Musical« noch nicht in Amerika daheim, sondern im Begriff war, in Österreich erfunden zu werden. Ich dichtete etliche Zusatzstrophen zu den im »Jux« dieser Machart vorgesehenen Couplets. Eine endete mit der Zeile: »Es is ja net wahr, aber mich unterhalt's« (Mischung aus: »'s is alles nit wahr« und »es is nur Chimäre, aber mich unterhalt's« – »Die verhängnisvolle Faschingsnacht« und »Die Papiere des Teufels«). Ich wußte damals noch blutig wenig von Nestroy – soviel ungefähr wie ein heutiger durchschnittlicher Theaterwissenschaftler –, aber ich brachte einige Strophen zustande, und eine wurde akzeptiert. So gebot denn der geliebte Oscar Karlweis, als das Stück zu Ende war, dem Vorhang Halt, trat nach vorne und sang: »Wir zeigten euch heut' im Verlauf dieses Stücks weder ... noch ... noch artistische Tricks, 's ist nur eine Posse und gar nicht von heut' ... Doch hoffen wir, daß wir heute nacht nicht nur uns, sondern euch einen Jux hab'n gemacht, und ihr sagt beim Heimgehn, es war zwar was Alt's, schon lang nimmer wahr, schon lang nimmer wahr, aber uns unterhalt's.«

Die Anspielung auf die artistischen Tricks bezog sich auf das Spektakel »Der Stern der Manege«, das damals mit der jungen Marika Rökk erfolgreich gespielt wurde. Ich war zu jener Zeit ein kritischer Lausbub und ein Nestroy-Verteidiger. Es muß im Jahr 34 oder 35 gewesen sein. Neben Karlweis spielte Friedl Czepa, und eben Hans Moser als Melchior. Es gibt eine kurze Filmaufzeichnung seiner ersten Szene mit Zangler (Wilhelm Schich), und da merkt man, daß jedes originale Nestroy-Wort so klingt, als hätte er's eben erfunden. Ich erbat statt eines Honorars die Möglichkeit, Josefstädter Generalproben zu besuchen, so sah ich dies und das, ich erinnere mich nicht mehr und mag nicht nachschauen. Ich erinnere mich aber an den großen Eindruck, den »Das Apostelspiel« von Max Mell auf mich gemacht hat, an Karl Götz, den jeder den »alten Götz« nannte. (Alfred Polgar schrieb über ihn: »Wo er hintritt, wächst Gras.«) Und neben ihm spielten Oskar Homolka und, ich glaube, Hermann Thimig. Ein schönes, wenn auch gekünstelt naives Stück, aber was ist am Theater nicht gekünstelt?

Und jetzt kommt der große Sprung über die Zeit der Abwesenheit hinweg, Sehnsucht nach dem Josefsplatz, dem Großen Musikvereinssaal, dem Theater in der Josefstadt. Rudolf Steinboeck war Direktor geworden. Sie spielten »Die Zeit und die Conways« von Priestley, wir gingen nicht in die Vorstellung, wir gingen in die Garderoben, Lisl Kinast war dort, oft auch Rudolf Steinboeck, alte Freunde. »Wien bleibt Wien«, sagt man in solchen Fällen, ich kannte auch den Hans Holt.

Von mir gehört hatte niemand, das fand ich bald heraus, aber Wurscht – ich war da. Ich fand den Alfred Ibach, der der liebste Freund meines Lebens wurde; er liebte auch mich, er hat veranlaßt, daß aus dem reichen

Inhalt meines Rucksacks die »tragische Revue« namens »Barabbas oder Der fünfzigste Geburtstag« angenommen, in der Josefstadt (Jänner 1946) gespielt und dann in das »Kleine Haus«, Liliengasse, übernommen wurde. Wilhelm Heim spielte die Titelrolle, Leopold Rudolf den Christian, Grete Zimmer die Martina, Aglaja Schmid die Cilly, Helly Servi die gute Mutter, ferner Evi Servaes, Gandolf Buschbeck, Regisseur war Franz Pfaudler, mit dem es sehr gut ging, Josef Knaflitsch war der musikalische Leiter, wie Steinboeck und Kinast ein alter Mitarbeiter aus »Literatur am Naschmarkt«-Tagen. »Barabbas«, hochgradig kabarettistisch, eignete sich gut für das Kleine Haus. Unvergeßlich: als ich nach Schluß der Premiere hinter der Bühne war, erschien dort der liebe, gute Günther Haenel, damals Direktor am Volkstheater, und wir umarmten einander. Er wurde einer meiner großen Freunde. Es gab lange Zeit eine gute Runde: Haenel, seine Frau Bädy, Erich Neuberg und ich.

Alfred Ibach wollte aus mir eine Josefstädter Galionsfigur machen, ich sträubte mich. Das Schauspielhaus Zürich gastierte in der Josefstadt. Alfred setzte mich in die erste Reihe, na ja. Aber er wollte, daß ich nachher eine Rede bei der Premierenfeier halte, und das wollte ich nicht. Sie spielten »Mutter Courage«, die Josefstadt kam mit dem »Schwierigen« nach Zürich. Viktor Matejka sprach nachher im Sträusselsaal: »Wir haben ihnen den Schwierigen geschickt, sie haben uns Courage gebracht.« Ich übergab Leopold Lindtberg, dem langjährigen Regisseur des Zürcher Schauspielhauses, eine Liste der Wiener Telephonnummern, die er brauchen würde, unter anderen die Nummer Ewald Balsers.

Am letzten Tag war eine Vorstellung für die Wiener Schauspieler, ich glaube: tagsüber. Ein Haus voll Schauspieler ist immer etwas Bedeutendes, und da erst!

Nach Schluß ergab sich ein regelrechter Sturm, es donnerte, es war wirklich überwältigend. Da trat schließlich Leopold Lindtberg, der Wiener, vor den Vorhang – oder blieb der Vorhang offen, und alle Zürcher standen um ihn? Und er sagte und war wirklich bewegt, und das mit Grund: »Wir sind sehr erschüttert.« Das weiß ich noch. Und am Ende seiner Worte sprach er von der unseligen, geliebten Stadt. Sie hatten sich gefunden, die Kolleginnen und Kollegen von hüben und drüben, und wäre es nach ihnen gegangen, hätte es keine Trennung gegeben und keine Entnazifizierung und keine Registrierung. »Wir wollen sein ...« Sie wollten es an diesem Tag wirklich sein, wer hat es ihnen, wer hat es uns verpatzt?

»Der Schwierige« war eine wunderschöne Vorstellung (Regie: Reinhardt, glaube ich) im Anfang der Ära Reinhardt, das muß ich achronologisch nachtragen – ich fürchte, sowas wird mir noch oft passieren, aber ich hab den Ehrgeiz, ohne Unterlagen, direkt aus dem Hirn in die Maschine zu berichten, und da wird das doch wohl noch vorkommen dürfen. Man soll nie eine Vorstellung als die schönste im Leben bezeichnen, aber dieser »Schwierige« war die schönste Vorstellung meines Lebens. Gustav Waldau, Helene Thimig. Ich war mit meinen Eltern drin, wir saßen nachher in einem Café Ecke Josefstädterstraße – Langegasse, das es nicht mehr gibt, ich war außer mir, aber auf die stille Tour, und ich schrieb dem Waldau einen Brief, der vieles vorwegnahm, was ich seither über Österreich gedacht und geschrieben habe – zum Beispiel einen großen Essay über den »Schwierigen«, ein Gedicht »Mit einem Exemplar des ›Schwierigen‹ für meinen Zürcher Freund Richard Schweizer.« – Gustav Waldau schickte mir sein Bild und schrieb auf die Rückseite: »Lieber Herr Weigel. Wenn wir so gehört und gefühlt werden, dann ist unser Beruf schön. Dankbar ergeben grüßt Sie Gustav Waldau.«

Es gab auch schreckliche Vorstellungen in der Ära Reinhardt, »Was ihr wollt« zum Beispiel, »König Lear«, »Juarez und Maximilian«.

Max Reinhardt war damals nicht de facto Direktor, sondern der Geist, der über dem Wasser schwebte, mit dem meist in der Josefstadt gekocht wurde. Der Direktor, als der liebe Gott namens Hans Ewald Heller mich an die Josefstadt brachte, war Otto Ludwig Preminger. Ihm folgte Ernst Lothar, dessen gute Tat es war, den bedeutenden Albert Bassermann, der in Deutschland nicht bleiben konnte, an die Josefstadt zu engagieren. Er spielte auch in der Lothar-Dramatisierung der Schnitzler-Novelle »Fräulein Else«. Ich ging mit meinem Freund Peter Ihle in die Premiere. Ihle, der an der Berliner Volksbühne gespielt hatte und sich nun mühsam mit Gelegenheitstätigkeiten fortbrachte, sagte mir vor der Vorstellung: »Man erzählt, daß der neuentdeckte Schauspieler, der sich Kaspar Brandhofer nennt, in Wirklichkeit der Leo Reuss ist, mit dem ich engagiert war. Wenn er's ist, erkenne ich ihn sofort.« Das Stück begann, und als Herr von Dorsday auftrat, flüsterte Peter Ihle aufgeregt: »Er ist es!«

Leo Reuss gehörte zu der Schauspielerin Agnes Straub, die bleiben konnte. Er hatte sich auf ein alpines Gut zurückgezogen, nachdem er sich vergeblich bemüht hatte, in seiner Heimatstadt Wien als Schauspieler Beschäftigung zu finden. Er ließ sich einen Bart wachsen, färbte ihn und seine Haare blond und versuchte nun geschickt, als Bauer und Laienspieler entdeckt zu werden. Dies gelang auf dem Umweg über Salzburg und die Clique um Reinhardt. Kaspar Brandhofer wurde für den Herrn von Dorsday an die Josefstadt engagiert. Diese Besetzung allein spricht für die Gedankenlosigkeit dieser Clique, denn man könnte einem Bauern wohl den Wilhelm Tell, den Meister Anton, einen Anzengruber-Protagonisten zutrauen, in keinem Fall aber einen reichen Wiener Patrizier. Doch Brandhofer spielte die Rolle, »lernte« Hochdeutsch, war bei der Premiere nicht zu erkennen. Weil ich's wußte, merkte ich nur an der professionellen Art, wie er auf den Beifall reagierte, daß das kein Brandhofer war. Die Wiener Kritik lobte die Entdeckung. In der christlichen Reichspost war das Wort »Scholle« zu lesen. Als die Wahrheit sich herumsprach, waren die meisten Kollegen sehr humorlos, nur Bassermann war menschlich-anständig, Ernst Lothar leugnete, daß sich Brandhofer bei ihm gemeldet hatte.

Da schrieb ich, nur für mich, ohne Publikationsabsicht, ein Gedicht im Wirtinnen-Metrum:

Frau Wirtin hatt' auch einen Reuss,
Der war ein Jude und kein Preuß,
Drum tät es ihm nicht glücken,
Im neuen freien Österreich
'ne Chance zu erblicken.

Das Poem hatte viele Strophen und endete:

Und die Moral von der Geschicht:
Begabung, die zählt derzeit nicht
Im freien Österreiche;
Es kommt nur auf den Vollbart an –
So streng sind hier die Bräuche.

Ich schreibe gelegentlich ähnliche Texte ohne bestimmte Absicht, schicke sie einigen Freunden und trage immer ein Exemplar bei mir. So war es auch damals, als ich bei Horst Budjuhn war, dem Filmdrehbuchspezialisten, mit dem ich später befreundet war. Dorthin kam auch Leo Reuss, den ich nicht kannte. Ich konnte ihm mein Manuskript zeigen, er las es und freute sich.

Er spielte, als die »Else«-Serie zu Ende war, gelegentlich in Wien, aber nichts auch nur halbwegs Adäquates. Ernst Lothar hatte nicht die selbstverständliche Noblesse, ihm eine neue Rolle oder ein Engagement anzubieten. Ja, so war'n s', die alten Rittersleut'.

In dem Bart-Gedicht steht auch die Strophe:

Frau Wirtin hatt' auch einen Lothar,
Das war ein strammer Rot-Weiß-Roter;
Jüngst packte ihn der Satan,
Da inszenierte er auf fromm
Den gar nicht frommen »Nathan«.

Es gab damals im klerikofaschistischen Ständestaat zwei Anbiederungen, die ich in meiner letzten Stunde noch überlahmen werde: das Theaterstück »3. November 1918« von Franz Theodor Csokor. Da bricht die Monarchie auseinander, bitte, darf sein, übrig bleiben die mehrfachen Nationalitäten, ein stark nationalistischer Soldat, eine Krankenschwester, ein konservativer hoher Offizier, ein jüdischer Regimentsarzt und ein bolschewistisch angehauchter Matrose. Sozialdemokraten hat es damals nicht gegeben, »im freien Österreiche«, weil das Stück damals gespielt werden sollte und die Sozialdemokraten verboten waren. So streng waren damals die Bräuche.

Und die andere: Nathan war bei Lothar zwar kein Konvertit, aber als Saladin sich zum guten Ende im Türkensitz niederläßt, versucht er, es ihm gleichzutun; und als dann Recha und der Tempelherr sich finden und Glocken klingen und beide das Kreuz schlagen, da schaut Nathan neugierig auf diese Geste und schlägt gleichfalls das Kreuz. Allgemeines Lächeln, Vorhang.

(Als der alte Kohn den alten Blau aus der Oper herauskommen sieht, fragt er, was gespielt wurde. »Tristan«, sagt der alte Blau. »Ma lacht. Sie können auch gehn.« Als die beiden einander wiedersehen, meint der alte Kohn: »Gar aso gelacht hab ich gar nicht.«)

Die Geschichte des Leo Reuss ist eine der wichtigsten aus unserer Zeitgeschichte, sie ist wahr und tragisch und entbehrt doch nicht des Humors. Gwendolen, Axel von Ambessers Tochter, hat sie, vortrefflich recherchiert, zu einem Filmentwurf verarbeitet, der einen Preis bekam. Doch das Drehbuch wurde nie verfilmt.

So, und jetzt muß ich mich einen Augenblick entschuldigen und ein Stamperl Cognac trinken wie immer, wenn ich an die Gattung Film denke.

Danke, ich bin wieder da. Ich nehme Abschied von der Josefstadt, und bin schon wieder in der Josefstadt. Ich wüßte gern, woher der Name »Sternstunde« kommt, denn das ist ein sehr brauchbarer Terminus.

Ich war in der Schweiz einmal in der Kleinstadt Lenzburg. Und ein Dortiger erzählte mir, daß der große Geiger Josef Szigeti einmal in Lenzburg ein Konzert gegeben hatte. Dies regte meine Phantasie an, und ich schrieb eine nicht ganz schlechte Komödie »Der große Gast«, nahm sie mit nach Wien. Alfred Ibach wollte sie spielen, doch Alfred Ibach, Gott sei's geklagt, starb im Sommer 48. Ich war bei meinen Eltern in Amerika, ich konnte ihm nicht einmal die letzte Ehre erweisen, es war für mich ein vielfaches Ende. Ich schrieb damals Gedichte, er wollte sie als Buch publizieren, einen Roman, den ich damals geschrieben habe, hat er angenommen, »Hölle oder Fegefeuer«, er ließ schon eine Umschlagzeichnung von Hans Fronius anfertigen, doch das Buch kam über die ausgedruckten Bogen nicht hinaus. So konnte ich nur den Buchhändler Herzog in der Mariahilferstraße bitten, die Bogen anzukaufen und ein paar Dutzend Exemplare binden zu lassen. Dies geschah. Die wenigen gebundenen Exemplare gingen weg, ich selbst kann das einzige, das ich bewahrt habe, nicht finden, aber wer weiß, vielleicht war es ein Glück, und Alfred Ibach hätte aus mir einen literarischen Literaten gemacht. Mein Gedichtband ist so sehr nicht erschienen, daß ich ihn auch nicht finden kann, dabei herrscht bei mir relative Ordnung.

Ich schrieb einmal dem Alfred Ibach ein sehr romantisch an ihn gerichtetes Gedicht, die letzte Zeile war: »Alfred, wie soll ich dir danken«, er war sehr, fast zu Tränen gerührt, und nicht jeder hat die Chance, von einem Freund derart Abschied zu nehmen, ohne »hätt' ich doch …«

Alfred war nicht mehr, irgendeinmal in dieser Zeit machte Rudolf Steinboeck mir den Vorschlag, mich vertraglich an die Josefstadt zu binden, ich wollte nicht, denn ich war schon Theaterkritiker. Ich schrieb herum, was weiß ich, was alles und wo, nur mit der erzählenden Prosa ging's nicht recht weiter. Hingegen entwickelte sich bald ein neuer, origineller Geschäftszweig, ich übersetzte Stücke ins Deutsche. Ich kann die Chronologie nicht wahren, oft weiß ich auch die Autoren nicht mehr. Eines hieß: »Wie sag ich's meinen Müttern?« Als die französische Komödie »Le Don d'Adèle« vorbereitet wurde und Dagny Servaes mit ihrer Rolle nicht zufrieden war, baute ich diese Rolle derart aus, wie es gewiß nicht erlaubt war, indem ich sie, eine simple Mutter, von Gedankenflucht befallen sein und stammeln ließ, was dem Abend gut tat, aber dem Stück nicht. Der Übersetzer kam zur Premiere und mußte gelabt werden. Ich bearbeitete das Stück »Mein Sohn, der Minister« und verlieh ihm sprechbares Deutsch, und der Regisseur Gustav Manker bescheinigte mir, er habe nicht einen Satz ändern müssen. Genug des Eigenlobs. Das ist ja überhaupt das Schreckliche für mich an diesem Buch, das mich bis heute – vorgestern – vor ihm hat zurückschrecken lassen. Diese ewige erste Person singularis. Aber wen ich nicht interessiere, der soll die Briefe von Hofmannsthal und Strauss (und umgekehrt) lesen oder die Briefwechsel von Friedrich Torberg.

Immer, wenn man mich (Gott weiß, wie oft) nach meinen Memoiren gefragt hat, hab ich geantwortet: »Ich schreibe über Karl Kraus, Arthur Schnitzler, Nestroy, so oft Sie wollen. Weigel liegt mir nicht.« Ich lieg mir noch immer nicht, aber plötzlich hat mein Achtzigster mir ins Gnack gehaut, und ich hab mir eine Kompositionsweise zurechtgelegt, und jetzt hab ich's! Nein, *Sie* haben's! Nein, doch, ich hab's. Sie müssen dieses Buch ja nicht lesen, wenn Sie nicht mögen, doch ich muß es schreiben, ob ich mag oder nicht. Als ein angelsächsischer Reporter den Heimito Doderer fragte, was der Unterschied zwischen ihm und Musil sei, antwortete er: »I use to finish my books.« Auch er war mein lieber Freund, und die Gefahr an diesem meinen Buch ist das Gewimmel der vielen lieben Freunde. Doch es gibt auch andere, ihr werdet immer ihresgleichen sehn!

Alfred Ibach war mit Ödön von Horváth befreundet gewesen. (Das ist jetzt die elegante Überleitung zu den von mir für die Josefstadt bewerkstelligten Bearbeitungen.) Es gab noch etliches Mindere, »Irma la Douce«, »Grüne Jalousien«, »Es schlägt zwölf, Herr Doktor«. Ein Stück von W. Somerset Maugham (den Titel habe ich vergessen) wurde gleich von zwei Theatern nicht gespielt. Zuerst von der Josefstadt nicht, dann sollte es Viktor de Kowa, den ich sehr gern mochte, im Akademietheater inszenieren, es begann ein freundliches Telephongespräch, das bald weniger freundlich wurde, vor allem weil im Original Zeitgeschichte vorkam, die der originale Übersetzer gekillt hatte und ich darauf bestand. (Kommt öfter vor, als man glauben würde.) Ich habe oft Übersetzungen gelesen, wo die fremdsprachigen Ausdrücke übersetzt waren, die man im Langenscheidt finden konnte, nicht aber diejenigen, für welche man den Larousse oder den Webster brauchte. Ich habe mehrfach die Bühnenverleger beziehungsweise Theater aufgefordert, solch eine Übersetzung abzulehnen und es auf einen Prozeß ankommen zu lassen, doch ... ehschonwissen. Ich hab einmal ein Theater darauf aufmerksam gemacht, meinerseits von Hilde Spiel informiert, daß ein englischer Eigenname in dem Stück falsch ausgesprochen wurde. Es hieß: »Jetzt haben sich die Schauspieler schon gewöhnt.« Ehschonwissen zum Quadrat. In dem freundlichen Telephongespräch mit Viktor de Kowa flogen bald die Fetzen, er wurde pampig, ich pampte zurück – aus! Schade, es war ein hübsches Stück. Und wurde natürlich in der analphabetischen Fassung gespielt. Kein Kritiker hatte sich um das Original gekümmert.

Fortsetzung der eleganten Überleitung. Ich habe einmal Ödön von Horváths Eltern kennengelernt, liebe, ruhige alte Herrschaften. Und mit dem Bruder Lajos, der auch in Wien geblieben war, war Alfred befreundet, demgemäß auch ich. Er war ein reizender, lächelnder, eher kleiner Herr, er hat für Alfred Ibach die Umschläge zweier Bücher von mir gemacht. Ibach nahm im Josefstädter Theater die selbstverständliche Pflicht der Wiederkehr des großen Dramatikers Horváth wahr. Die Josefstadt spielte den »Jüngsten Tag«, das Kleine Haus in der Liliengasse »Figaro läßt sich scheiden«. Und er wollte »Hin und her« spielen, das spärliche Chansons (keine sehr wohlgelungenen) enthielt, die damals der sehr schätzenswerte Hans Gál komponiert hatte. Alfred bestellte eine Musikalisierung bei Hans Lang und mir –

– manchmal komm ich mir wirklich vor wie die Alma Mahler! Aber was soll ich tun? Ich kann alles nachweisen! –

Das Stück ist grandios, Waldbrunn spielte den Helden, Hans Lang und ich waren vielleicht etwas zu nahe von Benatzky. Es wurde im Kleinen Haus gespielt, und dann in den Kammerspielen. Und es kam ein Brief von Hans Gál, der's vernommen hatte und, mit Recht, »auf seinem Schein bestand«. Irgendwo in unserem Haus liegt das Textbuch. Und jetzt frage ich Sie, die Sie vielleicht ob meines Hiebs gegen die Theaterwissenschaft die Nase gerümpft haben, was man über eine Theaterwissenschaft sagen kann, die über ein wohlbestelltes Heer von Mitarbeitern verfügt, die erfahren haben muß, daß ein Horváth-Stück in Wien zweimal aufgeführt wurde, und die die Telephonnummer und Adresse des Bearbeiters kennt und nicht muh gemacht hat. Ende des Wutanfalls.

Der zweite Große, an den ich mich zu wagen hatte,

war Franz Molnár. Ich halte ihn für einen der allergrößten Komödiendichter der Neuzeit, ich habe ihn verehrt, oft gesehen, nie bin ich ihm begegnet. Er hat ein Meisterwerk geschrieben, »Liliom«, einen Meisterroman, »Die Jungen der Paulstraße«, sehr viele Stücke, die meisten hab ich via Antiquariat zusammengeklaubt, es gibt zwei zauberhafte Bücher mit kleinen Feuilletons und noch etliches in deutscher Sprache. Zwei Autoren wollte ich mir einmal hernehmen, in Ruhe lesen und dann als Essay darstellen, ihn und Karl Valentin ... Wie sagt doch unser Grillparzer? »Zu spät.«

Aber einmal durfte ich in Molnárs Sprache reden; ich möge das poetische und wohlgelungene Stück »Die Zuckerbäckerin« für sie herrichten, bat mich die Josefstadt. Schauer überrieselten mich, denn eine derartige Kollaboration ist, mehr noch als die Übersetzung – wie sag ich's? – sagen wir: Verschmelzung –, und es muß meistens »bis übermorgen« sein. Das Hineinschlüpfen in den Geist des andern gelang mir, glaub ich, recht gut, denn Gotthard Böhm überschrieb seine Kritik mit einem Molnár-Zitat, das von mir war.

Die meisten dieser Geschäfte vollzogen sich anonym und wurden korrekt entlohnt. Ein anders gelagerter Fall ergab sich, glaube ich, nur einmal, als ich gebeten wurde, »Anne of the Thousand Days« von Maxwell Anderson herzurichten, für das Volkstheater, Helmut Qualtinger zuliebe, der den Heinrich VIII. spielte. Da weigerte sich der originale Übersetzer Friedrich Schreyvogl (warum soll er in diesem Buch nicht vorkommen), etwas vom Ertrag abzugeben. Ich glaube, daß mir meine Fassung recht gut gelungen ist, sie gefiel mir bei der Premiere, aber es wurde nichts Rechtes.

Und jetzt kommt die allersternste Sternstunde, der Gipfel des Zenits, die einsame Spitze der Kulmination.

Noch ein Stück fällt mir vorher ein, »Die Zwiebel« von Aldo Nicolai. Es gab eine italienische originale und eine französische, aber keine deutsche Version. Ich übersetzte die französische, während Paola Loew die italienische kontrollierend las, eine Dreierpartie.

Längst ist hier Franz Stoss zu preisen, der gemeinsam mit Ernst Haeusserman Direktor geworden war, der mich wegen unserem gemeinsamen Hang zur Exaktheit schätzt und umgekehrt. (Apropos Haeusserman: er wurde mit Ä und zwei N geboren und kam mit einem N und AE aus Amerika zurück.) Franz Stoss beherrschte die spanische Sprache und gab mir eine unsagbar verhatschte Rohübersetzung einer spanischen Komödie. Der Autor hieß Mihura. Es ist eine Kunst, schlechte Übersetzungen zu lesen. Davon kann ein Lied singen, wer bis vor kurzem Texte von G. Bernard Shaw in der Übersetzung von Siegfried Trebitsch zu lesen hatte, die dieser aus dem Englischen in eine ihm gleichfalls fremde Sprache übersetzte (Karl Kraus).

Hermann Scherchen, wenn ich schon beim Zitieren von Gemeinheiten bin, sagte einmal (jeder Dirigent sagt Böses über jeden Dirigenten): »Furtwängler kann nicht probieren, er kommt unvorbereitet zum Konzert, stellt sich hin und wartet, bis ihm die Muse auf den Kopf scheißt.« Da flüsterte mein Freund Z.: »Ja, aber sie scheißt.« Was ich als vielfacher Zeuge bestätigen kann.

Doch zurück zur Sternstunde! In diesem Fall war ich das unbewußte Objekt der Muse. Das Stück war ursprünglich schlecht ausgegangen und dann, wahrscheinlich kurz vor der Uraufführung, hastig-pflichtschuldig zu einem guten Ende gebracht. Helene Thimig sollte spielen, Elfriede Ott, Albert Rueprecht; ich verlegte das Geschehen nach Linz und an das Ufer eines Sees in der Nähe, es war alles ein bisserl unheimlich, aber doch lustig. Der weltfremde Sohn des Hauses, dessen erste Frau umgekommen ist, holt drei junge leichte Mädchen in die Wohnung zweier alter Damen, seiner Mutter und seiner Tante, das Mädchen Stupsi meint, es handle sich um ihren Beruf, er aber möchte sie heiraten und zuvor den Damen präsentieren. Eine fündige komische Situation. Dazu kam bei mir die sprachliche Begegnung von schwerstem Dialekt und vornehmer Schriftsprache. Sobald Stupsi und Tante Fini sich miteinander angefreundet haben, lernen sie voneinander, Stupsi bemüht sich um Hochdeutsch, die Tante gebraucht Dialektausdrücke, die sie aufgeschnappt hat. Es war zum Jubeln schön, und nach der Premiere sagte ich den Mitwirkenden: »Einmal im Leben könnt ihr euch nach einer Premiere uneingeschränkt freuen.« Denn sonst war das Josefstädter Premierenpublikum stimmungslos, seit Anouilhs »General Quichote« einen Erfolg geerntet hatte, wie er sich gehört (inzwischen ist's besser geworden).

Wir hatten keinen Titel. Die Fabrik, um die es sich in dem Stück handelt, erzeugt Süßwaren. Einmal während der Proben saß ich im Café Josefstadt, wir dachten nach, ich sagte »Katzenzungen«, Franz Messner, der liebe Regisseur, er lebt leider nicht mehr, stand auf, ging hinüber in das Theater, und wir hatten den Titel.

Da aber Herr Professor Dr. von Schiller mit Recht feststellt, daß es um des Lebens ungemischte (blödes Wort) Freude schlimm bestellt sei, folgte die Ekelhaftigkeit. Auf Grund meiner Erfahrungen war der österreichische Dialekt ein wesentliches Element des Erfolgs. Ich vereinbarte vertraglich, daß jede Inszenierung im deutschen Sprachgebiet ad hoc in die betreffende Mundart zu übertragen sei, bayrisch, hessisch, platt etcetera. Der Verlag, der mir die zahlreichen Annahmen meldete, hatte diese Bedingung akzeptiert, sich aber nicht an sie gehalten. Ich schrieb allen Theatern einen Brief, der auf die Klausel hinwies, vergeblich. Der Verlag betraute eine literarische Null mit der Herstellung einer Einheitsfassung (ich nenne den Herrn nicht beim Namen, er lebt nicht mehr).

Mir blieb eine einzige Form der Rache. Der Verlag

mußte sich verpflichten, alle Einnahmen außer dem, was die Wiener Aufführung einbrachte, an die Wiener Hilfsgemeinschaft der Blinden und Sehschwachen direkt zu überweisen. Ich besuchte das Blindenheim Dambach, das einen großen Eindruck auf mich machte. Ich wollte gern, daß diese Institution in die Spendenempfänger der Organisation »Licht ins Dunkel« des ORF einbezogen werde, wer denn sonst Licht ins Dunkel? Ich rief einen bekannten diesbezüglichen ORF-Herrn an und kündigte ihm einen Anruf der Hilfsgemeinschaft an. Ich berichtete von meinem großen Eindruck in dem Heim.

Nach einigen Wochen rief ich die Hilfsgemeinschaft an und fragte die Dame, wie's weitergegangen sei. »Mein Gott, ich habe soviel zu tun, ich bin noch nicht dazugekommen, dort anzurufen!« So ähnlich war die Antwort. Keine Hilfsgemeinschaft war je so nah von einem Götzzitat wie diese Dame. Seither öffne ich die Zeitschrift der Hilfsgemeinschaft nicht mehr und spende nichts mehr – es ist schade um die Menschen.

Und dieses wären die »Katzenzungen«.

Aber das Theater in der Josefstadt dauert noch lange an. Was mich betrifft. Auch sonst.

Eine überraschende Wiener Tradition ließ Wiener Sprechtheater einmal je Spielzeit ein »Musical« spielen. In der Josefstadt einst »Der König mit dem Regenschirm«, »Pariserinnen«, »Kleiner Schwindel in Paris« und so halt. Franz Stoss wollte etwas von Robert Stolz auf die Beine stellen (blöd gesagt!) und ließ mich ein Lustspiel von Schuppler lesen, das mit O. W. Fischer gespielt worden war. Ich war einverstanden. So entstand »Ein schöner Herbst«. Der Georg Kreisler, mit dem ich sehr gut bin, hat mir den Robert Stolz übelgenommen. Warum eigentlich? Mir ist er lieber als der Gershwin, nach dem sie sich die Haxen ausreißen, er war – darf ich, bitte, ausnahmsweise politisch sein? – ein baldiger Heimkehrer aus Amerika, obwohl es ihm dort gut ging, ich hab ihn gern gehabt, es war ein Vergnügen, mit ihm zu arbeiten; ich hab aus ihm noch einen richtigen Wiener Walzer herausgeholt und gedacht: »Wer weiß, vielleicht ist das der letzte.« Es war eine Freude mit den Josefstädtern, Leopold Rudolf, Helly Servi, Elfriede Ott, Senta Berger, Albert Rueprecht, Erich Nikowitz, Annie Rosar.

Und nun noch ein vermutlich letzter Schritt zurück zu meinem anderen Johann. Der eine, Nestroy, hieß Johann Nepomuk, der andere Jean Baptiste. Manchmal ertappe ich mich dabei, daß ich bestimmte Bücher sammle, und ich weiß nicht, warum. So war es einmal mit Molière, mit dem mich wenig mehr verband, als daß »Don Juan« unter Fritz Kortner sehr schrecklich gewesen war. Ich bin ein fanatischer Admirateur der französischen Sprache, die ich so gern höre und so gern spreche. Ein alter Bekannter namens Stephan Reiner aus Wien war nach dem Krieg wieder aufgetaucht, er war literarischer Agent geworden. Er hatte mir das Buch »O du mein Österreich« vermittelt, und ich war vorher sehr ekelhaft gegen ihn, denn er erschien gegen sieben Uhr abends im Café Raimund: »Sie müssen ein Buch über Österreich für einen Stuttgarter Verlag schreiben!« – »Jetzt kommen Sie? Um diese Zeit bin ich nie im Café, kommen Sie morgen nach Tisch!« Ich stand auf, ich mußte ins Theater, er folgte mir, er stieg mit mir um, und als wir das Theater namens Scala –

10. September

Wie der Tod so spielt. Am letzten Morgen auf Kreta wollte ich gern noch bis zur Molière-Premiere gelangen. Wir drehen an unserem Welt-Radio herum, suchen den deutschen Sender und erfahren, daß Axel von Ambesser nicht mehr lebt. Ich will hier die Aktualität nicht übermäßig einbeziehen, aber das muß sein.

Er war mein Freund, mehr als das, Zusammenarbeiter

höchster Ordnung und Freund, Seelenverwandtschaft, Harmonie, Gleichgestimmtheit. Als ich ihn bei der Präsentation seines Erinnerungsbuchs loben durfte, sagte ich: »Wir wollen ihn gern zum österreichischen Staatsbürger machen, das geht aber leider nicht. Denn wir brauchen sympathische Deutsche.« Er war einer von jenen, die man zuerst par renommé kennt. So viele sprachen von ihm nach dem Krieg, ehe er wieder da war. In einem Wessely-Film hab ich ihn gesehen. »Der war keiner«, schrieb ich über ihn, und auch die in Wien, die gut über ihn sprachen, gehörten zu jenem erlesenen Kreis des selbstverständlichen Widerstands (Milan Dubrović, Alexander Steinbrecher). Sein Gesicht bestand aus Lächeln, er war ein Froher, er beherrschte alle Schattierungen der künstlerischen Unterhaltung und scheute nicht die sogenannte Kiste beziehungsweise Klamotte. Wenn vorne ein Diener mit einem Tablett auftrat und von der Seite Menschen eilig die Bühne betraten, *mußten* sie zusammenstoßen. Er hatte Spaß am Spaß. Er war ein Hamburger und gehörte zu uns.

Einmal – darf ich mich wieder einmal rühmen, liebe Frau Alma? – schrieb er ein hübsches, nachdenkliches, aber leichtgewichtiges Stück. Politischen Inhalts. Die Kritiker in der Bundesrepublik fanden, man dürfe mit so ernsten Problemen nicht scherzen. Da schrieb ich meine Meinung nieder und bat ihn, sie in das Programmheft der kommenden Tournee aufzunehmen. Daraufhin fanden die kommenden Kritiker das, was ich geschrieben hatte.

Wann immer er in Wien war, sahen wir einander, auch wenn wir nichts miteinander zu tun hatten. Eine Männerfreundschaft, wie sie bei mir sehr selten ist. (Paul Burkhard war der andere.) Er war ein kolossal großartiger Regisseur, er war – seltsam für einen Norddeutschen – Spezialist für Nestroy (sein »Der Färber und sein Zwillingsbruder«!), er war kameradschaftlich, wohlerzogen, ach Gott, mir wird ganz weh, und manchmal ist's schon arg, wenn man die schreibende Berufsausübung derart einsetzen muß! So viele sind mir gestorben in letzter Zeit, die meisten jünger als ich, Fritz Hochwälder, Jörg Mauthe, Helmut Qualtinger, Herbert Eisenreich, einige Zeit später Alexander Steinbrecher, vor kurzem Gustav Manker, beide auch von der Nestroy-Riege. Bei Qualtinger, Hochwälder, Eisenreich, Manker durfte ich sprechen; ich weiß nachher nie, was ich gesagt habe.

Ich sah den Axel zum letzten Mal im Wiener Rathaus bei einer Nestroy-Ring-Verleihung. Er hatte ihn längst bekommen, das tut mir jetzt wohl, er hat sich mit einer sehr schönen Rede bedankt, und als die Trude Marzik und der Manfred Deix (der österreichische George Grosz) ihn bekamen, und Axel war grad in Wien, bat ich ihn, hinzukommen, und nachher saßen wir auf der Terrasse des Café Sluka unter den Rathaus-Arkaden, er war sehr hinfällig, sagte es auch, wir standen beide im Zeichen des Abschieds, dann ging er mit seiner Inge Richtung Stadt, ich geradeaus weiter, wir haben uns sicher dann noch nacheinander umgesehen, wie man das so tut, mir war's weh, ihm wahrscheinlich auch.

– und als wir das Theater namens Scala erreichten, damals vor grauen Jahren, machte ich dem bösen Spiel ein Ende und war einverstanden und schickte dem Stuttgarter Verlag einige meiner Texte zur Probe, der Vertrag wurde geschlossen. Ich nahm das ganze so wichtig wie jede Arbeit, aber nicht übertrieben. Ich dachte nicht dran, daß ich an einem Bestseller arbeitete. Ich schrieb weiter, wo

Maria Enzersdorf, 15. September

immer ich Zeit hatte, in Zeltweg, wo ich meine Kollegin Helga Pohl besuchte, in Düsseldorf, wo meine Frau am Theater engagiert war, in Stuttgart, wo ich mit dem Verlag feilschte und den Vertrag fixierte. Meine einzige

Bedingung: Paul Flora sollte die Illustrationen machen. Das ging dann sehr gut, bis auf das, daß eine bundesdeutsche Kritik, obwohl als Illustrator Paul Flora genannt war, die Illustrationen von »Fräulein Flora« erwähnte.

Und dann geschah es, daß ich Gerd Bacher, der damals Chef der Zeitung war, bei der ich arbeitete, von dem Buch erzählte, und er druckte viele Kapitel in unserer Zeitung ab, und da zeichnete sich ab, was ich nie vorhergesehen hatte, ein Erfolg bedeutenden Ausmaßes. Man schrieb mir Briefe, man lobte mich. Die Wiener Philharmoniker, vor denen ich ob gewisser satirischer Nuancen Angst gehabt hatte, bedankten sich bei mir, weil ich sie verstanden hatte. Und der außenseitige Stuttgarter Verlag hatte ein Erfolgsbuch wider Willen und konnte damit nichts anfangen.

Ich aber segelte in jener Zeit auf einem Kurs, den auch der Stephan Reiner verursacht hatte. Er redete häufig in mich hinein, ich sollte doch die blöde Theaterkritik aufgeben und etwas Vernünftiges anfangen. Da ich die französische Sprache liebe, war ich innerlich auf Übersetzungen aus dem Französischen programmiert. Ein neuer Dramatiker hatte in Paris seinen ersten Erfolg, Claude Magnier, das Stück hieß »Monsieur Masure«, auf deutsch »Ein klarer Fall«, es wurde gespielt, es war mir – Pardon! – recht gut gelungen. Und bald folgte ein zweiter Magnier.

Und eines Tages traf der André Roussin seinen jungen Kollegen Magnier und fragte ihn: »Wie kommt es, daß Sie auf deutsch solche Erfolge haben, und bei mir rührt sich so wenig?« – »Dran ist vielleicht der Übersetzer schuld, der soll so gut sein.« Und André Roussin begehrte mich als Übersetzer, und ich übersetzte »Nina« neu und nannte es »Viola«, damit es nicht mit »Nina« von Bruno Frank verwechselt werde. Und dann sagte mir Stephan Reiner: »Als nächstes bekommen Sie ein Stück, das Roussin im klassischen französischen Metrum geschrieben hat, zum

Spaß natürlich, es handelt sich um die Witwen großer Autoren. Das übersetzen Sie natürlich in fünffüßigen Jamben.« – »Nein«, sagte ich, »in Alexandrinern.« Es war eine Cäsar-Situation: Alea jacta est. »Wenn Sie meinen«, sagte Stephan Reiner. Das Stück heißt »Les Glorieuses«, füllt zwei Drittel eines Abends und ist recht lustig. Und ich setzte mich hin und plagte mich wie ein Galeerensklave, denn die Alexandriner sind nicht nur wirklich schwer, sondern ich hatte auch wenig Ahnung von diesem Geschäft. Bei manchen Zeilen zieht es mir bis heute die Schuh' aus. Doch es ging irgendwie. Der Abend begann mit einem hübschen Zweierdialog, dann folgten die »Glorieuses«, und ich nannte den ganzen Abend »Die Schule der Ehe«, bien français et molièresque, das erste Stück »Die Schule der Gatten«, das zweite »Die Schule der Gattinnen«.

Ich fragte Roussin, mit dem ich mich inzwischen angefreundet hatte, sofern unsereiner sich mit einem Franzosen überhaupt anzufreunden vermag, ob ich, wenn ich Einfälle hatte, ein wenig im Text improvisieren dürfe, und er war einverstanden. Der Reiner gewann den Theo Lingen für die beiden Rollen, und das war sehr wunderbar und brachte mir eine große späte Freundschaft mit diesem großen, seltsamen Menschen und bedeutenden Schauspieler. Die Premiere war im Theater in der Josefstadt. Roussin war bei der Generalprobe, wir saßen nebeneinander, er verfolgte die Handlung genau, ohne ein Wort zu verstehen. Nach einem Vers gab es Szenenapplaus, Roussin fragte mich, welche Stelle das gewesen sei, und ich mußte sagen: »Das ist eine der Stellen, die ich dazugetan habe.« Der Vers hieß:

»Die schlimmste Gattung Weib, die Gott im Zorn erschuf,
Ist diese Art von Witwe, die Witwe von Beruf.«

Ja, Sie haben es richtig gelesen, einige wußten es vielleicht schon, die französischen Verse bei Molière sind gereimt. Das Reimen im Französischen ist eine Art Kinderspiel, im Französischen würde sich »sprechen« auf »halten« reimen und »Walzer« auf »Räuber«. Wir haben es sehr schwer, vergleichsweise, und vor allem besteht die große Gefahr, welcher zum Beispiel der gefeierte Molière-Übersetzer Fulda erlegen ist, im übermäßigen Geklingel. Deutsche Reime in dieser Qualität müssen unauffällig sein, »Stein – nein – Verein«, »hab – Stab – bergab«.

Ich griff vor, wie der Leser gemerkt hat.

Anschließend nahm Stephan Reiner das Wort und sprach also: »Einige französische Autoren schreiben kurze Einakter zur Ergänzung von Molière-Komödien, die ja nicht ganz abendfüllend sind.« Warum nicht? Doch jetzt kommt's: »Roussin hat sich die ›Schule der Frauen‹ ausgesucht. Wie wär's, wenn Sie auch gleich die ›Schule der Frauen‹ dazu übersetzen täten, da könnten wir einen ganzen Abend anbieten.« – Ich: »Molière übersetzen? Da müßte ich ja mit der Theaterkritik aufhören!« – »Das sag ich Ihnen ja schon seit Jahren.«

Und so kam's, wie es kommen mußte. Ich schrieb meine letzte Kritik über eine Vorstellung am 30. Dezember. Die Vorsehung wollte mir wohl, es war »Hamlet in Wittenberg« von Gerhart Hauptmann, das gab mir viel, zum Beispiel das Shakespeare-Metrum und die Schlußverse:

»Was anno sechsundvierzig froh begonnen,
Beend' ich mit dem Jahre zweiundsechzig;
Ich werd' zwar weiter ins Theater gehen,
Doch kritisch nicht in die Arena steigen.
Es hat mich sehr gefreut – der Rest ist
Schweigen!«

Die Form der Kritik als Parodie, im Stil des Kritisierten, haben Friedrich Torberg und ich gelegentlich praktiziert, ich vor allem bei Grillparzer. Torberg und ich waren keine literarischen Zwillingsbrüder-Doppelgänger, wir waren eine Art Vettern im Geist. (Vor allem, weil Polgar unser Vorbild war.) Unsere Beziehung war eine der bestentwickelten Haßlieben dieses Jahrhunderts, die ich gelegentlich zu abendlicher Stunde in wohlgelaunter Gesellschaft darstelle, die aber den Rahmen dieses Berichts sprengen täte, welcher sich von der Josefstadt fort zum Reiner bewegt hat und gebieterisch verlangt, sich wieder der Josefstadt zu nähern.

Ich kaufte mir die »Schule der Frauen« auf französisch, ich blätterte und schrieb an das Ende des zweiten Akts:

»... Fort!
Ich bin der Herr im Haus, und du folgst mir auf's
Wort.«

Also jetzt waren nur noch zwanzig Stücke minus zwei Zeilen zu übersetzen.

Und es begann die aufregende Zeit der Übersetzung, die hauptsächlich eine Reimsuche war. Daneben las ich sehr viel über Molière, eignete mir eine Spur von Kenntnissen an. Stephan Reiner wollte der Schutzpatron meiner Arbeit sein, ließ die übersetzten Stücke (nach der »Schule der Frauen«, glaube ich, den »Menschenfeind«) vervielfältigen. Ich konnte, ideale Bedingung für einen Autor, meine Arbeit machen und wußte, daß es einen gab, der sich der äußeren Dinge gern und kundig annahm.

Er hatte auch in meiner Nähe Autoren für sich gewonnen, er mochte Helga Pohl, das ist die, die in Zeltweg wohnte, sehr gern und war, wie ich, erschüttert, als die Nachricht kam, daß sie beim Urlaub in Griechenland das

Opfer eines Hais geworden war. Und als er mir im Jahr darauf mitteilte, daß er nach Griechenland fahren werde, setzte er makaber hinzu: »Und der Haifisch, der hat Zähne.« Er hatte.

Ich wollte ihm noch etwas mitteilen, es war nicht wichtig, und die Verbindung kam mit ungeheuren Schwierigkeiten kaum zustande, und endlich, nach vielen Pannen, hörte ich ihn.

Worüber wir redeten, weiß ich nicht mehr.

Ich hatte Alfred Ibach verloren, der sich kundig meiner angenommen hatte, ich verlor auch Stephan Reiner.

In den Zeitungen war von einem großen Erdbeben in Skopje zu lesen, und als eines der Opfer war ein Herr Stephan Reiner genannt. Er war es. Sein Privatleben war mir stets fremd; er hatte geheiratet, und diese Frau, vor der er Respekt hatte wie ein Emporkömmling vor einer »feinen« Dame, hatte mich erschreckt. Es ging nicht gut mit dieser Ehe. Er fuhr, wie ich später hörte, mit einer anderen auf Urlaub; sie hatten getrennte Zimmer in dieser Nacht, er kam um, und sie überlebte.

Wir verbrachten den Sommer in Seefeld (Tirol). Daniel Keel, unser Freund vom Zürcher Diogenes-Verlag, kam uns besuchen und sagte bald, ob der Diogenes-Verlag den Molière haben könnte, er sei bereit, sich einen Bühnenvertrieb rund um den Molière einzurichten. Das war ein lockendes Angebot, um so mehr, als mein Lieblings-Bühnenvertrieb als Vertreter der Molière-Übersetzungen von Fulda sich nicht selbst Konkurrenz machen konnte. So kam ich zu Diogenes –

– und jetzt muß ich als Einschub die Geschichte meiner Beziehung zum Diogenes-Verlag erzählen. Dieser Verlag war mir sympathisch, vor allem als Verleger und Promotor meines lieben Paul Flora. Und weil er mir, ohne den geringsten äußeren Anlaß, hie und da Bücher schickte. Da dachte ich, als ich einmal in Zürich zu tun hatte, ich gehe dorthin und bedanke mich. Sonst nichts. Ich sagte vorher einem Bekannten, ich gehe zum Diogenes, und das ist der erste Fall in der Geschichte, daß einer zu einem Verlag geht, von dem er nichts will. Der Verlag, damals noch in der Rämistraße, war sehr pittoresk. Daniel Keel empfing mich und beging einen historischen Fehler, indem er sagte, daß die Leute in Wien so unverläßlich seien. Das kränkte meinen Nationalstolz, aber ich ließ mir nichts anmerken. Wir plauderten, er meinte, daß es in der »Anfänger«-Reihe schon die Bändchen Wien und Salzburg und Kärnten gab, aber noch nicht Tirol. Und, Keel, plötzlich in inspirierter Stimmung: »Blödeln für Anfänger!« Ich ließ mir nichts anmerken und fragte nebenhin, bis wann ein Manuskript beim Verlag sein müsse, um im nächsten Jahr zu erscheinen, und wie groß der Umfang sein müsse. Ich ging. Ich hatte eine knappe Woche nichts vor. Ich wollte immer schon den Ort Braunwald im Kanton Glarus kennenlernen. Ich fuhr hin, ich betrat ein Hotel, ich hörte beim Empfang Schubert-Kammermusik, ich bekam ein Zimmer, ich merkte bald, daß ein Sommerfestival stattfand, mit Willy Boskovsky und anderen erstrangigen Wienern, im Vordergrund Schubert, und irgendein Musikologe war auch dabei. Ich nahm an den Veranstaltungen teil, und niemand glaubte mir, daß ich zufällig und nicht »zur Kontrolle« hingekommen war. Ich hatte kurz vorher das Schubert-Kapitel in »Flucht vor der Größe« geschrieben und mußte mich sehr zurückhalten, keinen Vortrag zu halten. Eine Episode ist mir unvergeßlich. Der Musikologe sprach über die h-Moll-Symphonie, und anschließend kam sie mittels Schallplatte zu Gehör. Da stand Willy Boskovsky ganz diskret auf und verließ den Raum. Keine demonstrative Geste, einfach der Ausdruck der Unmöglichkeit, diese Musik ohne Nötigung wieder zu hören. Mir geht es ähnlich, wenn auch nie mit Schubert. Ich mag die Fünfte von Beethoven nicht sehr gern hören, die Dritte aber immer wieder, ich kann alles von Mozart immer wieder hören, bis auf die »Kleine Nachtmusik«, die mir allmählich fad geworden ist. Dieses Immer-wieder-Hören ist ein ungeheuer wichtiges, rätselvolles Phänomen. Wäre Schiller kein so schrecklicher Autor, könnte man ihn in diesem Zusammenhang zitieren; doch das entsprechende Zitat heißt: »... und die Gewohnheit nennt er seine Amme.« Und das mag ich nicht zitieren.

Ich war also in Braunwald, plauderte ein wenig mit meinen Landsleuten, zog mich abends intensiv auf mein Zimmer zurück, machte eine Liste der aufzuarbeitenden Wörter und Worte und schrieb, durch die großartige Landschaft in erheblicher Höhe inspiriert, mein kleines Buch über das Blödeln. Dieses existiert bis heute. Damals, von der Langlebigkeit nichts ahnend, steckte ich es, als es fertig war, in ein Kuvert, adressierte es an den Diogenes-Verlag und heftete einen Zettel an, auf dem der Termin, den Daniel Keel genannt hatte, aufgeschrieben war, eine stumme Demonstration österreichischer Verläßlichkeit und Pünktlichkeit.

Paul Flora hat auch diese meine Produktion illustriert, besonders interessant und ausgefallen. Er hat sich vorher mit unserem gemeinsamen Freund, dem Graphiker Kurt Moldovan, beraten. Es ist eines meiner Lieblingskinder, nicht weil es, im konventionellen Sinn, ein mißratenes ist, wie man sie aus Überkompensation besonders liebt, sondern weil es ein wohlgeratenes Kind ist.

Ich schrieb dann noch »Tirol für Anfänger«, das, weil die »Anfänger-Reihe« bei Diogenes ausgelaufen ist, nach langem Suchen bei einem kleinen Innsbrucker Verlag untergekommen ist und mir die Sympathien einiger Tiroler Honoratioren eingetragen hat (ich scheue den Hinweis auf zwei Allerhöchste, weil ich nicht weiß, ob's »Landeshauptmänner« oder »Landeshauptleute« heißt).

Molière ist bei Diogenes bequem untergebracht, er ist kein Himmelsstürmer der Theaterkassen, aber es tut recht gut und macht, wenn ich ihn gelegentlich außerhalb Wiens besuche, viel Freude.

Als ich »Die Schule der Frauen« fertig hatte, war die Josefstadt (endlich wieder bei ihr!) zur Erstaufführung bereit, im Rahmen eines ihrer festlichen Jubiläen. Wieder eine rechte Ehre.

Ich war, und das ist nicht Koketterie, unsicher, ob mir die Übersetzung gelungen war. Ich beschloß, das Josefstädter Experiment abzuwarten. Wenn's klingt wie Wilhelm Busch, laß ich's, wenn's klingt wie Molière, setz ich's fort.

Die Generalprobe war also zweifach aufregend. Axel von Ambesser inszenierte, Erik Frey und Gertraud Jesserer spielten die Hauptrollen. Diese Komödie ist so perfekt in ihrer Machart und so edel in ihrer Botschaft!

Es klang wie Molière. Ich setzte fort.

Ich hab im Lauf sehr vieler Jahre alles übersetzt, was wert ist, auf deutsch gespielt zu werden, darunter sind auch einige Komödien in Prosa. Ich habe nur »Amphitryon« nicht übersetzt, denn diese weiß Gott große Komödie hat ein anderes, verzwicktes Metrum mit verschieden langen Zeilen und jeweils drei Reimworten. Auch Kleist wollte »Amphitryon« übersetzen und hat sich dann vom Rollfeld des Originals (wie Doderer zu sagen pflegte) zu seinem originalen »Amphitryon« erhoben. Ich versuchte es redlich mit »Amphitryon«, ich übersetzte das ganze Vorspiel und fand dann, daß diese meine Arbeit nicht auf der Höhe der Verslustspiele sei. Und ließ es.

Es dauerte und dauerte und dauerte und war eigentlich sehr, sehr schön, obwohl man, wie auch sonst oft, die schönen Zeiten nur als solche erkennt, wenn sie gewesen sind. Ich hatte sozusagen immer ein Zeilenpaar bei mir und suchte den Reim, um dann nach ihm die Zeilen zu gestalten. Ich übersetzte in Kaffeehäusern, Hotels, auf

Bahnhöfen. Am schönsten war, als ich eine Karl-Böhm-Veranstaltung zu gestalten hatte. Böhm dirigierte abends, er bat um Schonung, doch der betreffende Buchhändler in Wien I war schonungslos. So mußte Böhm, wenn schon nicht lesen, doch immerhin anwesend sein, wurde dann in die Wiener Oper gebracht und konnte dort ruhen. Da war ich nun in der Wiener Oper, das Haus war schon geöffnet, ich setzte mich auf meinen Platz und übersetzte im Halbdunkel einige Verse. Ich weiß nicht mehr, was, ich weiß auch nicht mehr, was die Oper an jenem Abend spielte; ich glaube, es war »Elektra«.

Die Molière-Zeit und ihre Folgezeiten brachten mir einige große Freuden, die »Gelehrten Frauen« in der Josefstadt und am Schloßparktheater, Berlin, unter Schuh. Als sie nachher laut »Schuh« riefen, bekam ich Angst, denn es klang wie »buh«, aber es hieß schon »Schuh«.

Doch auch viele Fachidioten kreuzten meinen Molière-Weg. Ich hasse zum Beispiel den blöden Titel »Der eingebildete Kranke« und nannte die Komödie »Der Hypochonder« mit der zusätzlichen Bemerkung, daß im Anschluß an diesen Titel jeder andere Titel in Klammern oder als zweiter Titel genannt werden darf. Einen Schmarren! Anrufe jedesmal, ob sie nicht doch, gerade sie, bei dem »Eingebildeten Kranken« bleiben dürften. Bagage, übereinand'!

Dieser »Malade imaginaire« ist leider überhaupt ein sehr dummes Stück. Es ist zum Verzweifeln, daß dieses und das andere sehr dumme Stück von Molière, »Der Geizige«, so reichlich verlangt werden und daß manche sehr wohlgelungene zweitrangig bleiben müssen. Noch nie wurde meine »Schule der Ehemänner« gespielt (stimmt nicht: eben jetzt am Landestheater Innsbruck), meine Version der »Lästigen« ebensowenig, es ist zum Verzweifeln. Immerhin gibt es meine Übersetzungen zu lesen und zu kaufen. Der Diogenes-Verlag ist kein Suhrkamp, und das ist ein Glück für mich und ein Pech für Molière.

Zu meinem achtzigsten Geburtstag, so teilte mir der Diogenes-Verlag mit, erscheine eine Kassette mit »Komödien und Materialien«, und dies war eine meiner zahlreichen großen Geburtstagsfreuden, denn sowas deutet auf »Klassiker« hin, und wer wäre nicht gern ein solcher? Doch die Freude wandelte sich. Als ich meinem Bürgermeister, meiner Bundesministerin, meiner Kulturstadträtin an den jeweiligen Ehrentagen je eine solche Kassette feierlich überreichen wollte, mußte ich aus Zürich hören, daß sie noch nicht da ist und erst im Herbst vorliegen werde.

Vorgestern kam ein zollamtliches Aviso, das wird sie wohl sein. Und meine Geburtstagsfreude ist es, daß, als ich zum erstenmal den Diogenes-Verlag aufsuchte, der Daniel Keel über die Schlamperei und Unpünktlichkeit der Österreicher klagte. Und jetzt darf ich mich freuen, daß dieser Diogenes eine Kassette für Ende Mai ankündigt und sie erst jetzt, Ende September, verschickt.

Molière geht seinen langsamen Gang, und dran ist nicht der Bühnenvertrieb schuld, sondern die mangelnde Popularität dieses großen Autors. Diogenes hat getan, was er konnte. Und als einmal eine neue Ausgabe in Taschenbuchbändchen vorbereitet wurde und ich das alles, weil es neu gesetzt war, sorgfältig lesen mußte, fand ich, dies sei ein sogenannter Fingerzeig. Ich könnte, wenn ich eh alles las, gleich meine Notizen und Erkenntnisse aufnotieren.

Ich meldete mich im Verlag Molden an, wo ich eh aus und ein ging, denn dort erschien die von mir mitherausgegebene Reihe »Glanz und Elend der Meister«, und der Molière eignete sich hierfür. Und als der Zeitpunkt, da ich angemeldet war, herankam, ging ich in das Haus Molden und spürte dort die gewisse Verlegenheit, wenn einer da ist, den man nicht erwartet und mit dem man nichts anzufangen weiß. Sie hatten vergessen, mich zu erwarten. Vollgepumpt mit meiner schöpferischen Molière-

Stimmung begann die Stimmung zu schwinden. Ich ging, etwas frustriert, aber unzerstörbar, denn, wie man so zu sagen pflegt, und es trifft fast immer zu: »Wer weiß, wozu's gut ist?!«

Und damit gerate ich in eine trübe Josefstadt-Zeit. Ernst Haeusserman, mit dem ich, als er das erste Mal dort Direktor war, befreundet war – wahrscheinlich zu Scheuklappen verdammt –, wurde wieder Leiter dieses Theaters. Inzwischen war er Burgtheaterdirektor und als solcher Objekt meiner heftigen, durchaus berechtigten Aggressionen. Es herrschte in seiner Ära eine gigantische Schlamperei; wer mag, kann in meinem zweibändigen Buch »1001 Premiere« nachlesen, was alles an den Programmheften nicht stimmte. Auch wurden die Premierentermine fast immer verschoben. Ich machte es mir zum Vergnügen, dies alles anzukreiden, es war für mich ein schönes Spiel, und die Herren Billeteure und die Herren, die meinen Mantel in Empfang nahmen, grüßten mich immer wieder mit besonderer Freundlichkeit. Ja, und dieser Haeusserman, der hatte ein Abkommen mit Franz Stoss, meinem Freund seit langem, daß er, wenn er aus dem Burgtheater ausscheide, mit Stoss zusammen die Josefstadt leiten werde. So wurde es dann auch.

Jetzt fällt's mir ein. H. hatte sich um das Burgtheater bemüht, der Minister, der damals mit der Staatsoper genug Probleme hatte, fragte, wie H. mit der Presse stehe. Und als H. über seine Beziehungen zum Weigel befragt wurde, bat er um etwas Zeit. Ich war damals auf dem Tulbingerkogel und schrieb dort mein Buch, das »Masken, Mimen und Mimosen« hieß und später »Apropos Theater«. H. rief mich an und fragte, ob er als Chauffeur der Ingeborg Bachmann zu mir kommen dürfe. Dagegen lag nichts vor, er wußte, daß ich mit Ingeborg Bachmann befreundet war. Inwieweit sich Bachmann an ihn oder er an sie herangemacht hat, kann ich nicht beurteilen.

Die beiden kamen, wir plauderten, sprachen über Hofmannsthal, über das Buch, an dem ich arbeitete, und so halt. Dann gingen sie fort. Und ich erfuhr, daß H. dem Minister berichtet habe, er sei bei mir auf dem Tulbingerkogel gewesen, es sei alles in Ordnung. Er hatte mit mir nicht ein Wort gesprochen, das in jenem Zusammenhang stand.

Dieses war eine sehr geschickte Perfidie, gegen die ich hätte machtlos sein müssen, aber dem war nicht so. Von Stund an machte ich der Öffentlichkeit klar, daß zwischen H. und mir nicht alles in Ordnung war.

Einmal sagte ein Freund über ihn: »Er wird jetzt allmählich so, wie du von Anfang an gesagt hast, daß er ist.«

Ich merke, daß die Chronologie meiner Darstellung leider wieder etwas verhatscht ist. Verzeihung.

Und als er am Burgtheater zu Ende war, gelangte er, wie gesagt, wieder an die Josefstadt. Doch nach ihm kam Otto Schenk, ein uralter Freund seit Jahrzehnten.

Und es begab sich, daß mein lieber Grazer Verlag sich auf höchst ehrenwerte Manier zerfranste, um meinen Achtzigsten zu gestalten. Sie haben oft prima Ideen in Graz, und sie sind von einer Großzügigkeit, daß es nur so staubt. Und ehe die Präliminarien angefangen hatten anzufangen, rief mein Dr. Trenkler aus Graz an: Sie hätten die Josefstadt gefragt, und der Schenk wäre durchaus dafür, und es treffe sich gut, daß der neunundzwanzigste Mai ein Sonntag ist, da könnte eine Matinee passend stattfinden. Es gibt wenige Freuden, die solche Freuden sind, wie es diese Freude war. Wer die vorangehenden Seiten gelesen hat, wird das ermessen können. Der Mitdirektor Schenks, Robert Jungbluth, auch ein alter Freund der Familie, hatte kurz nach dem Beginn der Schenk-Ära von mir einen werbenden Text über das Theater erbeten. Nicht leicht, literarisch, aber ich brachte ihn, glaube ich, gut zusammen. Und es war so nostalgisch reminiszenzisch, als er fragte, was er schuldig war, und ich sagen konnte: »Nichts.« Denn für Programmheft-Beiträge hatte ich mich von der Josefstadt nie honorieren lassen. Und das konnte jetzt wieder aufleben.

Es begannen Gespräche zwecks Fixierung des Matineeprogramms, das Archiv des Hauses besaß einen Schüppel Weigel-Bücher. Und Otto Schenk schaltete sich ein und übernahm etliche Vortragsstücke. Der Vormittag hieß »Ein krasser Fall von Liebe«, nach einer meiner Österreich-Laudationes. Ich bat darum, in der Bühnenloge sitzen zu dürfen, wohin ich schon als Knabe geschielt hatte, und ich bat zwei von mir sehr geliebte Damen um ihre Anwesenheit, die Paula Wessely, die mir sehr wohlgesinnt ist, kam zu mir in die Loge, wollte sich aber dem Publikum nicht zeigen, doch sie war da; und Käthe Gold, die vielgeliebte, für die ich, als der Haeusserman zu Beginn seiner Ära an ihr ein Exempel von Härte statuieren wollte, eintrat. Sie war unter den Vortragenden, neben ihr Elfriede Ott und Otto Schenk. Es war sehr angenehm, es begann mit dem letzten Satz aus dem Streichquartett »Der Tod und das Mädchen« von Schubert, einem Satz, den ich besonders liebe, erstens überhaupt, zweitens vom Alban-Berg-Quartett gespielt, bei den vieren meint man, der Schubert habe eigens für sie komponiert. Es besteht eine große Freundschaft zwischen den vier Herren und mir, und sie hatten an diesem Sonntag einen Tag voll von Terminen, aber mir zuliebe kamen sie, baten nur, als erste dranzukommen und dann gleich gehen zu dürfen. Ich betrat das Theater, auf der Bühne saßen die vier und probten, und schon das war eine große Sache für mich. Ich hatte meinen Kollegen-Freund Felix Mitterer, von dem ich wußte, daß er zu kommen vorhatte, in die Bühnenloge gebeten mit seiner Frau Chryseldis; beide sind meine Freunde.

Und so ergab sich ein Programm, das sich als wohlgerundet erwies, und das Haus war voll, und ich konnte mich freuen. Es war das, was man mit dem Fachausdruck »Sternstunde« bezeichnet, ein Höhepunkt des Lebens. Der Primus des Quartetts, Günter Pichler, spielt, das wußte ich, einen Ton in diesem vierten Satz des d-Moll-Quartetts so berückend schön, daß man darum eigens in ein Konzert gehen müßte. Ich hab ihm das bisher nie gesagt, doch vielleicht liest er einmal dieses Buch und fragt mich dann.

Der Schluß der Veranstaltung war dann ein ganzes Planetensystem von Sternstunden, denn ich stand natürlich auf, um für den Beifall, der mir galt, zu danken, und da, soviel konnte ich mit meiner schwachen Sehkraft aufnehmen, ich konnte es auch hören, das Parkett wendete sich zu mir und applaudierte mir zu. Wo gibt's das für einen, der kein Pavarotti und Cavaradossi ist, der sein Leben lang satirisch gearbeitet hat, ein unartiger Bub gewesen und geblieben ist?! Es war sehr – darf ich sagen: bewegend?

Und dann sorgte ich dafür, daß die gute Feli Ruhm, die jugendste meiner Jugendfreunde, ich habe sie einmal meine Stieftochter genannt, daraus wurde bald Stief-Feli, und daraus wurde bald Stiefeli, und daraus wurde bald Stiefferl, und seither ist der Stiefel- und Stiefferl-Scherze kein Ende, seit Jahrzehnten. Wenn wir einander zu schreiben haben, benützen wir dazu Kuverts von seltsamen Organisationen. Wir sind sehr dumm, aber wir genießen es.

Als sie in Salzburg die Führerscheinprüfung bestanden hatte, stieg ich in ihren Wagen und ließ sie die Gaisbergstraße aufwärts fahren und bat sie immer wieder, doch seitwärts hinunterzublicken. Ich bin nämlich unerschrocken.

Ja, also ich sorgte dafür, daß die Feli die Damen Wessely und Gold heimbrachte. Sie kam dann wieder. Mir aber hatte mein vorsorglicher Verlag einen Tisch in den Sträussel-Sälen vorherbestimmt und angeregt, ich solle dorthin steuern, um dort gleichsam eine Gratulations-Cour entgegenzunehmen. Ich begab mich dorthin. Gastgeber dieses Empfangs waren mein Verlag Styria, mein Verlag Diogenes, mein Verlag dtv und das Land Niederösterreich. Ich beging einen Fehler, halbbewußt, ich dachte nicht daran, zu provozieren, ich war nur euphorisch-glücklich. Ein solennes Buffet war aufgefahren, und ich bat intensiv um Kalbsgulyas. Und so wurde es locker gesellig, und es gab keine offiziellen Reden. Wie schön, ein Fest ohne Reden! (Obwohl ich selbst sehr gern rede.) Ich darf, weil die Josefstadt sehr bald ihren Zweihunderter feiert, dann eine Rede halten, so kann ich, was ich vielleicht verdarb, gutmachen. Es war, wie gesagt, locker und angenehm, das Kalbsgulyas war prima, und das Beisammensein klang aus. Die Feli war wieder da. Und ich hatte den Wunsch, den Nachmittag im Wurschtelprater zu verbringen, kindisch, ich weiß; und so begaben wir uns dorthin. Anwesende: Elfriede Ott, Feli, das Ehepaar Mitterer, der große Journalist Kurt Vorhofer, unser Freund Viktor Korger, der Kameramann-Gigant und Kollege als Lehrkraft am Konservatorium und Freund, die Kollegin Eva Wisbauer, österreichischen Ursprungs, aber in der Bonner »Welt« tätig, das Ehepaar Dr. Trenkler, mein treubesorgter Verleger aus Graz, und das Ehepaar Dr. Schleppnik, er Volkstheater-Dramaturg, sie die Schauspielerin Brigitte Slezak. Ein Pressephotograph schloß sich uns an und störte, weil er jede Natürlichkeit unseres Schlenderns unterband. Ich hatte von Anfang an einen blauen Luftballon, aber das war auch alles. Ich muß es sagen: Der Wurschtelprater war sehr scheußlich, keine Rede von dem wohlgelungenen Feuilleton, das ich ihm einst in »O du mein Österreich« abgewonnen hatte. Wir setzten uns in einen Gastgarten wie Liliom mit den zwei Mädchen, aber es war nichts und wurde nichts, und niemand kam, uns nach unseren

Wünschen zu fragen. Ja, wie scheußlich kann Wien auch sein!

Bald hatten wir genug und begaben uns kurz entschlossen nach Maria Enzersdorf. Dort war's dann, wie es sich gehört, wieder locker und gesellig, und keinerlei Ähnlichkeit mit dem Gerhart-Hauptmann-Geburtstag. Die getreue Fritzi, unser guter Geist, war nicht mit im Wurschtelprater gewesen, sondern voraus nach Maria Enzersdorf geeilt, um dort alles herzurichten und für das nächste Kalbsgulyas zu sorgen.

Maria Enzersdorf, 3. Oktober 1988

MUSIKVEREIN

Das Musikvereinsgebäude in Wien hat vier Seiten, zwei Vorderseiten und zwei Rückseiten. Ich hatte den Großen Saal, den geliebten, schon betreten, als meine Mutter mich zu Märchenvorlesungen des damals beliebten Burgschauspielers Otto Tressler mitgenommen hatte.

Eine Freundin der Familie, die Tante Luise genannt wurde, war Klavierlehrerin und gab mir Klavierstunden. Sie versuchte es. Und ich war von einer Ablehnung, die ich mir nicht erklären kann. Es war jugendlicher Protest am durchaus falschen Objekt. Ich war so furchtbar, daß die Tante Luise sagte: »Wenn ich dich nächstes Jahr weiter unterricht, kannst du mir ins Gesicht spucken!« Und ich notierte in meinem Vormerkkalender für den 1. September: »Tante Luise ins Gesicht spucken.«

Die Klavierstunden bei der Tante Luise konnten also nicht weitergehen. Meine Mutter entschloß sich zu einer kultivierten Dame, bei der ich gesittet blieb. Doch es wurde nichts Rechtes. Und es ist vermutlich schon damals mein mangelndes Sehvermögen, zum Teil sind's auch meine patscherten Finger gewesen. Eine Lebensentscheidung; denn ich bin primo loco für die Musik und dann erst für die Literatur und das Theater disponiert. »Sei's«, sagt Grillparzer in einem solchen Fall.

Durch das Trauma der Klavierstunden war ich gegen Musik im allgemeinen ablehnend. Doch eines Tages veranlaßte mich meine Mutter – sie war klug und geschickt –, mit in ein Konzert zu gehen. Das Rosé-Quartett, damals eine führende Kammermusikvereinigung im Schoß der Wiener Philharmoniker, gab, neben seinen

Abonnementkonzerten zu viert, die sogenannten »volkstümlichen« (oder hießen sie »populäre«?) Konzerte, wo es über das Streichquartett hinausging. Leider gibt es dies derzeit in Wien nicht institutionalisiert, Trios, Quartette mit Klavier, Quintette, Sextette, mit einem Wort, wie ich einem Generalsekretär unseres Konzerthauses einmal sagte: »Spielen Sie doch öfter tette!«

Und so saßen wir auf dem Podium des Saals, der seither ein Bestandteil meiner Seele ist, und sie spielten zuerst ein Streichsextett von Brahms und dann mit Alfred Grünfeld das Forellen-Quintett. Mehr war nicht nötig. Es war Liebe auf den ersten Horch.

Ich bin glücklich, daß der Johannes Brahms damals auch gleich dabei war.

Seither bin ich Konzertbesucher vieler Schattierungen. Da ich aber ein Spätblüher bin, ging es gar nicht so husch, husch, brauchte ich eine Zeit bis zum Beethoven, auch zu der geliebten »Schottischen« von Mendelssohn Bartholdy (die Hilde Spiel hat mich gebeten, immer auch Bartholdy dazu zu schreiben und zu sagen, aber ohne Bindestrich nach »Mendelssohn«). Wann der Mahler dazugekommen ist, weiß ich nicht genau. Er muß aber sehr heftig ausgebrochen sein.

Die Lothringerstraßenfront des Gebäudes, die zweite Vorderseite, beherbergt die Kasse . Dort ging ich aus und ein und besorgte Karten, vorzugsweise Stehparterreplätze. Neben der Kasse ist ein großes Tor, das fast immer versperrt ist. Man muß rund um das Gebäude zur Rückseite gelangen, dort in den langen Gang durch das ganze Gebäude gehen und erreicht die Treppe hinauf. Und an deren Fuß befindet sich die Kanzlei der Gesellschaft der Musikfreunde.

Es war eine Art Pfadfindergeist, die mich und einige Freunde (es waren hauptsächlich zwei, der Walter Taussig, gleich alt, der bis heute mein Freund ist, in New York lebt, Assistent und Freund des Karl Böhm war – und der

Erich S., gleich alt, Klarinettist, auch in New York lebend) dazu trieb, ohne Karten in den Saal zu gelangen, die Treppen und Winkel des Hauses wie Indianerpfade zu beherrschen. Aber ich wurde Mitglied der Gesellschaft der Musikfreunde, weil es da gewisse Vergünstigungen gab. Und als Mitglied erhielt ich Prospekte und Einladungen zu den Generalversammlungen. Da erfuhr ich, wie es um die Anträge bei den Generalversammlungen bestellt war. Und ich stellte zeitgerecht den Antrag, die Gesellschaft der Musikfreunde möge die Initiative für die Errichtung eines Gustav-Mahler-Denkmals ergreifen. Ich war noch ein Knabe mit kurzen Hosen, und der Herr Generalsekretär, Krumpholz hieß er, glaube ich, meldete sich schriftlich bei mir an und kam und sah, daß ich ein kleiner Bub war, und hatte leichtes Spiel, mir den Antrag auszureden. Sein letzter Satz beim Abschiednehmen (meine Mutter war die ganze Zeit dabei) war: »Der Ruhm des Initiators bleibt Ihnen gewahrt!«

Und er bleibt mir bis heute gewahrt, denn Gustav Mahler hat noch immer kein Denkmal in Wien, nur eine Tafel am Konzerthaus zur Erinnerung daran, daß dort 1945 zum erstenmal wieder Mahler gespielt wurde. Es gibt immerhin eine Gustav-Mahler-Gesellschaft, die auch eher aktiv ist, zum Unterschied von der Karl-Kraus-Gesellschaft, die stagniert, und der Adalbert-Stifter-Gesellschaft, der ich beizutreten versuchte und die – was ist der Komparativ von stagniert?

Der Haupteingang des Gebäudes ist in der Dumbagasse, von der niemand weiß, daß sie so heißt, ums Eck, wie gesagt, die Lothringerstraße mit dem versperrten Tor. Die Hinterfront, der Hinterfront des Hotels Imperial gegenüber, heißt Bösendorferstraße 12. Und die zweite Hinterfront ist in der Canovagasse 4. Dies ist eine magische Adresse meiner Knabenzeit, denn dort war – wo jetzt die Kanzlei der Wiener Philharmoniker sich befindet – die Kanzlei des Tonkünstler-Orchesters.

In Wien gab es zwei große Orchester. Sie spielten auch an Sonntagnachmittagen die populären Symphoniekonzerte, die prima waren, Anton Konrath im Musikverein, Martin Spörr im Konzerthaus. Sie vereinigten sich später zu den Wiener Symphonikern, Ehre sei ihnen, sie machten die grobe Arbeit des Konzertlebens, sie wurden, als er noch nicht, sagen wir: habilitiert war, von Herbert von Karajan veredelt. Er dirigierte mit ihnen seine künftige Karriere, er brachte konzertant Wagner-Opern, außer den »Meistersingern«, denn wie hätte man den klopfenden Schuster im Orchester dargeboten?

Das Tonkünstler-Orchester war aber in grauer Nachkriegsvorzeit, als alle Konzerte noch am Nachmittag stattfanden, der Schauplatz, der Hörplatz für den Aufgang des jungen Dirigenten mit dem seltsamen Namen Furtwängler. Es gab ja, wenn ich so zurückdenke, gar nicht viele bedeutende Dirigenten in Wien. Man kann den Richard Strauss, der ein großer Dirigent war, nur mit Reserven zu den Wiener Dirigenten zählen. Er hat sich seine Tätigkeit in der Wiener Staatsoper mit einer Villa in der Jaquingasse honorieren lassen, er hat der Staatsoper soundsoviele Abende zur Verfügung gestellt, doch diese Abende waren seinem Terminkalender untertan, und es geschah, daß er eine uninteressante »Josefslegende« dirigierte, wenn er gerade Zeit hatte. Allerdings (ein kleiner Abstecher in die Oper) war sein Beitrag zur Wiederkehr von »Cosi fan tutte« sehr bemerkenswert. Es gab den Franz Schalk, den hervorragenden Operndirigenten, der immer reifer und besser wurde, auch im Konzertsaal. Die Philharmoniker vegetierten unter dem glatten, beliebigen Felix Weingartner, im Konzerthaus waltete Ferdinand Löwe, der Bruckner-Apostel. Und in dieses Flachland mit gelegentlichen Gästen brach stürmisch Wilhelm Furtwängler ein. Nie klang der Eintritt des »Freude«-Themas in der Neunten so leise geheimnisvoll wie bei ihm und steigerte sich so elementar, nie waren die ersten zwei Akkorde der Eroica so sehr der Einbruch einer neuen Zeit in die Symphonie, nie waren die sich ergänzenden Läufe, die zum letzten Satz der Ersten von Beethoven hinführen, derart dramatisch, nie war die Vierte von Brahms so wie unter Furtwängler. Sein Geheimnis war es wohl, daß er zwar probte, aber doch dem Augenblick sein ganzes Recht gab. Nichts war glatt bei Furtwängler, alles kam aus der Inspiration. Und als wir uns an Furtwängler mit den Tonkünstlern sehr erfreut hatten und vor allem seinen Brahms und seinen Beethoven bewundert hatten, kam die Aussicht, daß er mit den Philharmonikern musizieren werde. Ich erinnere mich an die Aufregung, als eine Dritte von Mahler unter seiner Leitung mit den Philharmonikern bevorstand. Es war Ehrensache, ein philharmonisches Konzert am Samstag *und* am Sonntag zu hören, daher auch die Tricks des Hineinschwindelns in den Großen Musikvereinssaal.

Im Großen Musikvereinssaal, ich war noch Gymnasiast, erlebte ich Adolf Busch, der auch eine neue Ära des Musizierens für mich einleitete, und das Busch-Quartett, das gegenüber dem Rosé-Quartett neuer und zeitgemäßer war.

Ich verbrachte ein halbes Jahr in Hamburg und ein Jahr in Berlin – dies ist kein Bestandteil dieses Kapitels, nur ein Intermezzo –, und dort gab es (in Berlin) Konzerte in Mengen, sehr viel Bruno Walter, dort sah ich auch an der Kroll-Oper die Original-Uraufführungsproduktion von »Wozzeck« – hinreißend! Viel Theater auch.

Doch mit dem Furtwängler bin ich noch nicht fertig. Er hat auch an der Staatsoper dirigiert, und das war wenig beeindruckend, muß ja nicht; einmal bei »Figaro« hat er sich, wie man so sagt, verschlagen, beim ersten Takt von »Voi che sapete« waren die ersten Töne zu schnell, und erst nach den zu schnellen »Ihr, die ihr« waren die Triebe im richtigen Tempo. Ich habe mich sehr gewundert, daß es so viele Platten von Opern unter seiner Leitung gibt. Er war kein Theatermann. Nach der Salzburger »Zauberflöte« sagte mein Freund Rudolf Spitz: »Ich hab gar nicht gewußt, daß die Zauberflöte von Beethoven ist.« Unter Levine ist sie von Rossini. Aber wer kann schon Mozart? Gulda auf dem Klavier und aus! Ach, wir Armen!

Furtwängler machte im Scherzo der C-Dur-Symphonie von Schubert eine sehr lustige kleine Zäsur. Er ließ sich sozusagen in den nächsten Ton aus der Höhe des vorigen hinunterplumpsen.

In Basel, im Exil, völlig ohne Geld, vergönnte ich mir den eigentlich unerlaubten Luxus einer ganz billigen Karte zu einem Konzert der Berliner Philharmoniker. Sie spielten die C-Dur-Symphonie. Und – ich wußte es nicht mehr, aber mein Gedächtnis wußte es noch – er ließ sich an der betreffenden Stelle aus der Höhe des vorigen Tons in den nächsten hineinplumpsen. Diese Zäsur sagte mir, was ich verloren hatte. Ich hab es wiedergefunden.

Ich bin ein Gegner der Chronologie. Ich pendle im Großen Musikvereinssaal zwischen den Zeiten.

Wir hatten einen merkwürdigen Geschichtsprofessor am Gymnasium, einen liebenswerten, dem das Klischee des Mittelschulprofessors nicht anstand. Er war recht bürgerlich, er liebte die Musik, und er leitete ein Mittelschülerorchester. Er mochte mich. Ich hab mich vor ihm nicht so völlig als uninteressant gegeben, wie ich es sonst pflegte, um nicht aufzufallen. Ich spielte damals Flöte, als Flucht vor dem Klavier, aus dem nichts werden konnte, ich nahm Unterricht, ich übte, und so spielte ich einmal mit im Mittleren Konzerthaussaal bei der »Uhr« von Haydn.

Einmal war eine Johann-Strauß-Feier im Realgymnasium Kundmanngasse, wir hatten zu dieser Stunde Religionsunterricht, das Klassenzimmer lag ebenerdig, wir sprangen aus dem Fenster, mein Freund, der Klarinettist, und ich fuhren mit dem Taxi in den dritten Bezirk, spielten dort in der »Zigeunerbaron«-Ouvertüre mit und fuhren mit dem Taxi zurück in unsere ungeliebte Schule.

Ich spielte auch zweite Flöte bei einer Aufführung des A-Dur-Violinkonzerts von Mozart. Es war an einem Abend angesetzt, in Floridsdorf. Doch es stellte sich heraus, daß an diesem Tag meine mündliche Maturitätsprüfung angesetzt war. Die Zeit verging, die Verkündung der Resultate ließ auf sich warten. Ich fragte meinen Klassenvorstand, den Professor Hans Lackenbacher, mit dem ich recht gut war, ob ich die Verkündung abwarten müsse. Ich wies auf meine Verpflichtung bei dem Konzert hin. Professor Lackenbacher hatte dafür überhaupt kein Verständnis.

Es ging dann noch aus. Und es tut mir biographisch gut, daß ich am Tag meines Abgangs vom Gymnasium Mozart spielte. Bei der Deutschprüfung mußte ich über Gottfried Keller sprechen, und das ging recht gut. Bei der vorangehenden schriftlichen Deutscharbeit hatte ich das Thema »Der dritte Stand im deutschen Drama von Lessing bis Gerhart Hauptmann«. Eine Spielerei für mich, aber ich bekam keine gute Note.

Doch, die Chronologie weiter höhnend, zu meinem einzigen Auftritt auf dem Podium des Großen Musikvereinssaals. Professor Hausner dirigierte die Erste von Schumann, ich spielte zweite Flöte. In dieser Symphonie kommt auch ein Triangel vor. Und Hausner, der mich, wie gesagt, gern hatte, rief plötzlich bei einer Probe: »Triangel spielt der Weigel.« Der Paukist lieh mir das Instrument und unterwies mich. Ich spielte Triangel, der Part ist gar nicht leicht, wenn auch kurz.

Der Augenblick vor dem Einsatz. Der Dirigent wendet mir auffordernd den Kopf zu, gibt damit den Einsatz. Dieses war ein Schlüsselerlebnis. Ich wußte nun, wie es ist, mit anderen zu musizieren. Ich wußte, wie es jedem Orchestermusiker ergeht. Dazu hatte die »Uhr« beigetragen und auch die Zigeunerbaron-Ouvertüre im Realgymnasium Kundmanngasse und dann das Mozart-Violinkonzert am Abend meiner Maturitätsprüfung.

Und da ich schon bei den persönlichen Erfahrungen des Mittuns auf mir berufsmäßig fremdem Gebiet bin, mache ich wieder einen Hupfer vom Musikverein fort. Aber ich komme zurück dorthin, weil zum Beispiel der Kleine Saal, der jetzt Brahms-Saal heißt, und weil der Hermann Scherchen noch danach schreien, von mir erwähnt zu werden. Unter anderen.

Ich hatte mir, ohne besondere selbsterzieherische Absicht, angewöhnt, Rollen bei Kabarett-Proben zu »markieren«, wenn ein Darsteller nicht da war und ich den Text kannte – konnte. Das war eine hohe Schule des Theaters, wie es auch eine gewesen ist, einen Text zu schreiben, zu den Kollegen zu bringen und ihn bald darauf im Stadium der Proben und dann aufgeführt zu erleben.

Ich war auch einmal bei der Probe zu einer Szene aus meiner Bearbeitung von »Madame Sans-Gêne« für einen der vier Lieferanten markierend »eingesprungen«. Im Vordergrund trieb die Titelheldin ihr effektvolles Spiel, das die vier Lieferanten höhnisch betrachteten. Neben mir stand ein altehrwürdiger Schauspieler, wir sahen einander an, und er war nicht mehr der Schauspieler, sondern er sah mich – bei der Probe! – als Lieferant mit lächelnd kopfschüttelnder Miene an.

Und als ich in Zürich Bearbeiter eines blöden Mini-Musicals war und ein »Quodlibet« mit fremden Melodien zusammengestellt hatte, kam in diesem »Potpourri«, weil ein Füllfederhalter vermißt wurde, die Melodie »Ach, ich habe sie verloren« vor, die die Tochter des Hauses zu singen hatte. Sie sang sie bei der Probe zu mir, und ihr Gesicht war von echtem Leid geprägt. Bei der Probe!

Wer wissen will, wie Theater ist, muß (sollte) nicht nur reichlich bei Proben anwesend sein, sondern auch »markierend« an einer Probe teilnehmen.

Und nun zurück in den ersten Wiener Gemeindebezirk zum Vierfrontengebäude des sogenannten Musikvereins.

Da gibt es noch vielerlei. Da ist der Stammsitz des Hauses Bösendorfer. Da ist ein Geigenhaus. Da ist ein kleiner anheimelnder Saal, jetzt »Orgelsaal«, einst Richard-Wagner-Saal genannt, und dort waltete, als ich noch ein Knabe war, rein und ohne Falte, in den Jahren des Ersten Weltkriegs eine Tanzschule, deren Inhaber der, ich glaube, pensionierte Staatsoperntänzer Eduard Voitus van Hamme war, ein Niederländer. Der eigentliche Leiter der Kurse war ein Herr Storch, mit leicht heiserer Stimme. Und dort wurde ich unterwiesen nicht nur im Walzertanzen, das ich erlernte und noch oft und gern praktizierte, sondern auch in den Tänzen Quadrille, Menuett, Lancier, Polka, Kreuzpolka, mit den ersten amerikanischen Vorahnungen Washington Post, Onestep, Twostep. Meine Mutter war von ungewöhnlichem Ehrgeiz, was mich betrifft, sie schickte mich Schlittschuhlaufen, einige Zeit war ich auch Mitglied der Schwimmsektion des, ich glaube, WAC, und der Trainer meinte, ich hätte eine günstige Gestalt fürs Schwimmen, auch in der Fechtkunst wurde ich unterwiesen, auch Privat-Turnunterricht nahm ich in der Turnschule des Herrn Posch und dann in der Turnschule des Herrn Jonietz.

Was nützte das alles? Ich lernte Walzertanzen und bin damit wieder im Musikvereinsgebäude. Dort befinden sich auch im Halbstock die weiträumigen Gefilde der Universal Edition, allgemein als UE bezeichnet, und ich habe vor, später dorthin zurückzukommen.

Jetzt aber bin ich in den dunklen Jahren nach 1931. Dieses Jahr hatte ich dank elterlicher Großzügigkeit in Paris verbringen dürfen. Ich wohnte in der Rue St. Sulpice, in einem sehr kleinen Hotelzimmer im fünften Stock, ich faulenzte eigentlich, ich lernte die Stadt kennen, ich studierte nicht, ich las viel, ich ging ins Theater, ins

Konzert, und ich schrieb, wenn auch noch nicht professionell. Ich hatte ein Manuskript angefangen, ein Opernlibretto namens »Zweibettzimmer«, das sehr originell war, denn es erfand die Gattung »episches Theater«. Zwischen dem Publikum und der Bühne befindet sich an einem Schreibtisch eine Figur, die »der Manager« genannt wird und die kommentierend und glossierend in die Handlung eingreift. Die Handlung ist einigermaßen vorhanden, eine Ehebruchsgeschichte, aber vor allem stellt sich die Gattung »Oper« zur Diskussion. Ich war noch weit entfernt davon, ein professioneller Autor zu sein. Doch ich kannte Paris und hatte mich der französischen Sprache genähert. Und nach einem Jahr, Ende 1931, kam ich nach Wien zurück. Ich weiß nicht recht – und ich wüßte nicht, woher ich's erfahren könnte, was ich nach meiner Rückkehr aus Paris eigentlich getan habe.

Es war viel Musik dabei. Ich weiß, daß plötzlich (1932) der Hermann Scherchen in Wien war. Er war (so sehe ich's jetzt) auf der Suche nach einem Wirkungskreis, denn er sah, daß es mit Deutschland nicht gutgehen werde. Auf einmal wurde ein »Orchesterstudio« gegründet, mein Freund Erich, der Klarinettist, war mitbeteiligt an der Gründung, trommelte beschäftigungslose oder unterbeschäftigte Musiker zusammen, ich war eine Art Sekretär; und ich organisierte für Hermann Scherchen einen Dirigentenkurs. Unter den Kursteilnehmern war Kurt Blaukopf, ich glaube: auch der Dirigent, der sich später Leinsdorf nannte. Es fand ein erstes Konzert statt, im damals so genannten Kleinen Musikvereinssaal (jetzt bin ich endlich wieder dort), gespielt wurde die Erste Symphonie von Ernst Křenek (der damals noch sein originales Zeichen auf dem R trug). An weitere Konzerte erinnere ich mich dunkel, genau nur an ein Werk von Anton Webern. Damals tauchte der Scherz in Musikerkreisen auf: Wenn ein Konzertprogramm zu lang ist, muß man ein Stück von Webern dazu spielen, damit es kürzer wird.

Ich kannte Webern nicht persönlich, aber ich war bei einer Serie von Vorträgen in einer Privatwohnung, wo er über Neue Musik sprach. Er war respektgebietend und ungeheuer verdienstvoll als Dirigent der Arbeiter-Symphoniekonzerte. Er war voll von Hemmungen, sprach leise und zögernd. Auch bei einem Vortragszyklus Ernst Křeneks war ich; er fand in der heutigen »Angewandten« statt. Ich verschaffte mir auch die Erlaubnis, Gast bei den allwöchentlichen Quartettabenden im Haus des Frauenarztes Dr. Oskar Adler im »Neubauhof« zu sein; ich war oft dort, sie begannen jedesmal mit einem Haydn-Quartett und spielten dann vom Blatt, was ihnen gerade einfiel. Dr. Adler war der Primus, eine Geigerin Elsy Stein war die zweite Geige, ein Rechtsanwalt Dr. Strassberg spielte Bratsche, und Franz Schmidt, der Komponist und Allroundmusiker, spielte Cello wie in seiner Frühzeit. Schmidt war sehr liebenswert, und auch er eine Verkörperung des österreichischen Wesens, denn, zum Beispiel: Er spielte ein Mozart-Klavierkonzert und neigte sich, als er schon auf dem Podium saß, zu dem Dirigenten und fragte ihn flüsternd: »Welches spielen wir?«, und der Dirigent flüsterte zurück: »d-Moll.« Und es begann. Könnte, fast, wahr sein. In der kleinen Runde der Gäste war auch Dr. Polnauer, ein Prominenter des Schönberg-Kreises. Als ich einmal, um etwas nachzuschlagen, das Archiv der Österreichischen Bundesbahnen besuchte, saß er dort als Archivar. Ich war recht gut bekannt mit Dr. Willi Reich, der die Zeitschrift »23« herausgab (23 war die Schicksalszahl Alban Bergs). Er führte einen Ehrenbeleidigungsprozeß gegen den Kritiker Julius Korngold (das heißt: Korngold gegen ihn), ich war Publikum im Gerichtssaal.

Hermann Scherchen, eine faszinierende Figur, wollte ein Konzert im Großen Saal dirigieren, wir arrangierten es für ihn; er hatte keinen Frack mit und dirigierte im dunklen Anzug, was den Kritiker des »Neuen Wiener

Journals« zu dem Titel seiner Kritik inspirierte: »Sowjetmanieren im Konzertsaal«. Das Orchester spielte ein Stück von Hindemith, und dann, leider, die Pathétique von Tschaikowski. Dieses Werk war mir schon damals zuwider, aber ich war noch nicht aktivistisch genug, um zu protestieren oder mit meinem Rücktritt zu drohen. Scherchen, wir zitierten ihn oft parodierend, sagte gern von allen Werken der symphonischen Literatur: »Bezauberndes Stück, wird nur immer ganz falsch gemacht!« So wollte er auch den Tschaikowski rechtfertigen. Der Kritiker Bistron schrieb in seiner Kritik, daß er das Triangel vermißte, auf das Arthur Nikisch so großen Wert gelegt habe. Diese Meinung hat nur einen kleinen Fehler: In der Partitur dieser Symphonie kommt das Triangel nicht vor.

Hermann Scherchen war dann wieder aus Wien weg. Er schenkte mir zum Abschied sein »Lehrbuch des Dirigierens« mit der Widmung: »Für Hans Weigel als Zeichen der Dankbarkeit für die reine uneigennützige Unterstützung bei meinen Wiener Arbeiten. 22. X. 32.«

Der Komponist Max Brand, lange verschollen, uralt und isoliert in Wien vor gar nicht langer Zeit verstorben, wollte drei Kurzfilme produzieren, selbst geschrieben, selbst inszeniert, und ich war wieder einmal Sekretär. In der Zeitschrift »Mein Film« findet man einen Artikel mit Photo, und auf diesem ganz rechts »Sekretär Weigel«. Habe ich damals schon halbwegs ernsthaft mit Kabarett-Texten begonnen? Ich weiß es nicht. Auch das war sehr langsam entstanden. Ich bin, noch einmal sei's gesagt, ein Spätblüher.

Apropos Musikverein muß ich einen Zeitsprung riskieren. Ich war noch immer ein frecher Bub, und wenn ich wo einen freien Sitz im Großen Musikvereinssaal sah, setzte ich mich nach der Pause dorthin. Der Konzertveranstalter Hohenberg wies einmal mich und einige andere meinesgleichen zurück ins Stehparterre. Ich war schon erfolgreicher Kabarett-Autor, Hohenberg veranstaltete eine Tournee der »Literatur am Naschmarkt« durch die österreichischen Länder; und weil er mich beleidigt hatte, verbot ich den Vortrag meiner Texte bei der Tournee. Es mußte aplaniert werden.

Eine abschließende Erinnerung zum Thema Musikverein vor dem Krieg. Österreich war verschurlt und verhiaselt in den Jahren des Austrofaschismus, man könnte es auch als »reaktionär« bezeichnen. Das Volk von Wien war prima, das merkte man bei einem internationalen Fußballmatch gegen Italien. Die Italiener spielten unfair und wurden ausgepfiffen. In der Pause gingen provokant einige Heimwehrmänner rund um das Spielfeld. Und auch sie wurden ausgepfiffen.

Die Arbeiter-Symphoniekonzerte Weberns gab es natürlich nicht mehr. Einmal hatte er eine Probe mit einem Frauenchor. Die Damen meinten, es sei so schwer, Chor zu singen, wenn man eigentlich Revolution machen möchte. Und Webern sagte zu ihnen: »Wenn Sie den Bach schön singen, ist das auch revolutionär.« Ehre seinem Andenken. Gert Jonke, mein bedeutender Kollege, hat ihm ein literarisches Denkmal gesetzt.

Die Konzertprogramme waren steril, wenn auch Arturo Toscanini nach Wien gefunden hatte. Und nach Salzburg.

Nichts gegen Furtwängler! Nichts gegen Leonard Bernstein! Aber Toscanini war der Größte!

Toscanini war, was Scherchen sein wollte. Scherchen war ein sehr präziser deutscher Ingenieur. Er verstand sich auf die Instrumente. Er war ein Meister des Probens. Das Konzert war die letzte, perfekteste Probe. Toscanini probte wie ein sehr präziser deutscher Ingenieur. Doch beim Konzert war er ein Italiener. Oft habe ich ihm von der Seitengalerie des Musikvereinssaales ins Gesicht sehen können. Er litt beim Dirigieren. Er hörte nur, was mißlang. Sehr oft legte er die rechte Hand an die Herzgegend.

Einmal habe ich Willem Mengelberg erlebt. Er wußte alles im voraus. Er hatte alles genau festgelegt. Dann stand er dort und überwachte. Er bewegte sich kaum. Aber er war von jener Art, die ich sowohl bei sowjetischen wie bei US-Orchestern erlebt habe. Man wußte im voraus, wie's sein wird. Wenn man eine Symphonie von einem dieser Orchester gehört hatte, konnte man nach Jahren sagen: »Paß bei der So-und-so-Stelle auf, wie sie das machen!« Und sie machten es nach Jahren noch genauso. Musizieren bei diesen Orchestern ist Pflichterfüllung. Bei Furtwängler war alles Inspiration, er war ein Brahms-Mensch. So weit weg von Mozart. Auch Toscanini. Auch Bernstein. Mozart ist: Bruno Walter, Karl Böhm. Bruno Walter genoß das Dirigieren. Sein Gesicht war verklärt, weil er die Musik so liebte. Man hat Musik vor dem Konzert und nach dem Konzert zu lieben, aber das Konzert hat dem Dirigenten nicht Freude zu machen. Auch Komiker haben nicht lustig zu sein, wenn sie Heiterkeit erzeugen wollen.

Im großen Bogen zurück zum Großen Musikvereinssaal. Der Austrofaschismus war widerwärtig. Wildgans in allen Gassen. Alban Berg war tot, »Lulu« unvollendet. Und da kam einmal Otto Klemperer nach Wien und dirigierte Strawinsky, ich glaube: den »Feuervogel«. Uns war damals alles recht, wenn es nur Neue Musik war. Und als die Synkopen ertönten, elektrisierte es mich, und ich wäre am liebsten jubelnd aufgesprungen.

DENK ICH AN DEUTSCHLAND ...

Es wird Zeit, daß ich die Chronologie ein bisserl befriedige. Ich hab an meinem Geburtstag, 29. Mai, angefangen, bin über das Theater in der Josefstadt und den dortigen Vormittag, garniert durch die Fülle ausschweifender Abschweifungen, durch zweimaliges Kalbsgulyas in den Sonntagabend des 29. gelangt und komme nun zum zweiten Tag, dem Montag.

Der Herr Botschafter der Bundesrepublik Deutschland, der mir etliche Ehren erwiesen hatte, sagte, und das fand ich auch sehr sympathisch, er wolle keine große Feier veranstalten, sondern ich sollte ihm die Adressen einiger Nahestehender mitteilen, die er rund um meinen Geburtstag zum Mittagessen einladen wollte. Ich bat um Herrn und Frau Professor Frankl, um Jeannie Ebner, Hilde Spiel, Jutta Schutting, Milo Dor, Herrn und Frau Axel Corti, Friederike Mayröcker, Ernst Jandl – Gott verzeihe mir, wenn ich jemanden ausgelassen habe. O ja, natürlich, den Ulrich Weinzierl, die Marianne Gruber, meinen Styria-Verlagsdirektor Dr. Trenkler mit der mir zustehenden Lektorin.

Es war wohltuend formlos. Ich hatte auch um den Ingenieur Simon Wiesenthal gebeten, der zu jener Zeit so erfreulich ein Insider geworden war, wie sich's gehört. Er mußte leider wegen einer Reise absagen. Ich hätte ihn gern dabei gehabt. Er hatte – um ihn vorwegzunehmen – von mir ein Vorwort für einen außerordentlichen Roman bekommen, er hatte mein Buch »Man kann nicht ruhig darüber reden« scharf attackiert – warum nicht –, doch sich dann in einer an mich gerichteten handschriftlichen

Dedikation seines nächsten Buches für seine Aggression entschuldigt – welch eine große Geste!

Die Atmosphäre war höchst locker, angenehmst, und nun war's Zeit für meine erste Rede. Ich stand auf und pries die Anwesenden, wie sie gerade an dem Tisch saßen, ob ihrer für mich erfreulichen Taten.

Axel Corti, der sich einmal vor grauen Zeiten sehr fair und anständig mir gegenüber benommen hatte –

– Milo Dor, der mich zum »Hofrat« ernannt und mir entsprechend Visitenkarten hatte drucken lassen, der ein Mann der fast ersten Stunde gewesen war, der rund um die Zeitschrift »Plan« kreiste wie ich, den man damals »Milo« abkürzte, weil sein originaler slawischer Name zu kompliziert war, den ich mit Sympathie begleitet hatte wie er mich durch so viele Klippen und Wechselfälle unseres literarischen Österreich, der nun eine Art Oberster geworden war, ein lebenslänglicher Freund –

– Viktor Frankl, der, noch vom Konzentrationslager gezeichnet, bei einer Diskussion über mein Erstlingsstück »Barabbas« zum erstenmal öffentlich aufgetreten war, seither mein Freund in der Größenordnung eins, immer in Verbindung mit mir, ein Immer-da-Seiender; ich durfte eine Laudatio sprechen, als er den Donauland-Preis bekam, ich bin gut mit ihm und seiner Frau, auch wenn wir einander lange, lange nicht sehen – er ist auch politisch vorbildlich als strikter Leugner der Kollektivschuld. Auf Wunsch von Bürgermeister Zilk hielt er vor dem Wiener Rathaus eine denkwürdige Rede, die ausklang: ». . . die Forderung dieses Gedenktages kann nur lauten: daß alle, die guten Willens sind, endlich einmal die Hände einander entgegenstrecken über alle Gräber und Gräben hinweg!« Diese Rede hat man ihm sehr übel genommen. Wir leben immer noch in einer bösen Zeit. –

Als ich gemerkt hatte, daß ich etliche seiner Gedanken in einem Buch als meine geäußert hatte, entschloß ich mich, ihm dieses Buch zu dedizieren –

– Hilde Spiel lernte ich schon vor der NS-Wende kennen, sie war Zsolnay-Autorin und stand eines Abends, als ich nach Hause kam, mit der Lektorin des Verlags, Frau Dr. Schreiber, vor meinem Haustor Margarethenstraße 22 –

– Jeannie Ebner ist die treue, perennierende Kollegin und Freundin, seit der grauen Vorzeit unserer gemeinsamen Literatur-Aktivität – ich schreibe immer wieder Vorwörter über sie, man kann gar nicht genug Vorwörter über sie schreiben und gar nicht genug gut über sie reden, sie ist eine bedeutende Dichterin, Lyrik, Prosa, Erzählung und Roman, es sind viele Bände und Bändchen von ihr erschienen, sie hat viele Jahre aus Gründen des Broterwerbs arbeiten müssen, redaktionell und als Übersetzerin, es ist ihr nicht gelohnt worden, sie ist nicht so allgemein anerkannt, wie es ihr gebührt. Als wir miteinander in regem Kontakt waren, habe ich meine Post an sie weiterleiten lassen, wenn ich ins Ausland fahren mußte, wir haben dann Freundinnen gebeten, mir Liebesbriefe zu schreiben, damit sie beim Lesen eine Hetz hat; und wenn ich ihr etwas mitteilen wollte, als sie noch kein Telephon hatte, habe ich ihr Postkarten geschrieben mit erotischen Anreden und erotischen Schlußformeln, und ihr Briefträger hat immer gelächelt, wenn so eine Karte bei ihrer Post dabei war –

– Hilde Spiel kam dann bald nach dem Ende aus England nach Österreich, war mit uns allen befreundet, tat viel Gutes und wollte, als die Zeit reif war, von uns dringend aufgefordert werden, aus England nach Österreich zurückzukehren. Es ist uns dann gelungen, sie hat ein gespaltenes Verhältnis zu Österreich, doch ich finde: Um gegen Österreich zu sein, muß man in Österreich leben! Sie ist sehr selbstbewußt, und das mit Recht.

(Ich war auch dabei, als der berühmte Krach der Hilde mit dem Friedrich Torberg losbrach. Es handelt sich um Berthold Viertel, den großen Regisseur und bedeutenden

Lyriker. Er war ein bisserl links. Ich nannte ihn und seinesgleichen einmal »die Vierteldemokraten«, doch ich bewunderte ihn künstlerisch. Einmal hatte er in einem Anfall von Zivilcourage einem notorisch kommunistisch eingestellten Zeitgenossen widersprochen, und das hatte uns gefreut. Doch dann hatte Viertel seinen Gesprächspartner angerufen und sich, sozusagen, entschuldigt. Das hatten wir erfahren. In einer Zufallsrunde abends im Café Hawelka wurde das besprochen, Torberg, wie nicht anders zu erwarten, war sehr erbost über Viertel. Und die liebenswerte Schauspielerin Kitty Stengel sagte: »Ach was, er ist doch ein großer Künstler«, oder so ähnlich. Da wallte dem Torberg auf sein Blut, er zürnte in fast homerischer Manier.

Die Hilde Spiel muß auch immer wieder laut gerühmt werden, denn mit Milo Dor hat sie beim damaligen Finanzminister durchgesetzt, daß die Umsatzsteuer für Autoren abgeschafft wurde. –

– Die Jutta Schutting hatte mir, wie stets so viele Unbekannte, Proben ihrer Lyrik zur Beurteilung übersandt. Ich schrieb ihr höchst positiv. Nach einiger Zeit bekam ich neue Proben. Die Korrespondenz war überaus angenehm. Ich bat sie zu einer Lesung der Grazer Kollegin Roswitha Hamadani, wir sahen einander, fühlten Sympathien. Wir sind seither befreundet auf eine fast vorbildliche Manier, eine Dichterfreundschaft. Sie nennt mich als einzige außerhalb unseres Hauses »Hansi«, wir telephonieren gelegentlich, wir tratschen. Ich bewundere sie sehr, ich kann leider ihre Prosa nicht mehr lesen, aber ihre Lyrik ringe ich meinen Augen ab. Sie ist eine prima Kollegin, fleißig, selbstbewußt, sie ist eine österreichische Lyrikerin und Autorin, überhaupt: eine Österreicherin zum Herzeigen. Da sie nicht Auto fährt, hatte sie eine Anhängerin aufgerissen, die sie gern fährt. Und so geschah es, daß sie einmal die Friederike Mayröcker und den Ernst Jandl zu uns brachte. Das tat sehr wohl …

... Schon einmal hab ich den Erzählfluß unterbrochen, als eine traurige Nachricht mich verwundete. Und jetzt darf ich, bitte, die umgekehrte Ausnahme riskieren: eine derart beglückende Nachricht, daß sie mich fast umgeworfen hat. Wir sprachen eines Abends über die Abwesenheit des Glücklichseins bei den Menschen. Ich mußte erklären, daß ich nie glücklich gewesen bin, allen Erfolgen zum Trotz. Die Evi schloß sich an. Und unsere beiden Freunde, die mit uns abends einen wohlgelungenen Makkaroni-Auflauf zu sich nahmen, waren unserer Meinung. Eigentlich wollte ich die Matinee im Josefstädter Theater am 29. Mai erwähnen. Und die Evi verwies auf die Ausstellung der Wiener Stadt- und Landesbibliothek im Wiener Rathaus. Die hat mir viel Freude gemacht, aber glücklich? So viel Kränkung, so viel Ärger mit meinen Büchern, den die vorbildliche, liebenswerte Haltung meiner Styria-Freunde nur lindern, aber nicht aufwiegen kann.

Doch eben kam die Post und brachte mir den Brief meines jungen Dichterfreunds Alois Hotschnig:

»Meine Erzählung wird seit einigen Tagen gedruckt, im Jänner wird sie zu lesen sein. Das Schönste daran ... wird das Wissen darum sein, daß es mich immer mit Dir verbinden wird. Denn vielleicht – ohne Dich – wahrscheinlich sogar – sehr wahrscheinlich sogar – hätte ich irgendwann aufgehört. Alles Liebe, Dein Lois.«

Ich hatte ihn als Lyriker kennengelernt. Durch den Zufall, daß ich Herrn Professor Wolfgang Pfaundler, der das Tiroler »Fenster« gestaltet, in der Kantine des Österreichischen Rundfunks traf und ihm den Lyriker Hotschnig, der in Innsbruck studiert, empfahl, erschienen Gedichte im »Fenster«, fast wäre etwas mit unserem Georg-Trakl-Preis geschehen. Dann ging Lois auf Prosa über und wechselte von der Medizin zur Philosophie (Germanistik). Er schrieb mir immer wieder verzweifelt, voll Selbstquälerei, und ich hatte ihn zu ermutigen, meinen Glauben an ihn nachzuweisen. Und plötzlich war der Luchterhand-Verlag da, vermittelt durch die tüchtige Agentin Dr. Liepman, der ich den Alois Hotschnig ans Herz gelegt hatte. Es gibt einige derartige Erlebnisse, die mich glücklich machen. Es ist mir viel Dankbarkeit zuteil geworden.

… Das tat sehr wohl. Ich war mit der Friederike Mayröcker bekannt geworden, als ich mich für alle Lesungen junger Autoren interessierte, und da war eine Veranstaltung im Kleinen Konzerthaustheater, die Anzahl der Vortragenden war fast größer als das Publikum, Karl Wawra war dabei, Herbert Eisenreich las oder wurde gelesen, Friederike Mayröcker las. Ich erinnere mich, daß ich nachher zu ihr ging, und in meiner Wertung ihres Lesens kam das Wort »beeindruckt« vor. Wir freundeten uns an; und meine nächste Schlüsselerinnerung ist es, daß ich sie einmal durch Zufall auf der Mariahilferstraße nächst dem Gürtel traf und sie mich fragte, ob ich keinen Verleger für ihre Lyrik wisse. Ich dachte nach und riet ihr zu dem bundesdeutschen Limes-Verlag. Hätte es damals einen österreichischen Verlag gegeben, der auf der Höhe der Friederike Mayröcker gewesen wäre, die literarische Welt hätte einen anderen Weg genommen. Nun ist Friederike Mayröcker wie Ernst Jandl wie Alois Hotschnig und und und in bundesdeutschem Besitz, und das ist nicht nur für unsere Zahlungsbilanz ein Schaden, sondern eine Schande. Wie es zugehen kann, wenn unsereiner in deutsche Hände gerät, zeigte sich zum Beispiel am Sigbert-Mohn-Verlag, einer Bertelsmann-Unterabteilung in Gütersloh. Sigbert Mohn hatte einen Verlag aufgebaut mit einer Vorliebe für Österreich; er verlegte Jeannie Ebner, Marlen Haushofer, Hermann Friedl, Herbert Eisenreich, Erich Landgrebe. Und plötzlich fand der große Bruder Mohn diesen Verlag unrentabel und liquidierte ihn. Und der kleine Bruder ließ es sich gefallen. Marlen hatte sich in einen anderen Verlag geflüchtet, doch Eisenreich, Ebner, Friedl, Landgrebe standen da. So streng sind dort die Bräuche.

Die Fritzi, wie ich sie bald auch nennen durfte, und der Ernst kamen zu uns, einmal feierten wir sogar seinen Geburtstag. Jetzt sind wir einander nahe, ohne daß wir einander sehr oft sehen. Eine gute Freundschaft, wie sie eigentlich unter Kollegen sehr häufig zu sein hätte. –

– Der Ulrich Weinzierl ist der Sohn der Zeitgeschichtlerin Frau Professor Dr. Erika Weinzierl, mit der mich streitbare Bekanntschaft positiv verbindet. Sie ist mir zu kritiklos philosemitisch, und ich hatte ihr einmal die Stampiglie »Verein zur Abwehr des kritiklosen Philosemitismus« übersandt, was ihr nicht angenehm war. Der Sohn Ulrich aber ist ein Schatz, kultiviert, sprachmächtig, gebildet, ein Polgar-Experte. Er hat eine Polgar-Dissertation geschrieben, aus ihr ein Buch gemacht, welches ich sehr schätze, dann aber, weil er mit dem Ergebnis nicht glücklich war, eine weitere Polgar-Biographie geschrieben. Er und ich – ich mit der mir eigenen beharrlichen demagogischen Rüdität – haben uns für die Wiederkehr Polgars eingesetzt. Und es gelang, eine äußerlich sehr ansprechende, inhaltlich denkbare mehrbändige neue Ausgabe durchzusetzen, Herausgeber Marcel Reich-Ranicki und Ulrich Weinzierl. Als einmal der Herr Landeshauptmann von Niederösterreich, der kulturfreundliche Siegfried Ludwig, einige Autoren einlud, mit ihm nach Frankfurt zu der Buchmesse zu reisen, wurde ich plötzlich von einer Dame aufgesucht, und die überreichte mir im Namen des Verlags Rowohlt den eben erschienenen ersten Band dieser Ausgabe.

Und hier muß noch einmal dringend der Fluß des Erzählens gestaut werden. Hier muß, ganz entgegen dem nicht vorhandenen Formprinzip dieser Erinnerungen und Berichte, das Formprinzip dieser Erinnerungen und Berichte durchbrochen werden. Denn der Name des Alfred Polgar wurde genannt.

Mit ihm verband und verbindet mich sehr, sehr viel schon seit meiner allerfrühesten Anwesenheit auf Erden. Er war *der* Kritiker theatralischer Vorgänge und hatte – o du mein Österreich! – kein ständiges Organ für seine kritische Tätigkeit in den Wiener Zeitungen. Man las ihn im Prager Tagblatt und in der Berliner »Weltbühne«. Er gab gelegentlich Feuilletons großen Berliner Zeitungen, dem Wiener »Tag«, der als einzige Wiener Tageszeitung für unsereinen mit gesund bleibendem Magen lesbar war, mit Max Graf als Musikkritiker, Richard Götz als Theaterkritiker und einer sehr schätzenswerten Sonntagsbeilage, in der Menschen zu Druck kamen, nicht die Salten, Hirschfeld, Bahr, Wertheimer ... (Über Wertheimer und die ganze Unratskammer der Wiener Journalistik: Vor Weihnachten meldete sich beim Paul-Zsolnay-Verlag regelmäßig der Kritiker Paul Wertheimer und meldete, daß ihm leider einige Rezensionsexemplare verloren gegangen seien, er bitte, sie nochmals zu bekommen. Na ja!)

Polgar war in guter Gesellschaft in Wien, trotz allem, er war mit Friedell befreundet, Karl Kraus tolerierte ihn, er saß zu Füßen Peter Altenbergs, dessen Nachlaß er herausgab. Wir wissen heutzutage leider zu wenig über Peter Altenberg, der ein großer Geist im Narrenkleid gewesen ist. Und wir wissen, leider, auch viel zu wenig über Alfred Polgar. Ein Gleichrangiger – ich weiß leider nicht, wer – verlieh ihm einmal den Namen »Marquis Prosa«. Seine Feuilletons – er war der größte und vermutlich der letzte Schöpfer dieser Gattung – gingen weit über das Feuilleton hinaus, sie sind – darf ich das blöde Wort verwenden, wenn es einmal stimmt? – Juwele deutscher Sprachkunst, und seine Kritiken sind ihnen gleichrangig. Ich darf mich als seinen Schüler bezeichnen, ich bin aber – das habe ich eben wieder gemerkt, als ich, von Hingerissenheit gebeutelt, in seinen Schriften las – bei allem diesbezüglichen Größenwahn tief, tief unter seiner Höhe. Ich habe ihm, wo ich konnte, gehuldigt. Er schätzte es, daß ich immer wieder öffentlich zu ihm aufblickte. Als der Preis der Stadt Wien für Publizistik zum erstenmal vergeben werden sollte, war ich zum ersten- und zum letztenmal in der Jury; denn ich plädierte leidenschaftlich dafür, daß Alfred Polgar ihn bekomme. Sie wollten damals unbedingt den Herrn Dr. Rudolf Kalmar preisderstadtwienkrönen, einen menschenfreundlich sich gebenden Berufsjournalisten, politisch intakt, doch ebenso unbedeutend wie mächtig. Ich war ein Bulldozer in dieser Jurysitzung, und ich setzte es durch, daß der Herr Chefredakteur Dr. Rudolf Kalmar mir hinfort viel antat.

Alfred Polgar hatte es in Amerika nicht sehr schön gehabt – wer außer der Familie Reagan hat es denn in Amerika schön? –, er war nach Europa gekommen, lebte in Zürich, schrieb weiter, er hatte vor der amerikanischen Tragödie seiner Biographie für ein Schweizer Wochenblatt – nein, ich darf nicht ganz ins Plaudern geraten. Ich muß nur berichten, daß ich mich für die Wiederkehr Polgars in den Buchhandel der neuen Zeit unermüdlich einsetzte, und zum Schluß gelang es. Man muß dem alten Rowohlt dankbar sein, daß er (wie apropos Tucholsky) in Polgars Journalismen Stoff für Bücher witterte. Man muß dem Neo-Rowohlt dankbar sein – wenn auch zähneknirschend, weil so spät –, daß er Polgar würdig und sechsbändig in den Buchhandel gelangen ließ.

Wer mir vertraut, der möge Alfred Polgar in die Reihe der von ihm anerkannten Klassiker aufnehmen. Es hat bei Schnitzler auch sehr lange gedauert, auch Altenberg ist noch nicht wieder da, denn auch seine (vorbildliche) Neuausgabe ist sehr spät dran, es hat ja auch bei Johann Nestroy sehr lang gedauert, denn die unschätzbare große Gesamtausgabe erschien erst in den zwanziger Jahren dieses Jahrhunderts. Also, ich spreche meine innige Bitte aus, dem großen Alfred Polgar sein Recht angedeihen zu lassen. Dies würde nicht nur ihm, sondern auch den Recht-angedeihen-Lassenden gut tun!

Heute ist (Erzählzeit) Montag, 30. Mai, mittags. Morgen kommt der liebe Ulrich Weinzierl wieder vor. –

– Die Marianne Gruber ist eine bemerkenswerte Person, ein geballtes Bündel von Phantasie. Sie hat eine ganz besondere Begabung: das Einsteigen in Projekte. Wenn es zum Beispiel gilt, »Mädchen dürfen pfeifen – Buben dürfen weinen« durch eine Geschichte zu versinnbildlichen, ist sie dabei. Sie ist Beiträgerin von »Science-fiction« und anderen Sammlungen und schreibt, wenn man sie läßt, so makaber, daß man ihre Geschichten nur bei Tageslicht lesen kann. Danach sieht sie durchaus nicht aus. Sie wirkt angenehm, vermag aber die skurrilsten Dinge zu denken; sie war weltweit auf Lesetournee, und das tut wohl – auch sie eine Autorin zum Herzeigen. –

– Über meinen gnä' Verlag will ich hier nicht reden, den lobpreise ich ohnehin immer schon fast unanständig.

Ich aber gehe nach Hause, sehr froh und dankbar nach dem bundesdeutschen Anlaß, ruhe mich aus, schaudere ob des Schüppels Telegramme und bereite mich auf das Wiener Rathaus vor, dem später ein eigenes Kapitel gewidmet wird.

VOLKSTHEATER

Das Volkstheater und ich, wir waren immer mehr oder weniger befreundet. Einmal hatte ich in einer meiner zahllosen Glossen gefordert, daß in den Wiener Außenbezirken Theater gespielt werde. Und bald darauf begab sich mit Unterstützung des Gewerkschaftsbundes und der Arbeiterkammer – sie seien dafür gesegnet! – eine Institution, die bis heute andauert: das Volkstheater in den Außenbezirken.

Zur ersten Premiere war ich nicht eingeladen – weiß der Himmel, wer damals gerade etwas gegen mich hatte. Es war, glaube ich, in Stadlau, nördlich der Donau, und ich fuhr hinaus, ob Straßenbahn oder Taxi, weiß ich nicht mehr, es war eine Art Pilgerfahrt. Sie spielten »Helden« von Bernard Shaw, ein Stück, das von Jahr zu Jahr schlechter wird, es war knapp nach dem Krieg noch gut, es war, als das Volkstheater es in den Außenbezirken spielte, noch denkbar. Als es zum »Musical« verwurstet werden sollte, bot man mir die Mitarbeit an, ich las es und wollte nicht.

Damals geschah es nördlich der Donau, daß ein sehr ungeschultes Publikum die Reifeprüfung bestand. In »Helden« fragt ein Balkanese den Schweizer: »Sind Sie der Kaiser der Schweiz?«, und der Schweizer Soldat antwortet: »Mein Rang ist der höchste, den die Schweiz kennt: Ich bin ein freier Bürger.« Und auf diesen Satz hin applaudierten die Außenbezirkler; mir war's, als hätten sie in diesem Augenblick den Szenenapplaus erfunden. Sie biederten sich durch diesen Applaus nicht an, sie demonstrierten nicht, sie erwiesen sich als das Gegenteil dessen, was Thomas Bernhard über die Österreicher denkt.Seither war ich oft bei Außenbezirksproduktionen des Volkstheaters, zum Beispiel einmal, als ein Stück von Fritz Hochwälder gespielt wurde, der eben in Wien begraben worden war. Sie baten mich, vorher ein paar Worte zu sprechen. Sie baten mich auch, als Dorothea Neff auf der Bühne des Volkstheaters gefeiert wurde und als Elisabeth Epp auf der Bühne des Volkstheaters gefeiert wurde, zu sprechen, und dies alles war schön für mich und tat mir wohl.

Einmal durfte ich einen Abschnitt aus einer Volkstheater-Festschrift gestalten, da hatte ich alle Theaterzettel der betreffenden Zeit, es war eine Tätigkeit voll von Erinnerungen.

Ich glaube, ich sollte hier die Geschichte von »Aufstieg und Fall der Stadt Mahagonny« einschieben (es war 1932), denn sie begann im Volkstheater, als man dort telephonisch Direktor Rudolf Beer zu erreichen suchte, weil man seine Zustimmung brauchte, um »Mahagonny« von Brecht und Weill im Raimund-Theater zu spielen, welches damals dem Volkstheater angeschlossen war. Dieses Theater lag nahe, denn dort war die »Dreigroschenoper« gespielt worden. Nach »Mahagonny« hieß es allgemein: »No, Dreigroschenoper is es keine«, da sagte Kurt Weill, man sollte daraufhin die Verrisse der »Dreigroschenoper« anschauen. Hans Heinsheimer, ein sehr aktivistischer Herr der Universal-Edition (Musikverein!), wollte eine Wiener »Opernproduktion« gründen, es gab einen Briefkopf mit meiner damaligen Adresse Margarethenstraße 22, auch fanden Proben in unserer Wohnung statt. Lotte Lenya kam nach Wien, sie war eine fabelhafte Song-Schauspielerin, den Jimmy sangspielte ein junger Mann namens Otto Pasetti, sonst war das Ensemble künstlerisch eher dürftig. Gottfried Kassowitz dirigierte – ein Glück, daß mir soeben der Name eingefallen ist. Die

Dekorationen, höchst modern, hatte Lizzi Pisk entworfen, eigentlich eine Choreographin von ungeheurer Vielseitigkeit, ich habe mich mit ihr angefreundet, sie begab sich bald nach England, wo ich sie gelegentlich getroffen habe, sie war auch hie und da in Wien, einmal saßen wir, wie so oft, im »Falstaff« nächst der Volksoper, ich nahm sie mit, der Helmut Qualtinger war dabei. In diesem Zusammenhang ergaben sich zwei bemerkenswerte Fakten. Jemand sagte: »O. W. Fischer«, und sie fragte: »Wer ist das?« – Und als ich sie bat, den Qualtinger zu zeichnen oder zu karikieren, war sie einverstanden, tat aber nichts Entsprechendes. Viel später kam ein Blatt mit einer sehr guten Porträtkarikatur. Sie hatte Gedächtnisaugen. Das Blatt befindet sich an einer Wand meines Zimmers neben Werner Krauß, Karl Böhm, Molière, dem Autograph des Adalbert-Stifter-Gedichts von Doris Mühringer, einem sehr hübschen Geburtstagsblatt von Martha Redl, deren Ausstellung ich einmal eröffnet habe, und dem Ernst Křenek von Win (Winnie Jakob), der genialen Karikaturistin, die ein Opfer der widerwärtigen wortbrüchigen Verleger ist, die ich bewundere und schätze und die mit gewaltiger Ruhe ihr Außenseiterschicksal trägt. Ich kann nichts für sie tun als immer, wenn sie ausgestellt wird, einleitende Worte sprechen; aber was ist das schon?

Zurück nach Mahagonny! Das ist musikalisch eine Wucht, textlich teilweise auch eine solche, doch zum Teil recht dumm, wie eine schlechte Brecht-Parodie. In der Gerichtsszene gegen Schluß wird ein Mann namens Toby Higgins angeklagt »des vorsätzlichen Mordes zwecks Erprobung eines alten Revolvers«, und weil er das Gericht besticht, wird er freigesprochen. Jimmy Mahoney aber wird, weil er seinen Whisky nicht bezahlt hat und weil er lustige Lieder gesungen hat, zum Tod verurteilt, »wegen Mangel an Geld, was das größte Verbrechen ist, das auf dem Erdenrund vorkommt«.

Der Toby Higgins ist eine stumme Rolle. Ich markierte ihn solange, bis der Regisseur Heinsheimer sagte, ich sollte die Rolle wirklich spielen. Er hat während der Anklage-Rede Zeichen mit den Fingern zu machen, um die Höhe der Bestechungssumme anzudeuten, dann einigt er sich mimisch mit den Richtern, steht auf und geht triumphierend auf die Zuschauerseite. Das Spiel mit den Händen gelang mir recht gut – das triumphierende Gehen gelang mir nicht gut.

Ich ließ eine Künstlerpostkarte anfertigen: »Hans Weigel als Toby Higgins in ›Mahagonny‹ «, aber ich besitze sie nicht mehr.

Die Premiere war halbwegs erfolgreich. Einige wenige weitere Vorstellungen waren flau. Es war sehr angenehm, den Kurt Weill kennenzulernen. Wir gingen einmal mit ihm zu einer Aufführung des »Jasagers« in einer Schule. Er lobte sie und sagte nachher, daß er alle Aufführungen immer lobte. Er erzählte von der Uraufführung der »Dreigroschenoper«, die so flau begann, daß er und Brecht sagten: »Komm, gehen wir ins Kino«, und auf dem Weg aus dem Theater wurden sie von einem Lärm überrascht, der dem »Kanonensong« galt.

Brecht und Weill waren damals schon zerkracht, oder wie immer man's nennen will.

Ein achronologischer Einschub aus viel späterer Zeit, gleichfalls Raimundtheater. Wir hatten im Auftrag der Direktion für das marode Theater eine kabarettistische Revue verfaßt, Walter Drix, Hans Horwitz, Rudolf Weys und ich. Da trafen sich auf der Bühne die großen Erfolgsfiguren des Theaters, Mackie Messer, Hannerl aus dem »Dreimäderlhaus«, Lünk aus »Straßenmusik« und Schwejk. Es war relativ wohlgelungen, Herbert Berghof war der Mackie Messer, er hatte einen Song mit relativ harmloser dritter Strophe (Kanonensong), und wir redeten ihm ein, er möge eine andere dritte Strophe singen, nicht einen Song über den Kaffee (Kaffee aus Bohnen ist in den Zonen / eine gut gefüllte Tasse), sondern: »In diesen Zonen gibt's blaue Bohnen«, und dann kam: »... die neue Rasse, die braune gegen die blasse.« Es war eine Rotzbüberei, ohne vorherige Befragung der Direktion.

Die Revue war recht gut gelungen, aber das Haus war im Versinken, und eine etwas bearbeitete Version nach dem Sommer brachte auch nichts.

Zurück ins Volkstheater. Dort gab es ein Stehparterre, das es leider nicht mehr gibt. Es gab vor allem immer wieder Gastspiele des Mimen Moissi mit der singenden Stimme. Einmal spielte er nach dem angenehmen Stück »Die Wollust der Anständigkeit« von Pirandello Nestroys Willibald (»Die schlimmen Buben in der Schule«, auch noch gräßlich bearbeitet), eine Gipfelleistung weinerlicher Humorlosigkeit. Und als er den Schluß gesungen hatte: »Die schlimmen Buben waren heute brav«, ehe der Beifall einsetzte, rief ich von der ersten Stehparterre-Reihe laut als einziger »Pfui«, und das freut mein Herz bis heute. In dieser frühen Zeit – das entnahm ich den Programmheften – gab es einen lobenswerten Direktor, Alfred Bernau, der sehr interessant den Geßler spielte. Rudolf Tyrolt war der aufregende Grutz in Schönherrs »Erde«. Später »Hamlet im Frack«, Kopie einer britischen Unart, Vorläufer heutiger Regisseur-Blödheiten. »Faust«, beide Teile an einem Abend, mit dem Schauspieler Kutschera, Viktor, als lieber Gott, der vom Urquell sprach, als handle es sich um Pilsner Bier. Faust betonte bei seinem ersten Monolog das »Ach« ganz übermäßig, und so blieb's bis zum Ende des zweiten Teils.

Im Volkstheater wurde, wenn der Sommer nahte, alljährlich etwas Gesungenes dargeboten, meist von Benatzky, »Bezauberndes Fräulein« zum Beispiel. Und einmal gab es einen Durchfall namens »Büxel«, und einmal einen nicht minder argen namens »Der reichste Mann der Welt«. Ich hatte für die Josefstadt eine Nestroy-Strophe beigestellt, und weiß Gott, wie das geschah, man berief mich in das Volkstheater. Dort waren Proben für diesen »Reichsten Mann«, dessen Hauptrolle Max Hansen spielte, und da gab es ein Couplet mit dem Refrain: »Das sind die Wiener Spezialitäten, wenn wir die nicht hätten, wär'n wir nicht in Wien ...« Vermutlich ein bereits bestehendes Lied. Das Buch war von Hans Müller, einem recht unerträglichen Zeitgenossen, bekannt aus den »Letzten Tagen der Menschheit«. Benatzky trug mir gegenüber auch seine Prominenz außen, aber mit ihm ging es. Hansen war von Anfang an ein Schatz. Sie gaben mir eine Probestrophe mit nach Hause. Ich versprach, über den Sonntag etwas zu liefern. Da ich ein halberter Professional von meiner Kleinkunstpraxis her war, war die Aufgabe für mich nicht übermäßig schwierig. Und ich dichtete über den Sonntag etwa neun Strophen, »Das sind die Wiener Rindfleischqualitäten, das sind die Wiener Luxuszigaretten, das sind die Wiener Preismodalitäten«, was weiß ich, »Wien–Fischamend kost' nur fünfzig Prozent. Und fahrst du bis Bruck, kriegst noch was z'ruck ...« – »Wenn im Oktober gelb und zinnober die Blätter werd'n, dann fall'n s' auf d' Erd'n. Und man macht draus die Luxuszigaretten der Spezialitäten-Trafik hier in Wien.«

Ich weiß nicht, ob ich an diesem Samstag-Sonntag-Montag Karriere gemacht hab. Ich hab immer wieder Karriere gemacht, ein weiteres Mal in der Schweiz, wo ich bei Null angefangen habe, dann nach der Rückkehr 1945 relativ bequem. Ich wollte um keinen Preis dann noch einmal in Deutschland Karriere machen müssen, doch dann hat mir der große Herr Schnabel vom Norddeutschen Rundfunk sehr entwürdigend seine Gottähnlichkeit beigebracht. Aber den hab ich angeschrien. (Näheres in meinem Deutschlandbuch. Bei dieser Gelegenheit apropos »Näheres«: Ich schweife um die Kleinkunst einigermaßen herum, weil ich dies alles hauptsächlich in meinem Buch »Gerichtstag vor neunundvierzig Leuten« erzählt hab.)

Das Stück »Der reichste Mann der Welt« war ein Mißerfolg; doch das Couplet von den Wiener Spezialitäten war bei den Leuten, die drin waren, immer erfolgreich. Und Max Hansen kannte mich, Ralph Benatzky kannte mich. Und Heinrich Schnitzler, Regisseur des »Reichsten Manns«, kannte mich. Ich wurde gebeten, ein bisserl bei der bevorstehenden »Verhängnisvollen Faschingsnacht« von Nestroy am Volkstheater mitzuarbeiten. Den Alexander Steinbrecher kannte ich schon. Er holte mich zum »Schneider im Schloß«, einem musikalischen Lustspiel, das im Akademietheater vorbereitet wurde, ein halbwegs denkbares französisches Stück. Steinbrecher hatte bereits einige wohlgelungene Nummern geschrieben, ich kiebitzte bei dem, was noch zu machen war, ich stand unten auf dem Theaterzettel, und ich war verzweifelt über das chaotische, ratlose Klima bei den Proben. Ich war von unseren Spuckerln in den Kellern Besseres gewöhnt. Vor allem der Schauspieler Ferdinand Maierhofer tat sich durch wildes, stilloses Extemporieren hervor.

Und ich wurde wieder in das Volkstheater gerufen, wieder war Heinrich Schnitzler Regisseur. Ich war mit dem Steinbrecher in Schnitzlers Wohnung, wir dichteten ein bisserl was. Ich hatte ein altes Couplet aus einem unbekannten Nestroy-Stück herausgesucht, »Zu früh – zu spät«, ich textierte es (1936). Ich glaube, es gelang mir. Und als ich im Sommer 1988 bei den Maria Enzersdorfer Nestroy-Spielen ein zusätzliches Couplet beizustellen hatte, erinnerte ich mich an die eingefrorenen Posthorntöne der dreißiger Jahre, ich kannte den Text noch und hatte die Musik im Ohr, und so machte es mir Freude, meine Anfangsjahre apropos Nestroy mit meinem Alters-Nestroy zu verbinden.

Heinrich Schnitzler hatte keinen Regie-Assistenten, und ich bot mich an, für ihn die nötigen Notizen zu machen.

Ich habe noch eine Portion Musikverein vor mir, und ein paar Bröserln späteres Volkstheater. Doch die Chronologie nötigt mich, jetzt zum Theater an der Wien zu gelangen.

AN DER WIEN

Dort hatte die Operettenära abgewirtschaftet. Ein renommierter österreichischer Direktor hatte Frankfurt zu verlassen gehabt, Arthur Hellmer, und er wollte das Theater an der Wien übernehmen, mit einer musikalischen Vorsaison und anschließendem Schauspiel. Er hatte Max Hansen engagiert, und dieser hatte ihm eine völlig unbekannte singende Schauspielerin eingeredet, eine gewisse Zarah Leander. Das Buch war schon fertig, von dem beliebten und vor allem in Deutschland, von wo er aber vertrieben worden war, erfolgreichen Kabarettisten und Conférencier Paul Morgan und von dem Autor Adolf Schütz. Zwei Außenseiter also, dazu der Außenseiter Weigel, die unbekannte Schwedin ... die »Branche« lästerte. Hellmer hatte mich, durch Max Hansen angeregt, beauftragt, mit Benatzky die Gesangstexte neu zu schreiben. Ich fuhr nach Thun (Schweiz), wo er residierte, eine Art Fürst, mit einer reizenden Gattin, die »Kirschi« genannt wurde. Ich wohnte in einem Hotel und begab mich vormittags in die Villa, durfte mit mittagessen und verließ das Haus gegen Abend. Manchmal nahm er mich mit zum Golfspiel. Die Arbeit war nicht ganz einfach, Benatzky war leutselig, ich war noch nicht professionell, er fühlte sich veranlaßt, auf jeden Fall mitzureden, zu korrigieren. Wir kamen im zweiten Akt zu einer Situation, in der die Heldin, Gloria Mills (furchtbar!), von Axel an einen Fauteuil gebunden wird. Wem die Zeile »Gebundene Hände« eingefallen war, Benatzky oder mir, weiß ich nicht mehr. Eher ihm. Gelegentlich holte er aus seinen

Vorräten Manuskripte. Aber ich weiß nicht mehr, ob die Melodie neu erfunden oder vorhanden war. Ich textierte die Melodie (sehr schlecht!) ohne große Freude und sagte immer wieder, daß wir darauf noch zurückkommen müßten. Auch Benatzky war nicht froh. Der Verleger Herzmansky bewahrte einen Brief von Benatzky, der ihn bat, die Nummer aus der Musik zu entfernen. Morgan und Schütz waren übelwollend. Wir hatten ihnen fast alles, was sie gedichtet hatten, verändert oder gestrichen. Nur aus Gutmütigkeit ließen wir ihnen ein bisserl was stehen, um unseren guten Willen zu beweisen. Morgan und Schütz veranlaßten dann, daß es zu heißen habe: »Gesangstexte von Paul Morgan, Adolf Schütz und Hans Weigel« und daß ich zu einem für mich sehr ungünstigen Schlüssel bei der Autoren-Verwertungsgesellschaft AKM meine Einkünfte mit den beiden teilen mußte. Das erzähle ich nur um der historischen Wahrhaftigkeit willen, nicht weil ich gekränkt war oder gar bin.

Die Generalprobe von »Axel an der Himmelstür« war aufregend. Nach einer Introduktion tritt die Heldin Gloria Mills auf, eine schöne, rothaarige, spröde, großgewachsene Person. Es war ein Schock. Aber bald löste sich der Schrecken, die Persönlichkeit der Zarah Leander triumphierte, und der Charme des Max Hansen tat viel dazu, daß die Vorstellung erfolgreich ablief. Es sprach sich in der »Branche« bald herum, daß »Axel« erfolgreich war. Der Erfolg war groß, er währte bis Ende Jänner, fünf Monate. Dann kam noch eine zweite Besetzung, aber das war dann nur ein Abklingen. Sooft ich seither im Theater an der Wien war, muß ich zu der Loge hinaufsehen, wo bei der Premiere meine Eltern saßen. Sie freuten sich. Das tat mir wohl. Schon vorher war Zarah Leander oft bei uns. Wir hatten uns angefreundet, ich arbeitete mit ihr ihre Rollen sprachlich durch. Abends saßen wir oft in dem Restaurant »Laterndl« vis-à-vis vom Landesgericht, sie und ihr Mann. Ich brachte oft Freunde dazu. Zum

Beispiel meinen Freund Peter Ihle, von dem schon die Rede war.

Zarah wurde für einen in Österreich zu drehenden Film »Premiere« engagiert. Sie bat den Peter, er möge sich von ihr engagieren lassen, um mit ihr im Atelier die Dialoge sprachlich zu arbeiten. Peter war skeptisch, doch sie widersprach. Als Peter in das österreichische Atelier kam, wurde ihm höflich, aber unmißverständlich bedeutet, daß er das Atelier verlassen möge. Die sogenannten »österreichischen« Filme wurden nach Deutschland exportiert und mußten daher den Nürnberger Gesetzen entsprechen. So ist also alles »Österreichische« damals dem »Dritten Reich« verpflichtet gewesen; und die ganze Sippe der Patrioten wie Willi Forst, Karl Hartl und Konsorten spielte mit. Was für eine erbärmliche Schande!

Zarah Leander, die mich gern hatte, die mit meinen Freunden gut war, bekam einen Antrag nach England und einen nach Deutschland. Und sie entschied sich schrecklicherweise für Deutschland. Sie wurde in Schweden sehr unbeliebt. Sie drehte viel UFA-Plunder, aber den schönen Film »Heimat«. Als ich Emigrant in Basel war und wußte, daß sie im Hotel »Drei Könige« wohnte, suchte ich sie auf. Wir machten oberflächlich Konversation, und ich bereute, daß ich hingegangen war. Sie war dann nach dem Krieg in Wien, sie spielte, glaube ich, »Axel« im Radio, sie ließ mich grüßen, ich wollte nicht mehr. Ich muß nachtragen, daß ich sie kennengelernt hatte, als ich in Karlsbad (warum wohl?) war und sie kurz dorthin kam, um den Direktor Hellmer zu treffen. Vermutlich auch den Max Hansen, vielleicht auch den Benatzky. Sie war ganz anders, als man sie im Film zu sehen pflegte, sie war, bis auf ihre zu voluminösen Beine, makellos schön. Sie war damals, 1936, dreißig Jahre alt. Sie hätte weit mehr zusammengebracht als diesen Zelluloid-Dreck. Schade um sie!

Und ich war so eine Art Hausdichter des Theaters an der Wien geworden. Sie spielten nach »Axel« das fade Stück »Krach im Hinterhaus«, mit Gisela Werbezirk, Attila Hörbiger, Heidemarie Hatheyer. Die Werbezirk war eine grandiose Schauspielerin von leicht groteskem Äußeren. Sie spielte meist, wenn ein Theater zu wackeln begann, einen Schwank, deren es immer welche auf Vorrat gab, »Lili Grün«, »Frau Pick in Audienz«, »Floras Töchter«, sie spielte in der Operette »Adieu Mimi« und sang das Lied: »Ja, ich werd' eine Kokotte, eine fesche, eine flotte.« Sie spielte einmal in der Josefstadt die Frau Schalanter im »Vierten Gebot« und soll, so hörte ich, die weiß Gott grandiose Hansi Niese (Großmutter) übertroffen haben.

Im »Krach im Hinterhaus« war sie eine Büglerin. Sie sollte etwas singen. Ich erfand einen Nachbarn, der im Nebenzimmer den »Frühlingsstimmenwalzer« spielt, in den sie sich dann einschaltete: »Allweil bügeln, nix wie bügeln, früh um acht bis auf d' Nacht ...«

Die Reihenfolge weiß ich nicht mehr genau, es kam ein Prosastück, vermutlich ungarisch (alles war damals ungarisch, Fodor, Bus-Fekete, Lakatos, was weiß ich), mit der reizenden Rosy Barsony, nichts ging. Da tauchte die Idee auf, ein Paul-Abraham-Musical aus Budapest zu holen. Der Hellmer und ich fuhren nach Budapest. Es ist mir mein Leben lang schwer gefallen, denkbaren Dreck von schrecklichem Dreck zu unterscheiden. Das Musical von Paul Abraham war letzteres. Vielleicht hatte ich auch noch nicht den Mut, mich negativ zu exponieren, wenn eine Premiere an der Wien auf dem Spiel stand. Ich hörte mir also das Zeug auf ungarisch an. Vielleicht war es auch der Kitzel, daß ich das Buch gemeinsam mit Alfred Grünwald arbeiten sollte. Alfred Grünwald war ein Großer des Operettengeschäfts, gelegentlich Lehár, alles von Kálmán, alles von Abraham. Ich war da also hineingerutscht, ich saß auch gelegentlich im Café Heinrichshof an dem

Tisch, wo Dr. Fritz Löhner-Beda (»Dein ist mein ganzes Herz«) saß, Peter Herz, Arthur Rundt, viele andere, die ich nicht mehr in Erinnerung habe. Was war das für eine perverse Neigung. Was wäre aus mir geworden? Einmal versprach ich meinem Freund Jura Soyfer, der mir Vorwürfe machte, daß ich nicht wirklich dorthin gehöre, daß ich mir eine Position schaffen wolle, um dann zu tun, wonach mir zumute war. Hätte ich's? Der Oscar Fritz Schuh hat einmal gemeint, daß ich ohne Hitler ein Filmfritze geworden wäre. Vielleicht.

Die Arbeit mit dem Grünwald war sehr angenehm. Er konnte mich sichtlich gut leiden. Ich brachte einen Klavierspieler mit – ich brachte meine Leute überall hin, wo ich konnte, zum Beispiel auch den Rudolf Steinboeck, den Leon Askin, den Peter Preses in das Abraham-Ensemble. »Unser Brotgeber«, nannte mich Peter Preses.

Wir textierten Nummer um Nummer, gemeinsam, das ging sehr gut. Einige waren schrecklich: »Willst du glücklich sein, laß dich nicht mit Weibern ein, man hat nichts davon als lauter Schererei'n«; einige gelangen halbwegs: »Das hat sich immer schon bewährt, zuerst zwei glatt, dann zwei verkehrt, mach eine kleine feine Handarbeit für den, der dich verehrt ...« Na ja.

Die Rosy Barsony war eine zauberhafte Schauspielerin, mußte aber die Soubrette sein, ihr Partner war Oskar Denes, ein fettleibiger, aber beweglicher Tanzbuffo. Er hüpfte auf der Bühne choreographisch-akrobatisch und stand dann schweratmend in der Kulisse mit »Oiweh, oiweh«. Der Hans Holt, jetzt mein Freund, war der Liebhaber, der aber in der Wertigkeit von den zwei Buffomenschen übertroffen wurde. Max Brod, ein Urkomiker, wirklich in das Theater an der Wien passend, spielte einen Schotten, ich schrieb ihm ein Couplet »Mensch, sei sparsam«. Die deutsche Version hieß »Roxy und ihr Wunderteam«. Es war damals eine kurzlebige sensationelle Blüte des österreichischen

Fußballs. Zu einer Vorstellung kam die Nationalmannschaft in eine oder zwei Logen, ich durfte in der Pause dem Walter Nausch die Hand drücken.

Paul Abraham kam zu den Proben. Er war sehr unangenehm und streitsüchtig. Anton Paulik dirigierte, er war mein Freund geworden, ein großer Experte. Bei den Proben dirigierte er und rief gleichzeitig den Herren zu, was sie anders machen sollten. Ich bin immer stolz drauf, wenn ich mit Musikmenschen gut bin. Mit ihm war ich gut.

Marcel Prawy hat herausgefunden, daß dieses Stück die letzte Premiere war, die Abraham erlebt hat. Das erklärt manches.

Und dann war der nächste Herbst nach »Axel« und der letzte Herbst der Republik. Sie schlugen mir vor, es sollte aus der alten »Madame Sans-Gêne« vom alten Sardou ein Musical gemacht werden. Ich las das Stück und war ehrlich dafür, ohne mir noch Gedanken zu machen. Da sagte der Direktor Hellmer, es war vor dem ehrwürdigen Bühnentürl des Theaters in der Dreihufeisengasse, die jetzt überflüssigerweise Lehárgasse heißt (Arthur-Schnitzler-Gasse gibt es noch keine), da sagte der Direktor Hellmer also, daß ich die Bearbeitung gemeinsam mit dem Alfred Grünwald machen sollte. Da wallt' dem Türken auf das Blut. Ich hatte das Buch in der Hand und warf es in der Dreihufeisengasse schmetternd zu Boden. Das Haus erzitterte nicht in den Grundfesten, aber die Herren Hellmer und Glücksmann (vorgesehener Regisseur) erbebten ein bisserl. Und man bat mich, möglichst bald schriftlich zu fixieren, wie ich mir die Bearbeitung vorstellte. Ich ging nach Hause, ich hatte es nicht weit, ich setzte mich an meinen Schreibtisch. Ich improvisierte ein Exposé. Ich merkte, daß Zorn ein vortrefflicher Inspirator sein kann. Mir fiel alles ein, was mir einzufallen hatte. Und ich schrieb daraufhin den neuen Text allein.

Der vorgesehene Komponist war Bernard Grün (Dr. Bernard Grün), ein liebenswerter Zeitgenosse (womit ich nichts gegen ihn gesagt haben will), er hatte eine Operette »Böhmische Musikanten« geschrieben, lebte in Wien, war auch ein Bestandteil der Runde im »Heinrichshof«. Und es wurde beschlossen – Gott weiß warum –, daß wir in Karlsbad arbeiten würden. Dort war ein angenehmes mittelgroßes Stadttheater, und im Foyer im ersten Stock stand ein Klavier oder Pianino. Ich kam am Vormittag hin und brachte Texte und verfaßte am Nachmittag die nächsten. Es war eine gute Arbeit. Ich hatte vor, das sogenannte »musical« zu reformieren und über die Operette hinauszugelangen. Viel später, nach dem Krieg, hab ich »Madame Sans-Gêne« wiedergesehen und war nicht sehr beglückt, weil zuviel Musik wucherte. Wir hätten etwas Zeit nötig gehabt, wir hätten in dem Genre, das ich begonnen habe, weitermachen müssen, und Wien wäre vielleicht eine Hauptstadt der Musik geblieben. Das Wesentliche war, daß nicht Sänger, sondern musikalische Schauspieler am Werk waren. Es gibt natürlich auch Sänger (Opern- und Operetten-), die der Darstellung mächtig sind, Blanche Aubry war zum Beispiel eine solche, Hans Holt – doch ich will hier keine Liste erstellen. Ich erinnere mich nur mit großer Anteilnahme an Christl Mardayn, die Titelheldin.

Ich erfand ein Ensemble nach kontrapunktischen Prinzipien, die Heldin, der Tanzmeister erklärt den Hofknicks, dazu ein drittes Thema, das ich nicht mehr weiß. Mißglückt war mir ein Terzett, das zu Beginn des dritten Akts den Kaiser Napoleon zeigt, wie er drei Sekretären je einen Brief diktiert. Neben Christl Mardayn spielte Leopold Biberti den Marschall Lefèbvre, Kurt von Lessen den Fouché. Den Napoleon spielte Leo Reuss, von dem ich erzählt hatte. Er war zu den ersten Proben mit dem blonden Bart gekommen, und dann eines Vormittags so, wie er war, schwarzhaarig. Ein kleiner Schock. Er war schauspielerisch sehr gut, er fuhr dann bald nach Amerika.

Ein großer Schicksalszufall geschah mir während der Arbeit an dem Text. Man könnte abergläubisch werden.

Im ersten Akt wird die Marseillaise gesungen. Da ich sie in Karlsbad nicht zur Verfügung hatte, schrieb ich einem Freund nach Wien, er möge mir, bitte, Text und Musik schicken. Dieser tat aber ein übriges und schrieb mir dazu die Geschichte dieses Lieds, das die Truppen aus Marseille just an dem Tag, an dem mein erster Akt spielt, aus Marseille nach Paris gebracht hatten. Nun erwachte meine Phantasie. Der erste Akt spielte bei mir in einem Halbsouterrain, wohin man auf ein paar Stufen von der Straße her gelangt. Durch die unteren Hälften der Fenster sieht man die unteren Hälften der Passanten auf der Straße. Man hört gelegentlich Rufe und Gesang. Einmal fragt die Heldin: »Was ist das eigentlich für ein Lied?« und erfährt, daß es die Soldaten aus Marseille mitgebracht haben. Die revolutionäre Stimmung steigert sich. Es kommt die Nachricht, daß die Tuilerien erstürmt sind. Die Marseillaise wird gesungen. Die Bühne dreht sich. In einer Pariser Gasse, die bergab geht und sehr schmal ist, kommt die Menge mit einer Revolutionsfahne direkt auf das Publikum zu. Wenn sie ganz vorne ist, fällt der Vorhang. Das war anno 1937 kaum denkbar. Ich hatte die Idee, daß wir den französischen Botschafter baten, wegen des Franzosen Sardou das Protektorat über die Premiere zu übernehmen. Das half vielleicht. Bei der Behördenprobe wurde stimmungslos gesungen, oft wurden zur Ablenkung Dinge auf die Bühne gerufen.

Es war so wundersam, daß mein Gewährsmann mir mehr mitgeteilt hatte, als von ihm verlangt worden war. Ich übersetzte natürlich die Marseillaise (die Übersetzung ist leider nicht sehr gut):

Macht euch bereit zum Kampf ums Vaterland,
Der große Tag ist endlich da,
Gegen uns erhebt die Tyrannenhand
Ihr Panier voll Blut fern und nah,
Hört ihr's im Land brüllen und stöhnen,
Weh dem, der da schwankend noch zagt,
Es naht der Feind in wilder Jagd,
Greift nach euren Frauen, euren Söhnen,
Die Waffen in die Hand,
Marschieret dicht gedrängt
Zum Kampf, zum Sieg,
Daß rot mit Blut
Der Feind den Boden tränkt.

Es war schön, einen revolutionären Klassiker zu übersetzen und im austrofaschistischen Jahrzehnt dem Publikum entgegenzuschreien.

»Madame Sans-Gêne« wurde in Prag nachgespielt, als es halt schon Frühjahr 1938 war. Dann kam lange nichts, und dann Frankfurt und das Wiener Volkstheater.

Und nun ein Epilogerl zum Theater an der Wien. Dort spielte die Oper nach 45, ich war oft dort und liebte das Haus nach wie vor und schaute noch immer zur Loge, wo meine Eltern am ersten September 1936 gesessen waren.

Einmal sprach ich mit einer Dame im Denkmalschutzamt über ganz etwas anderes und kam zufällig auf das Theater an der Wien zu sprechen, und sie sagte einigermaßen beiläufig, ich sollte doch darauf hinwirken, daß das Theater an der Wien unter Denkmalschutz gestellt wird. Denn bisher sei nur das sogenannte Papageno-Tor unter Denkmalschutz. Da schrieb ich eine Glosse in meinem bewährten Stil. Ich hatte einst einen Wink bekommen, daß die Wiener Volksoper gefährdet sei, und schrieb eine Glosse: »Zorro reitet in die Volksoper«. Und in ähnlichem Sinn schrieb ich jetzt über das Theater an der Wien.

Es besteht immer noch, ist schöner denn je, weil im Stil seiner Urzeit, es ist das Haus der Wiener Festwochen, es ist ein edles Festspielhaus, das nicht mehr dauernd durch Operetten- und Musical-Undinge entweiht wird, sondern nur eine bestimmte Zeit des Jahres.

RATHAUS

So, und jetzt bin ich von der deutschen Botschaft nach Hause gekommen, habe mich ausgeruht und bin dann in das Wiener Rathaus gefahren. Ich habe keine distinkte Erinnerung an das Wiener Rathaus – bis auf meine dort abgehaltene erste Heirat. Wir warteten irgendwo, bis es soweit war. Ich ging fragen und erfuhr, daß es soweit war. Und kam zurück und rief: »Es ist serviert!« Und das wurde mir übelgenommen.

Im Rathaus war einst das Museum der Stadt Wien, dies umschloß unter anderem das Peter-Altenberg-Zimmer, so wie er es im Graben-Hotel bewohnt hatte. Jetzt haben wir ein Museum neben der Karlskirche, dort ist das schöne, bewegende Grillparzer-Zimmer, doch das Altenberg-Zimmer modert irgendwo herum. Das Doderer-Zimmer im verdienstvollen Bezirksmuseum des neunten Bezirks erinnert mich, der ich dieses Zimmer oft als sein Besucher erlebt habe, nur oberflächlich an das wirkliche Zimmer, wenn auch originale Möbel dort aufgestellt sind.

Meine schönste Erinnerung an dieses Zimmer ist Heimitos Geburtstag – hab ich das hier schon erzählt?

Ich hatte ihm die Absicht angekündigt, zu seinem Geburtstag eine Festschrift herauszugeben. Ja, sagte er, aber es muß eine Festschrift grob unzüchtigen Inhalts sein. Sein Wunsch war mir Befehl. Ich sammelte Beiträge, bekam solche von Torberg, von Eisenreich, von Friedl, vom Doderer-Freund Feldner, Zeichnungen von Flora, Moldovan, Absolon; ich stellte ein Alphabet bei, halb Porno, halb persönlich (»Die Gonorrhöe bereitet Nöte, der Gütersloh kommt gleich nach Goethe«). Ich ließ die Blätter bei einem befreundeten Buchbinder kostbar binden. Eine Deputation erschien in der Währingerstraße 50. Dort ergab sich die Verlegenheit, daß ein hochwohllöblicher Herr vom Münchener Biederstein-Beck-Verlag gerade als Gratulant anwesend war. Wie wir's gelöst haben, weiß ich nicht mehr. Der Band befindet sich jetzt im Nachlaß Heimito von Doderers.

Ich bin vom Rathaus weggerutscht, aber ich komm gleich wieder hin. Mein größtes Erlebnis war im Herbst 1945 die erste Begegnung mit dem Rathaus. Viele solche ersten Begegnungen waren bedeutsam, die Häuser in der Schönbrunnerstraße, in der Franzensgasse – Ecke Schönbrunnerstraße, die Firmenschilder rundherum. Ich ging sehr bald nach meiner Rückkunft nach Wien ins Rathaus, ich wollte meine Staatsbürgerschaft in Ordnung bringen, und irgendwo im Parterre, wo es sehr amtlich, aber freundlich war, nannte ich meinen Namen, und der Beamte suchte und fand unter W meinen Vater und mich. Ein großer Beweis für Kontinuität. Auch als ich, viel, viel später, auf dem Zentralfriedhof das überwachsene und vernachlässigte, aber deutlich erkennbare Grab meiner Großeltern finden konnte, mein Schicksals-Zufalls-Engel raunte mir, als ich in der Nähe war, zu: Gruppe fünfzig, Reihe einundfünfzig, Grab sechsundzwanzig a.

Ich gebe meine Staatsbürgerschaft nicht her. Ich habe nicht das Gefühl, daß Wien mich ausgetrieben hat oder Österreich. Ich denke dran, wie beliebt meine Mutter in unserem Bezirk war, wie mein Vater, dem keine Rückkehr gegeben war, sich gefreut hat, daß ein Text von mir in der »Neuen Rundschau« erschienen ist. Meine Mutter ist nach seinem Tod zurückgekommen, ich hatte eben ein zweites Mal geheiratet ... doch da auf der Titelei steht »Aussparung des allzu Privaten«, will ich folgsam bleiben und einen Punkt machen.

Ich gebe meine Staatsbürgerschaft nicht her, ich hab

so oft positiv über Österreich und Wien geredet, daß ich, nicht aus Starrsinn, sondern aus Überzeugung, dabei bleibe. Und damit bin ich im Rathaus, am Montag, dem 30. Mai, abends.

Ich war in einer Klemme. In zahlreichen, mir kompetenten Geburtstagsartikeln und sonstigen Äußerungen war mir immer meine Zivilcourage nachgerühmt worden, unter anderem von meinem sehr hochgeschätzten Freund Viktor Frankl. Sollte ich die Gelegenheit dieses Ehrentags nicht nützen? Ich fühlte mich dazu gedrängt.

Nun muß ich etwas gestehen, das man mir nur mühsam glauben wird. Ich war lange Zeit kein Frei-Redner, ich hatte ein Manuskript, von dem ich den Text ablas. Das war mir solange selbstverständlich, als ich des Lesens mächtig blieb. Meine Augen waren nie gut, und sie wurden schlechter. Ich suchte den hervorragenden Professor Hofmann auf, den mir der große Graphiker und Maler Hans Fronius, den er operiert hatte, dringend ans Herz legte. Ich wurde in Graz an beiden Augen operiert, doch das ergab nicht viel. Ich kann lesen, ich kann schreiben, aber ich kann nur Großgedrucktes lesen und nur in Größe von Schreibmaschinenlettern schreiben. Ich vermag auch, auf meiner Maschine zu schreiben, denn die Tasten sind groß genug. Aber was auf dem Blatt steht, muß ich mit einer anderen Brille korrigieren. Diesen Text zum Beispiel.

So mußte ich mich auf das Frei-Sprechen umstellen. Ich vervollkommnete mich, mühsam und langdauernd, und kann es jetzt einigermaßen. Ich überlege mir vorher, was ich sagen will, meistens, ich bemühe mich, mir ein Ende meiner Rede zurechtzulegen, und ich »schwimme«. Mir ist nur, nachdem ich geredet habe, nicht mehr bekannt, was ich gesagt habe.

Von meiner Rede im Rathaus weiß ich nur, daß ich sehr ausführlich über das Konservatorium der Stadt Wien gesprochen habe, für das ich zu werben vorhatte.

Der Saal war voll von Freunden und Offiziellen, es hätte mir sehr schmeicheln müssen. Der Bürgermeister von Wien, Dr. Helmut Zilk, hatte eine fulminante Laudatio gehalten, ausführlich und ungeheuer positiv. Er hatte mir, weil ich den Ehrenring der Stadt Wien schon früher bekommen hatte, keinen Ring und keine Nadel und kein Diplom geschenkt, sondern ein Bild des Burgtheaters, ein sehr schönes, von dem mir überaus sympathischen und begabten Graphiker Michael Coudenhove. Coudenhove, ja, bitte, aber Burgtheater? Dort herrschte-wütete der Claus Peymann, der dann später Medienobjekt wurde, damals lag das noch in der Luft, doch mich riß es. Und ich fand einen eleganten Übergang und sagte, daß unser Wirken am Konservatorium besonders segensreich sei, weil wir *österreichische* Schauspieler heranbilden, als Gegengewicht gegen den derzeit am Burgtheater herrschenden norddeutschen Kurs. So ähnlich, ich weiß es nicht mehr. Es soll schauderhaft gewesen sein. Mein geliebter Gustav Manker war anwesend und freute sich sehr, weil ich als erster beziehungsweise als einziger mich getraut hatte. Die Zivilcourage war also geleistet. Die Evi war natürlich, wie so oft über mich, verzweifelt, denn sie saß zwischen dem Herrn Bürgermeister und der Frau Kulturstadtrat.

Ich habe dann nach einiger Zeit beiden geschrieben, dem Bürgermeister und der Frau Stadtrat, und mich – zwar nicht entschuldigt, doch als schwererziehbares Kind dieser Stadt bezeichnet. Das war wirksam, ich bin mit beiden, soweit ich es beurteilen kann, nach wie vor sehr gut.

Der Rathaus-Abend war nicht wesentlich getrübt. Und daß ich meinem Gustav Manker eine Freude gemacht hab, war so schön, denn kurz darauf lebte er nicht mehr.

Und da ward aus Abend und Morgen der dritte Tag, aber das ist lästerlich.

Der nächste Tag … nein, ich muß etwas vorausschicken.

Ich liebe und verehre den Erich Fried, er ist der beste Brecht unserer Zeit, und als einer seiner Gefolgsleute mir sagte, daß er sehr krank sei und es sei höchste Zeit, ihm den Staatspreis zu geben, war ich sofort aktiviert und rief den Rudolf Henz an, man möge etcetera – »Was? Den Erich Fried?« Henz rümpfte akustisch die Nase. Aber es hatte sich herumgesprochen, und es wurde in wahrhaft unministerieller Eile ein Preis geschaffen, dessen Namen ich mir nicht merken kann, ist ja auch egal, und der Fried bekam ihn. Ich bin weiß Gott gegen die extrem Linken, aber es gibt Grenzen. Der Picasso verdient jeden Preis, und der Chaplin auch. So auch der Fried. Obwohl ich zum Unterschied von ihm nicht der Meinung bin, daß der Georg Büchner heute ein Mitglied der Baader-Meinhof-Gruppe wäre. Als der Fried ihn hatte, verlieh mir das Ministerium als dem nächsten diesen Preis, dessen Namen ich mir trotzdem nicht merken kann, und es begab sich, daß ich den Ulrich Weinzierl als Laudator erbat und bekam, und er hielt eine Laudatio, daß es eine Pracht war, und ich war sehr glücklich. Doch dann kam es wieder über mich, und ich hielt angesichts der Frau Bundesminister eine zweite Rede gegen den Peymann. Ich hatte sogar einen Szenen-Applaus, was in Ministerien eher selten ist, als ich sagte: »Wenn jemand nicht Chance, sondern Schangse sagt, hat er hier nichts zu suchen, dann gehört er zurück nach Bochum.«

Ich habe inzwischen Erfahrungen gesammelt. Bei einem Treffen bundesdeutscher und österreichischer Gewerkschafter sagte ein bundesdeutscher nicht »Schangse«, sondern »Chance«, ebenso bei einer bundesdeutschen Unterhaltungssendung. In Bochum sagen anscheinend nur Theaterleute Schangse. Ich war einmal dort, das Haus ist sehr schön, und der damalige Direktor war freundlich. Sie spielten eine sehr gute Vorstellung »Der

Teufel und der liebe Gott«; und der Direktor sagte: »Ich habe gern Proben von früh bis zum Beginn der Vorstellung. Sie haben jetzt Bochum gesehen. Was soll man sonst hier machen?« In Wien kann man auch etwas anderes machen, als Proben abhalten.

Bei der Rathaus-Festivität war auch ein Programm, das muß ich nachtragen. Ich hatte den Josef Meinrad bitten lassen, er möge das »Hobellied« singen; er war bereit. Und ich holte eine Studentin aus unserem Konservatorium und ließ sie eine kurze Geschichte lesen, von einem jungen Mädchen geschrieben, das bei der Aktion »Junge Literatur« den ersten Preis gewonnen hatte. Ich hatte mich auf sie gefreut, doch bei der Preisverleihung lebte sie nicht mehr. Ich hatte ihre Mutter und ihren Bruder verständigt, sie kamen ins Rathaus, sehr sympathische Leute aus der Gegend des Paß Lueg im Salzburgischen. Ich wagte nicht zu fragen, was gewesen sei, sie sagten, es sei rätselhaft, unerklärlich gewesen. Es gab auch außer dieser schönen, klugen, menschenfreundlichen Geschichte keinen Nachlaß, sagten die Angehörigen. Ein Selbstmord wohl. Ein singender, klingender, fröhlichkeitbringender, herzensbezwingender Selbstmord aus Wien. Und zwei Wunderkinder aus dem Konservatorium spielten einen Satz von Schubert.

Was habe ich nicht alles erlebt vor diesem Kulminationstag im Wiener Rathaus! Das schönste war wohl die Verleihung des Ehrenrings der Stadt Wien an Käthe Gold, Paula Wessely und mich. Sie hatten mich bitten lassen, in ihrem Namen zu danken. Der Bürgermeister war damals Leopold Gratz, der mir den Ring an den Finger steckte, was ich als Legitimierung einer lebenslangen, noch nicht ehelichen Beziehung deutete. Ich sprach lange, erbat dafür die Nachsicht des Auditoriums, ich sprach über Käthe Gold und zitierte eine meinige Theaterkritik, ich sprach über Paula Wessely und erzählte von unserer Verehrung in den Texten des Kabaretts »Literatur am Naschmarkt«. Ich sprach meine Wien-Laudatio vom Standpunkt einer Fahrt aus Maria Enzersdorf nach Wien, ich zitierte die anderen, die, wie ich, heimgekehrt waren, Kreisky, Bronner, Prawy. Ich besitze einen Mitschnitt der Rede und habe ihn gelegentlich vorgeführt. Während ich die letzte Seite dieses Textes geschrieben habe, wurde ich wieder einmal um ein Vorwort zu einem Lyrikband gebeten, und da es ein nordsteirischer Lyrikband ist, konnte ich natürlich nur zusagen. Laudator und Vorwortler, mein Altersbrot.

Ich war im Rathaus, als der Fritz Hochwälder die Ehrenbürgerschaft der Stadt Wien bekam, das war gut.

Ich war von Anfang an in der Jury des Nestroy-Ringes der Stadt Wien, bis auf einmal, als ich ausgeladen wurde, weil ich ihn bekommen sollte. Da war eine recht illustre Crew preisgekrönt, Manker, Konradi, Meinrad, Deix, Lederer, Qualtinger, Ott, Wehle, Bronner, Steinbrecher … und eine Laudatio für einen der meist zwei Ausgezeichneten hielt meistens ich. Als Hans Kann für seine Musiken zu Qualtingers Nestroy-Lesungen dran war, da war ich verlegen, denn sein stolzestes Werk konnte ich in meiner Rede nicht zitieren. Hier probiere ich's. Qualtinger, Sowinetz und Konsorten hatten eines angeregten Abends das Fragment eines Wienerlieds gedichtet:

Wenn a Wiener ein' Schaas laßt,
Macht der Petrus schön's Wetter,
Und die Engerln, die schnuppern dazu …

Es war das typisch österreichisch-fragmentarische Fragment. Und ich, von unösterreichischer Pedanterie, dichtete den Refrain zu Ende:

… schnuppern dazu,
Und der Petrus sagt: Wolken, geht's, wischerlt's erst
später,
Wenn a Wiener ein' Schaas laßt, gebt's Ruh;
Und der Herrgott da drob'n
Tut den Petrus sehr lob'n,
Weil er das, was sich g'hört, so gut waas,
Denn es gibt nix so Resches,
So gemütliches Fesches
Wie den goldenen Wiener Schaas.

Das hat Hans Kann in Musik gesetzt, und eine mit uns befreundete Schallplattenfirma hat es zur Schallplatte werden lassen, Privatdruck natürlich, und auf die Rückseite kam das klassische Krüppellied von Peter Hammerschlag, die Originalmusik ist überliefert:

Wenn ich mal trüber Laune bin,
Dann geh ich zu den Blinden
Und lache mir den Buckel voll,
Wenn sie die Tür nicht finden;
Dann geh ich zu den Lahmen auch
Wohl in ein dunkles Gangerl,
Schnall ihnen die Prothesen ab
Und spiel mit ihnen Fangerl.
Krüppel hab'n sowas Rührendes,
Krüppel hab'n was Verführendes,
Immer wenn ich einen Krüppel sehe,
Wird mir ums goldene Wiener Herzerl so warm und
wehe.

Einiges, was Peter Hammerschlag hinterlassen hat, wurde von Friedrich Torberg mühsam und emsig gesammelt und herausgegeben. Gut und schön, doch eine Gesamtausgabe täte not! Es ist wohl schon fünf Minuten vor zu spät. Wie bei so vielem Unserigen, Lebenden und Gestrigen.

Es gibt von Peter Hammerschlag zwei Originalstrophen. Ich schrieb für die Platte noch einige zusätzliche, zum Beispiel:

Ein Mädchen ist bedient, o Graus,
Am Beuschel, sie heißt Stasi,
Ich beutle stets mein Staubtuch aus
Direkt vor ihrer Nase;
Und fängt sie dann zu husten an,
Spuckt Schleim sie und spuckt Blut sie,
Sag als perfekter Gentleman
Ich tändelnd: »Kutzi, kutzi!«

Soviel über Peter Hammerschlag (näheres in meinem »In memoriam« und bei Torberg). Zurück ins Rathaus.

Im Rathaus werden Preise der Stadt Wien vergeben; einmal, relativ früh, erhielt ich den Preis für Publizistik. Ich hatte im Namen aller (ich glaube: zehn) Preisträger zu danken. Unter ihnen war Victor Gruen, ursprünglich Grünbaum, ein verdienstvoller Wiener, ursprünglich Mitgestalter des sozialdemokratischen »Politischen Kabaretts«, dann Emigrant in den USA, jetzt wieder da als etwas schrullig gewordener kritischer Stadtplaner. Er hatte, das hatte mir Leopold Lindtberg erzählt, einmal angesichts einer paradiesischen kalifornischen Landschaft, Golden Gate oder was weiß ich, ausgerufen: »Und das alles geb ich dir für ein Stückerl Wienerwald.« Dies erzählte ich im Wiener Rathaus, und es tat mir wohl.

Wir wollten, gleich zu Anfang, dem Georg Kreisler, der ihn weiß Gott verdient, den Nestroy-Ring verleihen, ich war so prophetisch und rief ihn vorher an, und er bat mich, von der Verleihung abzusehen. Das tat der lieben Frau Damals-Stadtrat Gertrud Fröhlich-Sandner weh, es kränkte sie. Ich ließ ein fingiertes Dekret anfertigen, auf dem ihr der »imaginäre Nestroy-Ring« für tapferes Verhalten vor den Preisträgern, oder so ähnlich, verliehen wurde. Bei der nächsten Jury-Sitzung wurde ihr die Urkunde überreicht.

Überhaupt habe ich oft derartige Scherze bewerkstelligt. Mein populärster ist eine Stampiglie, die ich noch besitze, der

Verein zur Abwehr
der Überschätzung
H. v. Hofmannsthals

Mein voller Ernst. Ich wollte den Verein bei der Behörde anmelden und hie und da Vereinsveranstaltungen abhalten. Heimito von Doderer erklärte sich bereit. Doch dies alles hätte ganz regulär stattfinden müssen, und ich fand keinen, der das Amt des Kassiers zu übernehmen bereit war. Ich trieb allerlei mit diesem Verein. Ich ernannte (jetzt kann ich's ja sagen) den Kartenbüroverwalter der Salzburger Festspiele zum Leiter der Ortsgruppe Salzburg, und er schrieb mir jedes Jahr nach dem Ende der Festspiele einen Rechenschaftsbericht, was im vergangenen Sommer im Sinn des Vereins geschehen war. Olga Schnitzler, die Witwe des Dichters, hatte gesagt: »Ich hab ihn (den Hofmannsthal) von Anfang an nicht leiden können!« und wurde Ehrenmitglied. Einmal schrieb der schätzenswerte Germanist Arntzen einen Essay, der Hofmannsthal gegenüber kritisch war. Ich schrieb ihm einen Dankbrief im Namen des Vereins, ohne meinen Namen und meine Adresse kundzutun, und bekam postwendend einen an meine Adresse gerichteten Dankbrief. Heute ist der Verein eingeschlafen, die Stampiglie muß noch irgendwo sein. Ich habe auch einen Verein zur Abwehr der Überschätzung des Pianisten Swatoslaw (schreibt man ihn so?) Richter in Form einer Stampiglie, aber er ist nur ein einziges Mal in die Welt getreten, als der große Rudolf Serkin nach einem Klavierabend einen anonymen mächtigen Blumengruß von dem Verein aufs Podium erhielt.

Die Abschweifung über meine kindischen Scherze darf mich nicht von Georg Kreisler weglocken! Ich hatte von ihm gehört, der in Gerhard Bronners Marietta-Bar am Klavier saß und eigene Chansons vortrug. Käthe Dorsch war Anlaß meiner Bekanntschaft mit ihm. Denn Bronner hatte etwas Positives über mich gesagt oder gesungen, und der Filmregisseur Franz Antel hatte – vermutlich angeheitert – gegen mich gestänkert, so arg, daß Bronner ihn hinauswarf. Er war sehr rigoros. Wenn ein Gast die Bar ohne Krawatte betreten wollte, gab es in der Garderobe etliche, unter denen er eine Leihkrawatte aussuchen konnte. Doch ein gutes Leihbenehmen gab es nicht in der Garderobe. Die Affäre verbreitete sich mit Windeseile und war mir sehr nicht recht. Daß der Antel mich nicht mag und beschimpft, ist mir Wurscht. Wie sagte doch unser Bundeskanzler kürzlich so richtig? Er suche sich die Leute, von denen er sich beleidigen lasse, aus, oder so ähnlich. Aber diese blöde Dorsch-Affäre hatte es in sich. Man erwog einen Boykott der Antel-Filme in der Bundesrepublik. (Das ist kein Alma-Mahler-Schmäh, sondern leider wahr.) Was sollte ich machen? Der Haeusserman vermittelte, Antel erschien am Tatort vor dem Café Raimund, die Zeit war geplant. Er zitterte, er tat mir leid, ich hätte ihn am liebsten gestreichelt und gesagt: »Ja, ja, es ist schon gut!«, er stammelte seine Entschuldigung, ich hörte sie an und ging dann in die Redaktion meiner Zeitung, wo Gerd Bacher und Helmut Andics ein Kommuniqué dichteten und dabei eine große Hetz hatten.

Es gehörte sich, daß ich die Marietta-Bar aufsuchte. Ich kannte Gerhard Bronner, der einmal auf einem von zwei Klavieren ein Kabarettprogramm im Kleinen Haus in der Liliengasse begleitet hatte. Ich bin kein Barbesucher. Doch ich wurde einer. Ich begrüßte den Bronner, in seiner Nähe stand ein relativ großgewachsener dunkler junger Mann. Aha, das ist wohl der, von dem man mir erzählt hat, daß er Chansons dichtet und singt.

Seit dieser Zeit war ich und blieb süchtig auf diesen Georg Kreisler. Ich weiß, daß er das ist, was man progressiv beziehungsweise links nennt. Er darf. Wie auch, ich sagte es bereits, Picasso, wie Chaplin, wie Erich Fried. Wäre Franz Schubert Zentralsekretär der KPÖ, ich würde ihn verehren und lobpreisen. Das ist, ich weiß, ein hartes heißes Eisen, aber was tun? Es gibt den einzigen Ausweg, den Gorbatschow geht, es wird eine Zeit kommen, in der nur noch die Kommunisten diesseits des ehemaligen Eisernen Vorhangs Kommunisten sein werden. Gorbatschow hat nur nachvollzogen, was Torberg und ich gegen Stalin hatten. So wie man nicht Antisemit, sondern Antijudaist sagen soll, soll man auch nicht Antikommunist, sondern Antistalinist sagen.

Ich finde, daß es einen erheblichen Gegenwartslyriker neben dem Erich Fried gibt, den Ernst Jandl, und dann kommt für mich gleich der Georg Kreisler. Die Germanisten, dieses Gezücht, sollten lernen, was Lyrik ist! Heinz Politzer, der ein Dichter und ein Germanist war, hat es gewußt. Er wollte über Georg Kreisler arbeiten. Ich brauch kein' Rilke, ich brauch eine Zusammenschau von Kabarett, Song, Schlager und Lyrik, ich leide darunter, daß die Lyrik derzeit im Eck ist, und da meine ich nicht nur die Mühringer und den Hergouth, da meine ich auch den sehr genußreichen Fendrich, die Werger und so viele Kabarettisten unserer Zeit. Sie heißen manchmal Liedermacher, und sie sind des Knaben Wunderhorn des zwanzigsten Jahrhunderts.

Der Kreisler hat mir, als mein erster rühmender Artikel über ihn erschienen war, brieflich dafür gedankt, daß das, was ich geschrieben habe, dadurch, daß ich es geschrieben habe, wahr wurde – oder so ähnlich. (Er ist einer der wenigen wohlerzogenen Zeitgenossen meiner

Sphäre, der Jandl ist auch einer, der verehrte Dr. Karl Böhm war einer.) Ich glaube, daß er sehr seelisch verwundbar ist, sehr unter dem Zustand der Welt leidet. Das Wort »mitmachen« ist ein doppeldeutiges; es meint »leiden« und es meint »mittun«. Er, mein geliebter Georg Kreisler, macht mit, weil er innerlich so viel mitmacht. Ich bin mit ihm und er ist mit mir unzerstörbar befreundet. Wir sparen beide aus, was uns unterscheidet. Einmal, als das, was ich durch die Zeiten hindurch allweihnachtlich meinen Freunden übersende, ihm diesbezüglich in den linken Kram paßte, schrieb er mir, daß es ihn besonders gefreut habe.

Ich war von seinen frühen Texten begeistert. Ich habe mich zu einer Art von unaufdringlichem Schutzpatron entwickelt. Als er zum erstenmal in der Schweiz auftrat, wollte ich dabei sein und fuhr nach Basel. Dies verschaffte mir eine wichtige, hochinteressante Erkenntnis. Man kann nicht nur durch Filme, durch das Fernsehen, durch Bücher, man kann auch durch Schallplatten populär werden. Als er sich den Baslern stellte, gab es von ihm nur Platten. Und die Leute, die hingingen, wußten, wer er war. Sie sagten in der Pause, ob er wohl das Lied soundso auch singen werde.

Apropos ... ich weiß, ich bin im Wiener Rathaus, aber der Helmut Qualtinger hat ja den Nestroy-Ring der Stadt Wien bekommen. Ich scheine eine anima naturaliter cabarettistica zu haben. Mir hat einmal ein Kritiker nachgesagt, daß dieser Hanns Weigel ein abgewirtschafteter, größenwahnsinniger Kabarettist ist. Und ich antwortete: Das stimmt alles mit einer Ausnahme: Ich bin nicht der Hanns Weigel, sondern der Hans Weigel. Auf das fehlende zweite N bin ich heikel, und auch auf das E zwischen G und L.

Der Helmut war ein Kabarettist, und er hatte etwas Allroundisches wie der Karl Kraus, mit dem er auch gemeinsam hatte, daß er vorlesend Charaktere akustisch unverwechselbar porträtieren konnte. Er war der Meister der Mystifikationen. Wer immer anrief und nicht ganz selbstverständlich zu agnoszieren war, war er. Er hat mich einmal als Werner Krauß so täuschend angerufen, daß ich ihn nur daran erkannte, daß er mich duzte, und Werner Krauß duzte mich nicht. Ich habe, als er gestorben war, so viel über ihn und von ihm in mir verspürt, daß ich ganz bald über ihn sprechen wollte. Ein Universitätshörsaal schien mir geeignet, ich rief die Hochschülerschaft, Abteilung Kultur, an, sagte meinen Namen und wollte einen Herrn dieser Abteilung sprechen. Das wäre erst in zwei Tagen möglich gewesen. Ich rief die Wiener Konzerthausgesellschaft an, der Herr Pereira stellte mir den Schubert-Saal zur Verfügung, mit einem Techniker. Welch großartige, großzügige Geste. Die Presse wurde verständigt, die Platten wurden vorbereitet. Als ich zu Ende war, war Qualtinger zu hören, mit dem Bundesbahn-Blues, dem G'schupften Ferdl und, ich glaube, »Weil mir so fad is«.

Ich hatte so viel zu erzählen. Zum Beispiel die Geschichte, als sein Sohn geboren wurde. Er hatte eine Riesenfreude. Wir waren miteinander am späten Abend in der Innenstadt, er, der Bronner, ich, der Gerd Bacher, der hier schon erwähnte Heinz Politzer, der aus Wien I stammte, ein Kafkologe war und an einer US-Universität lehrte, weil er Sehnsucht nach Wien haben wollte. Plötzlich hatte Bronner eine Idee. In das historische Kleine Haus in der Liliengasse, wo einst die Josefstadt ihre Filiale hatte und dann das Bronner-Kreisler-Qualtinger-Merz-Wehle-Martini-Kabarett blühte, war ein müdes Boulevard-Theater eingezogen, das irgendeinen Terence Rattigan spielte. Bronner hatte noch den Schlüssel zu diesem Haus. Er sperrte auf, machte Licht, wir gingen hinunter, die Dekoration war auf der Bühne aufgebaut. Und wir verwüsteten das Haus nicht, wir stifteten nur subtile

Unordnung, versteckten Aschenbecher, verrückten Möbel und so. Es war eine würdige Feier.

Ich muß auch erzählen, daß Otto Preiser der Schallplattenproduzent der ganzen Richtung ist. Glanzlicht eins: Es gab damals keine erfolg- und ertragreichen Sprechplatten, ausgenommen den Gründgens-»Faust«. Der »Herr Karl« war insofern schon da, als Qualtinger ihn auf einem Band festgehalten hatte, nach dem er den Text lernte. Es wurde natürlich vorgeschlagen, daß Preiser den »Herrn Karl« auf einer Platte festhalte, aber es schien wenig wahrscheinlich. Einige Freunde kamen in einer Privatwohnung zusammen, der Text wurde gespielt, Otto Preiser entschlief. Als er erwachte, weil's aus war, traute er sich nicht, seine Sünde zu bekennen, und war einverstanden, den »Herrn Karl« als Platte herauszubringen.

Und im Anschluß daran eine Erzählung, die mich wieder in die Nähe der schwadronierenden Alma Mahler rückt: Friedrich Kallina, Regisseur am Kleinen Konzerthaus-Theater der Josefstadt, sagte zu mir: »Was soll ich machen? Ich habe zwei Schauspielerinnen mit je einer Cocteau-Soloszene, sonst ist kein Ensemblemitglied frei.« Ich sagte: »Der Qualtinger hat eine nicht ganz abendfüllende Soloszene, die im Fernsehen kommen soll. Vielleicht ...« Und so kam der »Herr Karl« auf die Bühne, ich kann nichts dafür, daß ich was dafür kann. Er wurde dann in die Kammerspiele transferiert, wo vorher Ernst Waldbrunn den Geniestreich »Eins zwei drei« von Molnár spielte. In diesem Stadium war der »Herr Karl« schon wichtig genug, um von Joseph Wechsberg im »New Yorker« zur Kenntnis genommen zu werden. Dieser Wechsberg, ein Österreicher von großem stilistischem Charme, war einer der letzten Wiener Feuilletonisten, sagt mir, wo der Wechsberg ist – wo ist er geblieben?

Zweites Glanzlicht apropos Qualtinger–Preiser: Wir saßen eines Abends zusammen, wir saßen so oft abends zusammen, oft beim »Falstaff« nächst der Volksoper, manchmal beim Wegenstein, Nußdorferstraße, und dort, als wir in einer eher zahlreichen, doch in keiner Weise bemerkenswerten Runde saßen, sagte Otto Preiser ganz ohne zu meinen, daß er damit etwas Besonderes sage, daß er demnächst eine Otto-von-Habsburg-Platte herausbringen werde. Helmut Qualtinger sagte ganz ernst, daß er der Firma in diesem Fall keine Platten mehr geben werde. Und weil Preiser das für einen Scherz hielt, wiederholte Helmut Qualtinger seine Ankündigung mit größtem Ernst.

Qualtinger siegte über das Haus Habsburg-Lothringen.

Als er gestorben war, erschienen drei Qualtinger-Bücher, warum nicht? Doch eine Qualtinger-Biographie wäre so wichtig! Und vor allem eine Gesamtausgabe. Ich habe eine Anfrage vom Diogenes-Verlag bekommen, ob ich Herausgeber dieser Ausgabe sein will. Natürlich! Ich hätte nur koordiniert und die Fäden zu knüpfen versucht. Die Rechtslage ist wie bei fast allen Nachlässen verworren. Denn es gibt Carl-Merz-Rechte, es gibt Verlag-Langen-Müller-Rechte (»Eines Langen-Müller Reise in die Nacht«), und es gibt die Bühnenrechte, die der Sessler-Verlag verwaltet. Der Diogenes-Verlag hat es plötzlich aufgegeben, es war ihm zu undurchschaubar, und das ist mehr als jammerschade, das ist ewig schade. Die Witwe, die sympathische Vera Borek, und ich, wir sehen einander, wenn wir einander sehen, traurig an. Er war nicht nur ein Seelenvetter von Karl Kraus. Er hat, das gibt es zum Glück auf Platten, viel von den »Letzten Tagen der Menschheit« gelesen, man muß sagen: authentisch. Einmal in Berlin, ich war dabei, hat das Publikum bei einer Szene, die im Ersten Weltkrieg unter damaligen Sozialdemokraten spielt, sehr gelacht, wir wußten nicht, warum. Er hatte als Sozialdemokraten 1914–18 einen jetzigen Sozialdemokraten unbewußt akustisch porträtiert.

Über seine Telephonmystifikationen hab ich noch nicht genug erzählt. Er hat den Fernsehdirektor Freund als die Schauspielerin Annie Rosar angerufen. Sein raffiniertestes Experiment war es, den Kapellmeister Horst Winter als die Schauspielerin Helene Thimig anzurufen und sich mit ihm zu verabreden, dann die Helene Thimig als Horst Winter anzurufen und sich mit ihr zu verabreden. Leider konnte man nicht dabei sein, als das Rendezvous zustande kam.

Einmal wurde der Komiker Peter Preses in der Nacht von einem amerikanischen Filmregisseur angerufen, ob er am nächsten Tag drehen könne. »Nein«, sagte der Preses, dem das mit Recht verdächtig vorkam, »ich bin morgen nicht frei, aber ich empfehle Ihnen meinen Kollegen Qualtinger.« Und Qualtinger spielte die Rolle tatsächlich, denn der Anruf war echt gewesen. Schuh, damals in Köln, wollte, daß Qualtinger den Richard III. bei ihm spielte. Doch leider verlor er den Mut, und in Köln war dann auch nur der »Herr Karl«.

Seine Affinität zu Johann Nestroy war ebenso bedeutend wie die zu Karl Kraus. Er war ein großer Leser, sein Leben lang; und als wir mit ihm einmal über unbekannte Nestroy-Komödien ins Gespräch kamen, weil wir eine spielen wollten, merkten wir, daß er sozusagen die ganze Gesamtausgabe beherrschte. Er las auch, wie Karl Kraus, Nestroy-Stücke vor, er spielte den Knieriem und eine Rolle in »Eisenbahnheiraten« in der Josefstadt, den Titus Feuerfuchs im Volkstheater.

Er schrieb auch viel. Es erschienen Bücher mit satirischen, meist tieftraurigen Texten. Ihm war das Schreiben schwer gefallen, daher seine Zusammenarbeit mit Carl Merz. Qualtinger ging auf und ab, Merz schrieb. Ich hab einmal einen kurzen, nicht wichtigen Text mit ihm geschrieben, es ging halbwegs gut, doch ich denke, daß er ungern schrieb. Einmal – war es die drängende Zeit? – kam er mit einem selbstgeschriebenen Text: »Der Menschheit Würde«. Dialog zweier erfolgloser Schauspieler. Dieser Dialog hatte seine Wurzel in einem Geblödel. Qualtinger und sein Kollege Johann Sklenka führten in ihrer Garderobe Dialoge, erfanden dabei zwei Provinzmimen und bauten sie aus. So entstand der Dialog, an dem sie, als er schon da war, weiterbauten.

Der »Herr Karl« war ja auch ähnlich entstanden. Unser Freund Nikolaus Haenel hatte einen »Ferialjob« im Magazin einer Feinkosthandlung in der Tegetthoffgasse. Er erzählte uns von den Aussprüchen seines dortigen Kollegen, der ein Original war. Und Helmut begann, sich die Figur anzueignen. Ob er ihn je gesehen hat, weiß ich nicht. Jedenfalls spielten wir in unserer abendlichen Runde mit, stellten ihm Fragen, auf die er in der Rolle des Magazineurs antwortete.

Ein wichtiger Angehöriger unserer »Runde« war Erich Neuberg, ein genialischer Regisseur, mit Helmut seit den Anfängen im »Studio der Hochschulen« befreundet, der Karriere beim Fernsehen gemacht hatte, der auch am Volkstheater und Burgtheater inszeniert hatte, der psychisch durch einen tragischen Hang zur Depressivität belastet war und dann schrecklicherweise seinem Leben ein Ende machte. Ich hatte mich sehr um ihn bemüht, der damalige Fernsehdirektor Gerhard Freund liebte ihn und stand ihm bei, so gut er konnte. Vergebens!

Als er tot war, sendeten sie im Fernsehen eine seiner Inszenierungen, ich sollte einleitend Worte des Gedenkens sprechen, war dazu bereit, erfuhr kurz vorher, wie lange meine Worte zu sein hatten – Zeilen als Vorschrift sind denkbar, Minuten sind grauenhaft. Einer stand hinter der Kamera und deutete mir an, wenn nur noch eine halbe Minute übrig war ... all das ist immer wieder schrecklich, die eigene Emotion nach Sekunden verkaufen! – und ich brachte es zusammen, war leidlich erschüttert und doch halbwegs professionell – und als meine Arbeit zu Ende war, stand dort der Fernseh-Verantwortliche – es war übrigens der, der ihn tot im Fernseh-Gebäude gefunden hatte – und sagte anerkennend: »Hat mir sehr gut gefallen!« Kinder, kann unser Beruf furchtbar sein!

Neuberg wollte aus der Figur des Magazineurs einen Fernsehmonolog machen und sagte dem Helmut: »Für ein Fernsehspiel bezahlen wir soundso viel, das kriegst alles du, für die Darstellung zahlen wir soundso viel, das kriegst alles du.« Dies wirkte inspirierend, und so entstand das Werk. Es ist – nach wie vor finde ich das – das bedeutendste literarische Zeugnis Österreichs auf dramatischem Gebiet seit 1945.

Als der »Herr Karl« in Wien gesendet wurde, kochte die österreichische Seele. »So sind wir nicht!« Das hatte ja auch niemand behauptet. Ich schrieb: »Man wollte einem bestimmten Typus auf die Zehen treten, und ein ganzes Volk schrie ›Au!‹« Herrlich war die Zeichnung Erich Sokols: Der Herr Karl sitzt vor dem Fernsehschirm und sieht den Herrn Karl auf dem Bildschirm und sagt: So einen gibt's nicht!

Der »Herr Karl« ist lebendig geblieben, da und dort nachgespielt, er soll Arm in Arm mit Karl Kraus und mit Johann Nestroy gesehen werden, nicht mit allen x-beliebigen Österreich-Beschimpfungen. Ich bin sehr glücklich, daß ich dabei gesessen bin. Ich war auch dabei, als er zum erstenmal in Deutschland, in München, gespielt wurde. Und da geschah etwas sehr Kurioses. Zu Beginn des Vorgangs ist der Vorhang schon offen, das Magazin ist sichtbar, einige Männer, vielleicht Spediteure, kommen in langsam-behäbigem Tempo mit Kisten und stellen sie ab. Allmählich stiehlt sich der Herr Karl ins Bild, allmählich ziehen sich die Männer zurück. So war's in Wien. In München kamen Bühnenarbeiter recht eilig, stellten Kisten auf und waren auch schon wieder weg. Die Bühne war leer, und statt sich unter den anderen in das Bild zu »stehlen« und dann übrig zu bleiben, mußte der

Hauptdarsteller quasi auftreten. Dies war eine sehr eindrucksvolle Illustration zu den Unterschieden zwischen Deutschland und uns.

Qualtinger verzichtete endgültig auf sein weiteres Wirken am Kabarett, und es ist zu verstehen. So verzichtete auch Friedrich Gulda auf die Laufbahn des reisenden Virtuosen. Doch er war auf seltsame Weise immer halb innerhalb. Er war mit den Regierenden in Verbindung; sie wurden zu den Premieren und den Jubiläumsvorstellungen eingeladen. Ich erinnere mich, daß einmal der Vizekanzler Dr. Pittermann im Publikum war und mir in der Pause scherzhaft gedroht hatte, weil er meinetwegen zu den Russen zitiert worden war. Ich hatte einen scherzhaften, sehr frechen offenen Brief an Chruschtschow veröffentlicht.

Diese besonderen Vorstellungen waren sehr vergnüglich und improvisiert. Ich erinnere mich daran, daß ich einmal aufgetreten bin. Ich erinnere mich daran, daß die beiden Mimen in ihrem Dialog fragten: »Wer hat eigentlich den Iffland-Ring bekommen?« und daß in diesem Augenblick Josef Meinrad persönlich im Hintergrund über die Bühne ging.

Damit will ich meine Erinnerungen an den Helmut Qualtinger vorläufig abschließen. Ich komme noch zu ihm. Daß ich so eilig meine Gedenkrede im Wiener Konzerthaus angesetzt habe, hat mir der hochgeschätzte Kollege Tramontana im »profil« übelgenommen. Ich hab ihm eine Kassette mit dem Text geschickt, er hat den Empfang nicht bestätigt – Journalisten benützen die Post ungern –, aber er hat nach einiger Zeit in einer Radiosendung so freundlich über mich gesprochen, daß ich anzunehmen berechtigt bin, daß er mich wieder lieb hat.

Ich will jetzt, weil ich schon bei den Gedenkworten bin, an meine vielfache Trauer denken. Ich habe einmal am Grab meines väterlichen Freundes Franz Nabl gesprochen und war innerlich so sehr irritiert davon, daß er von meinen offiziellen Vorrednern als »deutscher« Dichter gerühmt wurde, daß meine Rede miserabel ausfiel. Ich habe ihn sehr geliebt. Ich weiß, was Hilde Spiel und Torberg ihm vorwarfen und was auf die Zeit unmittelbar nach der »Machtergreifung« Hitlers in Deutschland zurückgeht und beim PEN-Kongreß in Ragusa zu einer Resolution führte, der fast alle Teilnehmer zustimmten, ausgenommen Musil, Buschbeck, Kreutz und noch ein bis zwei Kollegen. Das war sehr blamabel, darf aber, meiner Überzeugung nach, die Einstellung zu einem großartigen Prosaschriftsteller nach zwanzig und mehr Jahren nicht entscheidend trüben. Ich habe mich, seit ich ihn kennenlernte, für Franz Nabl eingesetzt und habe darum kein schlechtes Gewissen. Ich habe oft über ihn geschrieben, ich habe ihn oft in Graz besucht. Wenn ich vom Parterre unseres Heims in mein Arbeitszimmer hinaufgehe, komme ich an einem sehr schönen Photo Franz Nabls vorüber. Wenn ich Bilder um mich herum postiere, pflege ich sie oft anzuschauen. Ich sehe ihn oft und denke oft an ihn.

Das Begräbnis des Fritz Hochwälder war einzigartig. Ob er konfessionslos oder mosaisch war, weiß ich nicht. Es war jedenfalls kein mosaischer Ritus vorgesehen. Ich war mit dem zuständigen Herrn des Wiener Zentralfriedhofs in Verbindung und telephonierte mit ihm im Namen der Hinterbliebenen. In Wien lebt und wirkt der wunderbare Monsignore Dr. Leopold Ungar, bis vor kurzem Leiter der Caritas, die neben Amnesty International die sauberste, kompetenteste karitative Institution des Landes ist. Dr. Ungar wirkte bei der Leichenfeier für die geliebte Schauspielerin Dorothea Neff. Als die Leichenfeier für Helmut Qualtinger ausgerichtet wurde, schlug ich den Arrangeuren vor, sie mögen Monsignore Ungar bitten, einige Worte zu sprechen, dies sei keine konfessionelle Zeremonie, doch eine Einbeziehung des Toten in unseren hierzulande herrschenden Glauben. Dies geschah und ging so gut aus, daß ich bei meiner Teilnahme an der Vorbereitung des Hochwälder-Begräbnisses bat, sie (die Zeremonienmeister des Wiener Zentralfriedhofs) mögen Monsignore Dr. Ungar bitten, zu sprechen. Dies scheint mißverstanden worden zu sein, eine Verwechslung, und nicht nur Monsignore Ungar war da, sondern ein regelrechter Pfarrer, der auf gut katholisch einsegnete. Dann sprach, unangesagt, doch sehr eindrucksvoll Fritz Hochwälders Tochter. Dann bewegte sich der Zug zum Grab. Der Fritz hatte zu sagen gepflegt: »Wenn ich drüben den Ernst Lothar treffe, freut mich die ganze ewige Seligkeit nicht!« Und als wir an der nahegelegenen Reihe der Ehrengräber vorübergingen, fiel unser Blick auf Ernst Lothars Grab. Jetzt läge manche boshafte Bemerkung nahe, aber das gehört sich nicht. Ich weiß nicht, wie das bei Pfarrern, bei Friedhofsfunktionären, bei Sargträgern, auch bei professionellen Friedhofschorsängern ist mit der inneren Beteiligung, es ist keine Kunst, daß ich beteiligt bin, wenn jemand, der mir nahestand, zu Grab getragen wird. Ich besuche auch Gräber und bin in eine gute Stimmung des Gedenkens versetzt, und das tut, glaube ich, dem Schatten des Verstorbenen gut. Doch alle, die professionell mit dem Bestattungswesen zu tun haben, strahlen leider eine professionelle Gleichgültigkeit aus, und das tut weh, das muß weh tun. So oft war ich bei Leichenfeiern und wollte anschließend darüber eine kritische Glosse schreiben, vor allem die Anordnungen der Ordner, die immer wieder, rücksichtslos laut gesagt haben: »Ganz zwanglos, bitte!«

Ich habe dann die Glosse nie geschrieben, aber ich habe an dem Unwesen des Bestattungswesens oft gelitten. Ich erinnere mich an sehr stimmungsvolle Begräbnisse im richtigen Geist, und das hing auch meist mit dem diensthabenden Geistlichen zusammen; und es ist halt sehr arg, daß da oft mittlere Geister mit pflichtschuldiger

Routine am Werk sind. Ich denke, es ist lange her, an das Begräbnis des Dr. Rudolf Weys, der ein Nestor des Wiener Kabaretts war, der ganz bedeutende Verdienste um Österreich hatte und auch ein gewisses Quantum an Widerstand geleistet hat. Ich hatte, als ich auf dem Friedhof eintraf, das Gefühl, daß der diensthabende Pfarrer nicht wußte, wer da zu Grabe getragen wurde, ich machte mich mit ihm bekannt und wollte versuchen, ihm begreiflich zu machen, wer der Rudi Weys gewesen ist, aber er sagte mir nur, welches Gleichnis aus welchem Evangelium er sich ausgesucht hat. Unter den Trauergästen waren viele von damals, es war eine Begegnung alter Zusammenarbeiter im Gedenken an einen der ihren, und es wäre gut gewesen, sie auf den Gedanken an ihn einzustimmen.

Es ist auch ein schöner Brauch, nachher irgendwo zusammenzusitzen und die Stimmung ausklingen zu lassen; solches habe ich oft erlebt, auch nach dem Begräbnis des geliebten Karl Skraup. Einmal, da war er schon sehr gebrechlich, haben Willy Holczabek und seine Frau Luzi und ich mit ihm irgendwo in einem sehr stimmungsvollen Garten zu Abend gegessen. Es war seine kuriose Eigenheit, daß er, der große Schauspieler, eine Sperre gegen alles Gesungene hatte. Er spielte einmal den »Lieben Augustin«, er spielte ihn herrlich, und bei der Generalprobe gelang ihm eine grandiose Szene, in der ihm allmählich dieses Lied einfiel. Ich war hingerissen, ich freute mich auf die Premiere, doch am Premierenabend war nichts mehr von dem da, was er tags vorher gezaubert hatte. Mit ihm saßen wir also zu viert in einem Garten irgendwo südlich von Wien; und ohne Anlaß begann er plötzlich zu singen – ich weiß nicht mehr, was –, es war bezwingend, doch ich mußte denken: Schwanengesang. Bald war er tot. Viele, die ihn geliebt hatten, saßen nach seinem Begräbnis im Garten einer Perchtoldsdorfer Konditorei. Und immer, wenn ich an ihn denke, denke ich diese Konditorei dazu. Das Volkstheater zu Wien vergibt einen Karl-Skraup-Preis, und das ist gut so. Auch daß Straßen, Plätze und Gärten nach bedeutenden Verstorbenen heißen, ist gut. Ich habe schon mehrmals gefordert, daß diese Übung intensiviert werde. Es gibt noch keine Straße, keinen Park, der nach Doderer benannt ist, es gibt, wie schon erwähnt, noch keinen verewigten Schnitzler, keinen Karl Kraus. Es täte mir so wohl, wenn unsere Dreiviertelvergessenen von der »Kleinkunst« 1931 bis 1938 über Straßen verfügten. Nur Jura Soyfer ist anwesend. Es gibt etliche Schauspielerstraßen, einen Hansi-Niese-Weg zum Beispiel, aber es gibt in dieser Hinsicht das große Unrecht.

In diesem Buch muß gesagt sein, was ich einmal in einer kleinen Glosse gesagt habe und was mir viel Zustimmung gebracht hat. Wo waren wir, als der Krieg zu Ende war? Wir waren österreichische Patrioten, wir haben die tapferen Reden unseres Innenministers bewundert, aber im Rückblick freuen sie mich nicht mehr so, wenn ich erfahren habe, daß in den Ministerratsprotokollen dieser Innenminister das Problem des Zurückrufens der Österreicher, die anno 38 vertrieben wurden, möglichst zu verzögern suchte. Ich habe – man verzeihe mir wieder einmal das Egozentrische – ein relativ reines Gewissen. Ich habe zwei Freunde, die in New York sozusagen vegetierten, veranlaßt, nach Wien zu kommen, wo sie ein schönes Leben innerhalb ihres Berufs hatten: Manfred Inger und Peter Press. Ich habe einen Leitartikel geschrieben »Die wichtigste Brücke« (»Neues Österreich« 1946, abgedruckt in meinem Buch »Ad absurdum«). Heute kommt ein Brief von einem Mitschüler, den ich vermutlich seit der Matura nicht mehr gesehen habe, aus New York. Da steht: »Du hast gewiß recht gehabt, nach Wien zu gehen. Ich kann's nicht, denn wir haben zwei hier geborene Töchter. Außer in meiner Wohnung fühle ich mich hier noch immer als Fremder.«

Legen Sie das Buch aus der Hand, schauen Sie ins Leere und denken Sie an diesen Ihnen unbekannten Landsmann. Und wenn die Welt bei uns voll Antisemiten wär'. Wir reden von den Kriegsverbrechern, doch es gibt auch Friedensverbrecher. Wer zieht sie zur Verantwortung? Irgendeinmal, ich weiß nicht mehr, wann, tauchte die Idee auf, man sollte den Opfern des NS-Regimes ein Trinkgeld von circa 3500 Schilling geben. Da war ich so zornig wie schon lange nicht und schrieb eine zornige Glosse für die »Furche«, wo ich immer Zutritt hab, wenn ich zornig bin. Und diese Glosse schickte ich an Freunde in New York und sonstwo. Die Witwe Jimmy Bergs schrieb mir später, daß er sich gefreut hat, das von mir zu lesen. In meiner Rathausrede sprach ich auch über ihn, der nicht mehr lebt.

Jimmy Berg, er hieß, glaube ich, Simon Weinberg, war ein ungeheuer begabter Bursche, spielte Klavier, komponierte, schrieb Texte, eine Art früher Gerhard Bronner. Als ich ihn zum erstenmal im Kabarett ABC, das als *A*lsergrund-*B*rettel im Café *C*ity begonnen hatte, als Hausmusiker erlebte, machte ich mich nachher sofort mit ihm bekannt, um ihm zu gratulieren. Er wurde dann, und das ist seine historische Bedeutung, der Komponist aller Kabarettstücke von Jura Soyfer. Er war dann in New York, ich weiß wenig von ihm, doch ich besaß seine Adresse. Ich war so glücklich, als er einmal zu Besuch nach Wien kam, wir waren sehr freundschaftlich. Ich konnte seine Frau, die gesundheitlich in irgendeiner Hinsicht nicht in Ordnung war, zu einem großartigen Arzt, der mein Freund war, Dozent Egon Fenz, führen. Warum hat man ihn nicht nach Wien gerufen, warum den genialischen Hans Horwitz nicht, warum den Endre Singer (bei uns Otto Andreas) nicht, der als seriöser Komponist irgendwo im Bereich der Juliard School arbeiten soll, nicht Ferdinand Piesen, Komponist der »Literatur am Naschmarkt«, der in Frankreich eine respektable Karriere als Komponist gemacht hat? Das sind nur die Musiker. Einen hab ich mit dem Chef der Wiener Musikakademie bekannt gemacht, er heißt oder hieß Sittner, und es war ein Niveaugespräch auf hoher Ebene, aber keine Frage danach, ob er nicht, statt in Illinois, wo er eine bedeutende Position hatte, in Wien arbeiten würde. Ach, es war dies alles wirklich unverzeihlich.

Ich bin einigermaßen vom Kapitelthema »Wiener Rathaus« abgekommen. Doch wenn ich sage »Nestroy« und »Qualtinger« und »Hochwälder« bin ich noch ganz dort.

Jimmy Berg hatte auch Lieder geschrieben, Text und Musik. Sein letztes, ehe er Wien verließ, war ein Wienerlied, ein Kaffeehauslied »Sperrstund' is«. Er nahm es mit hinüber. Er hatte es bei sich, als er Wien besuchte. Er zeigte es dem Gerhard Bronner, der es gut fand und in der »Marietta-Bar« sang. Dort hörte es der schon sehr alte Hans Moser, ließ es sich aufschreiben und sang es auf seiner letzten Platte, vielleicht als sein letztes Lied. Ich hörte es zum erstenmal im Radio und war hingerissen von dem Interpreten, den ich nicht agnoszierte, weil ich die Ansage nicht gehört hatte. Hans Moser war schon halb »drüben«, als er es sang. Es war so eindrucksvoll. Wer dieser Hans Moser gewesen ist, hört man in diesem Lied und an dem Lied von der »Kellergasse«, einem tief tragischen Monolog unbeschadet des Texts. Da darf sogar »Weinderl« vorkommen! Der alte wienerische Reim Freunderl – Weinderl.

Und Jimmy Berg fuhr zurück nach New York. Vor kurzem ist er gestorben. Er hätte sich sehr darüber gefreut, schrieb mir seine Witwe, daß ich im Wiener Rathaus über ihn gesprochen habe. Seine Todesanzeige stilisierte Fritz Spielmann, auch Komponist eines Wienerlied-Volkslieds von den »Schinkenfleckerln«. Da stand »Sperrstund' war für Jimmy Berg«. Ich schrieb an die Witwe und fragte sie, ob nichts von den Jura-Soyfer-Musiken in seinem

Nachlaß war. Es war: etwa die Hälfte der Originalkompositionen. Es hatte mir immer weh getan, wenn ich im Gedächtnis die Originalmusiken hörte und eine neu komponierte Musik hören mußte zu: »Voll Hunger und voll Brot ist diese Erde« und »Ihr nennt uns Menschen, wartet noch damit«. Ich schickte die Originalmusik dem Wiener Jura-Soyfer-Theater, dem Verlag Sessler, der die Bühnenrechte verwaltet, und der Jura-Soyfer-Gesellschaft, die vor kurzem gegründet wurde.

Jura Soyfer ist ja, Gott sei Dank, wieder da, dank der Gesamtausgabe und der großen Biographie, die Horst Jarka, ein Wiener Germanist an einer Universität im Norden der Vereinigten Staaten, vorbildlich publiziert hat.

Und damit schließt sich ein erster Kreis, denn Helmut Qualtinger hat die Texte von Jura Soyfer geliebt und vorgelesen.

Als er gestorben war, ließ seine Witwe Vera Borek mich bitten, ich möge bei der Trauerfeier sprechen. Man kann in dieser Situation so schwer sagen »Ja gern«, aber wenn es auch die Seele und das Herz ganz arg hernimmt, bin ich immer wieder dazu bereit. Ich sprach, es gibt eine Kassettenaufzeichnung; und ich verlieh ihm, der ein großer Autor gewesen war und dafür nicht jene Ehrungen und Preise erhalten hatte, die der Bund und die Stadt so reichlich und relativ gerecht verteilen, den Nestroy-Ring der Stadt Wien ausgenommen, posthum viele Auszeichnungen, die er verdient hätte und nie bekommen hatte, Vera Borek war mit diesem Passus meiner Rede, wie sie mir anschließend sagte, sehr einverstanden. Auch Monsignore Ungar sprach, wie gesagt, und dann setzte sich der Zug in Bewegung. Helmut hatte den Dixieland-Sound sehr geliebt. Und man hatte den gloriosen Einfall, eine kleine Band den Zug begleiten zu lassen und am Grab zu spielen. Es war wohl das stimmendste Begräbnis, das sich denken läßt. Neben dem Trauerzug ging ein Mann, den wir nicht kannten und der Helmut

Qualtinger in einer wienerischen Maske hätte sein können. Wir, Elfriede Ott und ich, sagten: »Schau, da geht er. Er schaut bei seinem Begräbnis zu.« Es hätte ihm ähnlich gesehen.

Und nun schließt sich die erste Schleife, und ich bin im Rathaus, wo ich am Abend des 30. Mai gefeiert wurde, wo ich so gewesen bin, wie man als Festgast eigentlich nicht sein soll, wohin ich bald darauf Briefe gerichtet habe, um mich als schwererziehbarer Wiener zu bekennen.

Ich könnte alles, was das Rathaus betrifft, als zweites Rathauskapitel später drannehmen, aber ich möchte dabei bleiben, da mein Rathausbeitrag sowieso aus der Form geraten ist.

Irgendwo im Rathaus, das noch viel labyrinthischer ist als das Musikvereinsgebäude, gibt es einen Paternoster-Aufzug, einer jener raren, die die Wonne meiner Knabenzeit waren. Dieser da im Rathaus brachte mich zu der Stadtbibliothek; und neulich war ich sehr bekümmert, als ich nicht mehr selbstverständlich zu ihm hinfand. Ich fuhr mit einem konventionellen Aufzug direkt zu ihr, die jetzt »Stadt- und Landesbibliothek« heißt.

Wie oft war ich dort! Ich weiß nicht genau, wann zum erstenmal, ich weiß nicht, wer mir sie empfohlen hat, ich weiß nur, daß ich jedem, wenn er sagt »Nationalbibliothek« oder »Universitätsbibliothek«, sage: »Probieren Sie doch die Stadtbibliothek im Rathaus.«

Wahrscheinlich war ich zum erstenmal dort, als mich das Berliner Schillertheater um einen Programmheftbeitrag über den »Alpenkönig« bat.

Ich war ein kabarettistischer Autor, ein dramatischer Autor, ich hatte den Ehrgeiz, erzählende Prosa zu schreiben; aber die Gattung namens Essay war mir nie in den Sinn gekommen. Und da sollte ich über ein Stück von Raimund schreiben und holte mir im Rathaus Material –

es ist eh spärlich genug! Und kam auf den Geschmack. Und einmal bat mich eine Bildungssektion einer Gewerkschaft anläßlich eines Jubiläums, einen Vortrag über Johann Strauß zu halten, und da hatte ich auch kein Material und holte mir in der Stadtbibliothek das Buch von Heinrich Eduard Jacob, das ich heute gar nicht mehr mag, aber immerhin erfuhr ich dort einiges für den Vortrag, der recht langweilig war für das Auditorium, doch aufregend für mich.

Parenthese: Zu jener Zeit sagten sie im Sender Rot-Weiß-Rot, daß sie gern eine Sendung hätten, mit viel Musik und dazwischen Prosa, und ich holte mein Johann-Strauß-Script hervor, und das war's. Und daraus entstand meine langjährige Sendung »Apropos Musik«. (Das spätere Buch mit diesem Titel hat mit der Sendung nur den Titel gemeinsam.)

Ich hatte Stadtbibliothek-Blut geleckt. Ich schloß Freundschaft mit den Herren. Die Herren haben gewechselt, die Freundschaft ist geblieben.

Ich hatte zum Beispiel einmal ein Gerichtsverfahren. Ich hatte über den Autor Hermann Heinz Ortner geschrieben: »Wem nicht beim Namen Hermann Heinz Ortner der Appetit vergeht ...« Der Satz ging weiter, doch Ortner klagte nur diesen halben Satz wegen Ehrenbeleidigung. Es ging um sein Projekt einer »Musikolympiade«, das aberwitzig genug war, für das er aber bereits wohlklingende Befürworter gewonnen hatte.

Ich mußte also den Beweis erbringen, daß einem beim Namen HHO der Appetit vergehen kann. Er kann; aber wie beweist man das? Er hatte in einem seiner Stücke Hauptmanns »Hannele« fast plagiiert. Schwer einem Gericht einzureden. Da kam ein Herr aus der Stadtbibliothek und drückte mir ein Dokument in die Hand, in welchem HHO sich der NSDAP gegenüber rühmte, was er in der Zeit vor ihrer Machtergreifung alles für sie getan hatte, etwa »Störung der Premiere des Stücks ›Harmonie‹

von dem Juden Franz Molnár«. Und so weiter, Punkt für Punkt. Dies alles legte mein Anwalt in einem Schriftsatz dem Gericht vor. Und als die nächste Verhandlung angesetzt war, erschien Hermann Heinz Ortner gar nicht und wurde wegen seines Nichterscheinens abgewiesen. Und das hat mit ihrem Singen die Stadtbibliothek getan.

Ich war als junger Bursche sehr rauflustig. Bildlich. Ich raufte zum Beispiel gern mit dem Franz Theodor Csokor. Einmal wollte der Fritz Hochwälder mich mit ihm versöhnen. FTC hatte ihn gewiß drum gebeten. Ich erklärte dem Fritz meinen Standpunkt, etwa, allgemein gesagt: Charakterlosigkeit. »Ja«, sagte der Fritz, »wo immer eine Flasche entkorkt und ein Schnitzel paniert wird, ist er dabei.« – »Drum«, sagte ich. Ich hatte den Csokor gemocht, er hatte Bücher geschrieben: »Als Zivilist im Polenkrieg«, »Als Zivilist im Balkankrieg«, und ein Spaßvogel sagte: »Das nächste Buch wird ›Als Zivilist im kalten Krieg‹. Ich hatte einmal geschrieben: Es gibt die Nordkoreaner, die sind für den Osten, die Südkoreaner, die sind für den Westen, und die Csokoreaner, die sind für den Westen, aber sie lassen sich vom Osten feiern. Ich hatte (Stadtbibliothek) erhoben, daß er sich bei einem Parteitag der KPÖ hatte feiern lassen. Er erschien bei meinem Anwalt, dem ewigen Freund Dr. Christian Broda, der Verständnis und leise nachsichtiges Lächeln für mich übrig hatte, und sagte, er sei nie bei einem KP-Parteitag gewesen. Ich fand in der Stadtbibliothek den Beweis für die Csokor-Ehrung bei den Kommunisten.

Ich fand in der Stadtbibliothek alles, was ich brauchte über den Komponisten Joseph Marx, dem im stalinistischen Polen vor allem aufgefallen war, daß die Kirchen so voll waren, und der so unsagbar in seinen Musikkritiken war, dem der Witz nicht zu schlecht gewesen war, daß man nach dem Hören einer Komposition von Hindemith »hundemüde« gewesen sei.

Ich habe wenig Greifbares durch mein Schreiben oder Sprechen durchgesetzt. Aber immerhin: Einmal wurde ein Konzert zu Ehren von Joseph Marx' neunundsechzigstem Geburtstag angekündigt, und ich fragte: Seit wann ist für Spätromantiker das dekadische Zahlensystem aufgehoben? Und das Plakat wurde geändert. Einmal wurde das scheußliche Denkmal der Flüsse der ehemaligen Monarchie unterhalb der Wiener Albertina renoviert, wobei außer den beiden Hauptflüssen nur zwei übrigblieben, und so gab es außer den beiden Hauptflüssen nur eine kleine scheußliche Statue mit der Aufschrift »Theiß« und eine zweite kleine scheußliche Statue mit der Aufschrift »Save«. Und ich fragte in meiner Kolumne, warum wir diese beiden Flüsse zweier Wiener Denkmäler würdigten. Die Aufschriften verschwanden.

Dies alles mag kleinlich und eitel wirken. Aber wirklich stolz bin ich, weil unsere Telephonverwaltung ein Tonband mit dem Text »Sind Sie, bitte, nicht ungehalten, wenn Sie sich noch ein wenig gedulden müssen« abänderte, nachdem ich's kritisiert hatte.

Diese und vor allem die Erfolgsmeldungen im Kampf gegen die sogenannten Mitläufer der Kommunisten, all dies mag heute nicht mehr verständlich sein. Ich war in linken Kreisen als »Kommunistenfresser« verschrien, und das konnte mir nicht recht sein, denn ich war sozusagen auch ein Linker, ich war gegen den Austrofaschismus, ich war in meinen Kabarett-Texten derart antifaschistisch, daß dies allein, ohne die »rassischen« Gründe, meine Emigration erfordert hätte. Wer gegen das »Dritte Reich« war, der war während des Krieges sozusagen zwangsläufig ein Bundesgenosse der Sowjetunion, wer Niederlagen der deutschen Wehrmacht erhoffte, war zwangsläufig für Siege der Roten Armee. Churchill war für die Gegenseite, Roosevelt nannte Stalin »Uncle Joe«. Und dann hörte man über das Verhalten der Roten Armee in Wien, alsbald durch Augenzeugenberichte, und das war psychisch eine grausame Lage. Als ich in Wien überzeugt davon war, daß die derzeitige KP brutal und undemokratisch war, daß man zwar für die Befreiung dankbar sein mußte, aber mit zusammengebissenen Zähnen, war mein Gedankengang: Ich war ein Gegner, zugleich ein Opfer der NSDAP, ich hatte die halbe Welt zu Verbündeten, die Menschen vieler Kontinente zogen für mich in den Krieg, ich selbst hatte nicht die Möglichkeit mitzutun, außer durch meine Aktivität als Autor. Da ich nun erkannt hatte, daß die drübere Seite ebenso bekämpfenswert war wie die jetzt besiegte faschistische Welt, empfand ich es als Pflicht, so aktiv gegen Stalin zu sein, wie man zu Hitlers Zeit aktiv gegen meine Feinde gewesen war.

Dazu kam, daß es rund um mich eine Fülle von Parteigängern des Bösen gab, daß die sowjetische Besatzungsmacht sehr geschickt Parteigänger anwarb – eine immer wieder bewährte Taktik. Bald war ein Buch, »Der Gott, der keiner war«, erschienen, in dem einige sehr bekannte Autoren sich offiziell von ihren Sympathien für östliches Gedankengut lösten. Das alles ist ein alter Hut, aber ich bedauere nichts und habe ein gutes Gewissen. Es ist so schrecklich, daß es Neonazis gibt, und es ist ebenso schrecklich, daß es Neostalinisten gibt, und ich will diesen Passus nicht weiter ausdehnen, es war nur gerade ein Übergang zu dem, was ich schon so lange zu sagen habe, möglich.

Doch mit der Stadtbibliothek ging es schöner und edler weiter. Da schrieb mir die Zeitschrift »Der Monat«, ich möge doch einen Artikel zum hundertfünfzigsten Geburtstag Johann Nestroys schreiben. Ich sagte zu und bekam anschließend Angst, Lampenfieber, wie ein Boulevardmime, dem man den Mephisto zu spielen gibt. Wie eine Gräfin Mariza, der man die Aida gibt. Es war eine unruhige, aufregende und aufgeregte Zeit, nicht so sehr wegen des »Monat«, sondern wegen des Nestroy. Ich hatte mich mit Nestroy beschäftigt, hatte ihn schon als

Knabe gelesen, hatte Zusätze zu Nestroy-Aufführungen beigestellt, hatte den Tonfall Nestroys zu imitieren verstanden, es war nicht das Dramaturgische, es war die Herstellung von essayistischer Prosa, die über das Feuilleton hinausging. Ich bin, glaube ich, kein größerer Hysteriker als in meinem Beruf nötig, aber ich telegraphierte der Redaktion, daß ich die Abfassung des Beitrags absagen müsse, und anschließend daran, kurz darauf, als hätte es nur dieser Absage bedurft, um den Stein der Inspiration ins Rollen zu bringen, daß ich den Text doch pünktlich schicken werde. Er ist recht gut ausgefallen, und er hat mir eine Richtung gewiesen, die seither mein Schreiben bestimmt hat.

Wie es begonnen hat und woher die Anregung gekommen ist, weiß ich beim besten Willen nicht mehr. Ich weiß nur, daß ich ein Projekt entwickelte, das viele Essays über österreichische Meister aller Art zusammenfaßte, Schubert, Raimund, Nestroy, Grillparzer, Stifter, die Familie Strauß, Gustav Mahler, Karl Kraus, Egon Schiele, Anton Romako ... was weiß ich, es wären, glaub ich, fünfundzwanzig gewesen. Ich weiß genau, daß ich dem Verleger E. B. von Wehrenalp, auf den zurückgeht, daß die Bibel doch recht gehabt hat, einem Wiener, das Projekt vortrug. Er meinte: »Warum nur Österreicher?« Da war ich recht bald wieder fort. In mir war inzwischen Österreich roglert geworden. Ich war zum Sammler von Büchern geworden und merkte eines Tages, daß österreichische Bücher zu nicht-österreichischen Büchern in einem schamlosen Verhältnis stehen, etwa zehn zu eins, Nachschlagewerke ausgenommen. Eine zweite Ausnahme ist Molière, den ich, von einer geheimnisvollen Ahnung erfaßt, schon zu sammeln begann, ehe die Tatsache meines Übersetzens noch zu ahnen war.

Ich sammle Freund und Feind, Schnitzler, Polgar, Raimund, Nestroy, Stifter, doch auch Grillparzer und Hofmannsthal, meine lebenslänglichen Fragezeichen.

Irgendwo besitze ich seinen Essayband »Die Berührung der Sphären« mit sehr ordinären Randbemerkungen, die sonst nicht meine Gewohnheit sind.

Es ist eine ungeheure Schande, was es alles von und über diesen müden Spätling an Büchern gibt und wie spärlich dagegen die Texte von und über Arthur Schnitzler sind. Aber man darf dieses sogenannte »österreichische Schicksal« nicht verallgemeinern. Es gibt eine sehr achtbare Nestroy-Pflege; allerdings ist Raimund tragisch vernachlässigt. Das erste ordentliche biographische Buch über ihn ist erst kürzlich erschienen, von Renate Wagner, die auch eine Schnitzler-Expertin ist. Vorher gab es nur zwei Raimund-Bücher, die während des Krieges erschienen sind, die also zum Beispiel das wichtige und rührende Zitat von Heinrich Heine in der Vorrede zur Neuauflage der Sammlung »Das Buch der Lieder« nicht erwähnen. Es gibt eine zureichende Anzahl von Büchern über Gustav Mahler. Ich sammle Lyrikbände, zunächst aus einer Art von Gerechtigkeitsgefühl, weil die Lyriker heutzutage so arm dran sind; und jetzt brauche ich sie für meine Studenten am Konservatorium.

Wo war ich? In der Stadtbibliothek. Dort fand ich für meine Essays viel unschätzbares Material. Ich konnte zwei Riesenkartons durchstöbern, in denen nur Nekrologe auf den Johann Strauß-Sohn gesammelt waren. Die Hinterbliebenen hatten sie bei dem damals neuen Ausschnittbüro »Observer« bestellt und dann der Stadt Wien überlassen. Da war es imposant, wie weit die Popularität des Verstorbenen reichte, wenn auch die meisten Nekrologe, sichtlich von Korrespondenzbüros stammend, die englischen und amerikanischen vor allem, textlich identisch waren. Aber da gab es manches hochinteressante Stück, das mir für meine Arbeit sehr wichtig wurde.

Als ich die Einleitung für einen Band mit Dramen von Fritz Hochwälder zu schreiben hatte, suchte ich nicht ohne Mühe die Kritiken über seine ersten beiden Stücke heraus, die in Wien an Außenseiterbühnen gespielt worden waren, und wollte damit einen künftigen Biographen entlasten, der vielleicht nichts von der Wiener Stadtbibliothek wissen würde. Ich fand in dieser Fundgrube Material über Wiener Denkmäler.

Auch die Musiksammlung, gleich nebenan, hat sich um Evi und mich große Verdienste erworben. Denn für die Programme der Solo-Abende der Elfriede Ott fanden wir dort etliche kostbare Stücke. Die Stadt Wien ist eine große Nestroy-Material-Stadt. Wer wenig bekannte Komödien von Nestroy spielen will, muß sich dorthin begeben und bekommt mit großer Freundlichkeit und ebenso großer Sachkenntnis das Originalmaterial von einst. Der Xandl Steinbrecher fand im Autograph eines Chors aus einem Nestroy-Stück, Musik von Adolf Müller, einen Zettel von Nestroys Hand: »Lieber Müller, infolge Überfluß an Choristenmangel entfällt heute dieser Chor.«

Einmal gab es folgenden Dialog zwischen Fritz Hochwälder und mir:

F. H.: Übrigens, ich vermache meinen Nachlaß der Wiener Stadtbibliothek.

H. W.: Ich auch. Da treffen wir uns.

Sein Nachlaß ist schon dort und wartet geduldig auf meinen.

MUSIKVEREIN II

Im Musikvereinsgebäude befand und befindet sich die Universal Edition, allgemein UE genannt, eine wohlpointierte Formel für die Zweiheit von U und E, Unterhaltungsmusik und Ernster Musik. Diese beiden Gattungsbezeichnungen sind sehr blöd, denn »Falstaff« ist nicht ernst, »Seemanns Los« ist nicht unterhaltend. Mein Freund, der Klarinettist Erich S., war dort Angestellter, den Dr. Heinsheimer, den ich schon erwähnt habe, kannte ich recht gut, der Direktor Emil Hertzka, großgewachsen mit Brahms-Bart, war eine wichtige Figur der Wiener Kultur. Er war kein professioneller Musiker, er war ein Kaufmann großen Stils, er hat die Neue Musik gefördert, weil ihm dies aussichtsreich erschien, er war, wie alle großen Manager, umstritten und wurde geschmäht; man sang auf ihn die bekannte Melodie aus der »Pathétique« von Tschaikowski:

Was hat der Hertzka für die Kunst getan,
Was hat der Hertzka für die Kunst getan,
Geld aufgespeichert
Und sich bereichert,
Das hat der Hertzka für die Kunst getan.

Aber er hat Gustav Mahler verlegt, Arnold Schönberg, Alban Berg, Webern, Wellesz und viele andere, er hat Arnold Schönberg veranlaßt, die »Gurrelieder«, die der von Natur aus fragmentarische Schönberg unfertig weggelegt hatte, zu Ende zu komponieren. Alsbald war ein neuer Mitarbeiter des Hauses da, Dr. Hans Heinsheimer, ein Schwabe, der die Bühnenabteilung leitete. Die

UE hatte eine Vergangenheit auch als Operettenverlag. In der Ur-UE-Zeit hatten Schönberg und andere, um Geld zu verdienen, als Operetteninstrumentatoren für das Haus gearbeitet. Ich erinnere mich dran, daß nach diesen zweifellos hochinteressanten Manuskripten gesucht wurde, doch man hat nichts finden können. Dr. Heinsheimer (von ihm war apropos »Mahagonny« die Rede) hatte die Wiener Premiere von Ernst Křeneks Jazz-Oper »Jonny spielt auf« betreut, ein ganz außerordentlicher, für die Wiener Staatsoper ungewöhnlicher Erfolg. Křenek war über Nacht ein berühmter, wenn auch umstrittener Mann, es gab Demonstrationen hakenkreuzlerischer (wie man damals sagte) Herkunft. Das Stück ist schwach, das weiß Ernst Křenek heute selbst, es gab äußerliche Effekte, ein einfahrender Zug, ein singender Gletscher, es gab vor allem den großartigen Bariton Alfred Jerger, den man leider vergessen hat, einen schauspielerisch attraktiven Sänger, der in einer Schlußapotheose dominierend auf der Weltkugel steht und Geige spielt und dazu singt: »Jetzt ist die Geige mein.« Im Lauf der Aktion kommt ein Blues vor. Křenek hat noch vieles geschrieben, er ist aus dem amerikanisch-kalifornischen Exil halb zurückgekehrt und lebt ein halbes Jahr drüben und ein halbes Jahr im Schönberg-Haus in Mödling bei Wien, wo ein Zentrum des Gedenkens an die zweite Wiener Schule der Musik entstanden ist. Schönberg hat hier gewohnt, Webern gleich nebenan in Maria Enzersdorf.

In der UE war immer die Rede von einem Mitarbeiter, der erwartet wurde, wenn sein Militärdienst in der tschechoslowakischen Armee beendet sein würde. Ich war neugierig auf ihn. Er war aus Brünn, wie so viele Wiener, und hieß Alexander Steinbrecher. Es gab anfangs die üblichen Kontaktschwierigkeiten, aber alsbald freundeten wir uns an und blieben Freunde über alles hinaus bis an sein Ende. Ich könnte so viel über ihn erzählen, doch am liebsten erzähle ich, die Chronologie wieder einmal durchbrechend, daß der Gerhard Bronner, als er im bösen Nachkrieg nach sehr bösen Abenteuern als Emigrant nach Wien, wo es seiner Familie und ihm sehr böse ergangen war, auf Besuch zurückkam, nein, eben nicht zurück-, sondern kam, sich umsah und irgendein Musikstück plus Text von Steinbrecher hörte. Und er dachte sich: In einer Stadt, wo *sowas* geschrieben wird, kann man leben. Und blieb, zu seinem Glück und zum Glück der Stadt Wien.

Damals, die Chronologie ist meine Achillesferse, kam es auch dazu, daß Karl Kraus Operetten von Offenbach bearbeitete und sie der UE zum Vertrieb übergeben wollte. Es war – wie auch anders? – sehr heikel. Er hatte einen Brief geschrieben, und dann einen neuen Brief, in dem er einen Kommafehler vom vorigen Brief verbesserte. Einmal kam er in den Verlag, und Erich S. sagte: »Jetzt bringt er ein Komma.«

Die Berliner Staatsoper spielte einen Kraus-Offenbach, in Prag wurde »Madame l'Archiduc« gespielt; und wir fuhren, Heinsheimer, ich und vielleicht ein dritter hin und hörten uns eine Vorstellung an. Es war leider sehr schauerlich, üble Operette mittlerer Güte, mit dummen Extempores, keine Rede von Werktreue. Wir wußten: Es wird nicht gut ablaufen. Ob Karl Kraus dort war oder ob's ihm berichtet wurde: Er brach die Beziehung zur UE ab, von seinem Standpunkt aus berechtigt.

Ich hatte – dies hab ich, glaub ich, schon erzählt – mit dem Xandl Steinbrecher eine kleine Nestroy-Bearbeitung gearbeitet, das war der Anfang meiner Beziehung zu Heinrich Schnitzler, die ein Leben lang fortdauerte. Ich war dem Kabarett entfremdet, denn ich war Autor etablierter Theater geworden, eine Art Hausautor des Theaters an der Wien. Dort spielten sie nach »Madame Sans-Gêne« ein leicht verhatschtes Musical, ehe es so hieß, namens »Pam Pam«, Musik von Fritz Spielmann und Stefan Weiß, einem seltsamen Paar, denn der eine ist (er lebt in New York, war einmal auf Besuch in Wien) ein Kleiner Vifer, der Weiß ein Statischer, Breiter. Wer weiß, was für eine Abhängigkeit da obwaltet? Ich kiebitzte ein bisserl mit, schrieb Liedertexte, darunter einen recht guten »Der Schnee vom vergangenen Jahr«, eine nordische Diseuse spielte die Hauptrolle. Ob das die Torschlußpremiere war oder ob nicht auch ein Benatzky drankam, weiß ich nicht mehr. Doch ich weiß – unvergeßlich! – die Silverstervorstellung 1937, den eigentlichen Abschied einer Welt, die nur noch in Fragmenten wiederherzustellen möglich war – ist: Das Ehepaar Albert und Else Bassermann spielte einen Einakter, Egon Friedell spielte seinen unsterblichen, bis heute lebendigen »Goethe«-Sketch, Manfred Inger, Mitglied des Hauses, spielte den Einakter von Rudolf Weys, in dem der brave Soldat Schwejk zum Professor Freud kommt, um seinen Rheumatismus zu heilen, Gisela Werbezirk spielte den Einakter »Elisabeth von England«, in dem eine schiache Souffleuse als Elisabeth einspringt, Oscar Karlweis, Hans Olden und Lotte Lang spielten »Abschiedssouper«, Anfang des Jahres wurde der Abend einige Male wiederholt, mein Gott, mein Gott!

In der UE gab es auch den Schlee, Alfred Schlee, der das Haus in Deutschland vertrat, ein Deutscher, politisch ungeheuer in Ordnung. Er litt so sehr darunter, daß ihm die Passanten, wenn er mit seinem deutschen Autokennzeichen nach Wien fuhr, auf den Straßen zuwinkten. Mit ihm hatte ich eine gute Beziehung.

Das war ein Epilog zum Kapitel Musikverein. Und ich frage mich, wie es weitergegangen wäre, wenn nichts passiert wäre. Ich hatte eine gute Sympathie für alles Deutsche, ehe es sich im Januar 33 pervertierte. Ich war noch im Sommer 32 in Berlin, mich umzusehen, ich Dummkopf war damals noch bereit, nach Berlin zu übersiedeln. Ich war von einem derartigen Optimismus, daß ich etliche Bekannte, die Anfang März Österreich verließen, innerlich beschimpfte und als Verräter ansah. Es ist ein solches Wunder, daß ich die Zeit überlebt und heil überlebt habe, ich verlasse mich gern auf meinen fünfeinhalbten Sinn, doch man kann das auch gottlos-sakrilegisch übertreiben. Ich hatte im Herbst 1937 geheiratet, wir wohnten möbliert, ich war mitten im »Geschäft«, ich hatte zum Beispiel ein Stück »Eine Stunde Verspätung«, nach einem Szenarium von dem alten Routinier Paul Frank für den Marton-Bühnenvertrieb dialogisiert, es wurde nie gespielt. Ich suchte manchmal den Stammtisch im Café Heinrichshof auf. Ich fand wieder zurück zum Kabarett, wo ich hergekommen war, ich schrieb eine große Szenenfolge »Wiegenlied«, die im letzten Programm der »Literatur am Naschmarkt« gespielt wurde. In den letzten Tagen vor dem Einmarsch wimmelte Wien von Menschen, man könnte fast sagen: es brodelte. Seit am 12. Februar der Bundeskanzler Schuschnigg aus Berchtesgaden zurückgekommen war, fühlte man, daß etwas bevorstand, doch rund um mich gab es keine Angst (oder merkte ich sie nicht?). Dieses unselig-gesegnete österreichische: »Es kann dir nix g'schehn!« Man hing am Radio. Es war festgelegt, daß Hitler und Schuschnigg Reden halten sollten, die jeweils in das andere Land übertragen werden würden. Die Hitler-Rede war unerträglich und strotzte von Bruttoregistertonnen. Die Rede Schuschniggs war kultiviert, etwas trocken und entbehrte jeder demokratischen Färbung. Aber wir waren ja schon so ausgedörrt und durch Reaktion abgestumpft. Ich hatte Kontakte mit illegalen Linken, ohne mich an ihrem Wirken zu beteiligen, ich stellte nur meine Wohnung zur Verfügung, wenn meine Eltern nicht in Wien waren (die Elternwohnung in der Margarethenstraße 22). Eine Schuschnigg-Rede wurde angekündigt. Der Kanzler war nach Innsbruck gefahren, rührend, sehr tirolisch. Er hielt dort die tapfere Rede, und sagte: »Am Sonntag machen wir Volksabstimmung.« Da jubelten und applaudierten die Tiroler, es war wohl der Landtag, und sangen die Landeshymne. Doch die war das Andreas-Hofer-Lied, das von der Exekution des Nationalhelden durch »der Feinde Schar« sang. Aber das merkte ich damals nicht, glaube ich. Ich war glücklich, daß Aktion nun bevorstand, verstand, warum wir vom Staat Kennkarten bekommen hatten. Sie waren die Grundlage für die Volksabstimmung. Diese sollte ja zu Österreich sagen, und sie hätte gewiß mehrheitlich ja gesagt. Doch es schwirrten Gerüchte, daß die Volksabstimmung abgesagt sei, die Menschen auf den Straßen wurden zahlreicher. Ich ging noch ein letztesmal in unser Kabarett im Souterrain des Café Dobner, und als ich, die Vorstellung hatte kurz vorher begonnen, hinkam, hörte ich die Conférence meines Kollegen Harald Peter Gutherz, der von einem österreichischen Kavalier sprach, denn es folgte ein Chanson des Prinzen Eugen, und dann auf einen anderen österreichischen Kavalier dieser Tage anspielte. Er meinte Schuschnigg.

In der Elternwohnung hörte ich auch den Übergang von Österreich nach Deutschland. Die stockend-stammelnde Rede des neuen Bundeskanzlers Seyß-Inquart: Allfällig einrückenden deutschen Truppen ist kein Widerstand zu leisten. Es folgte Musik. Und wie immer im Radio, wenn der Anlaß ein improvisiertes Programm notwendig macht, gab es schöne Musik. Es gab Schubert, es gab Mozart, es gab Beethoven – ganz genau erinnere ich mich nicht, doch ich erinnere mich, daß dann Bruckner kam, und das war für mich ein Übergang, und dann kam Wagner, und dann kam das Horst-Wessel-Lied.

Jetzt muß ich pedantisch werden. Österreicher, die in das Deutsche Reich reisen wollten, brauchten einen Sichtvermerk, der leicht zu bekommen war. Ich hatte mir, weil meine Frau am Bodensee war, im Sommer 37 diesen Sichtvermerk besorgt.

Ich wollte, im März 38, daß meine Frau zunächst nach

Zürich fahre, wo wir Freunde hatten. Sie fuhr und schrieb, als sie drüben war, sofort an mich. Ich bestieg die Westbahn und hatte nur einen mittelgroßen Koffer als Gepäck, einen Anzug, etwas Wäsche, ein paar Schuhe und mein Opernglas enthaltend. Ich fuhr über Salzburg nach München, hatte dort Aufenthalt, spazierte in der Stadt, die ich gut kannte. Die politische Realität wirkte ganz anders als die Phantasievorstellung »Drittes Reich«. Diese Märztage waren überhaupt von unwahrscheinlicher frühlinghafter Schönheit. München im sonnigen Frühling. Ich fuhr weiter nach Friedrichshafen. Dort übernachtete ich. Am nächsten Tag fuhr ich nach Konstanz und gab dort meinen Koffer in die Gepäckaufbewahrung. Ich kannte die Gegend vom vergangenen Sommer her. Ich hatte die Straße von Konstanz nach Kreuzlingen (Schweiz) in der Phantasie des Einschlafens immer vor mir gesehen. Ich ging, es war Sonntag, vom Bahnhof Konstanz in Richtung Kreuzlingen, zeigte dort meinen Paß vor. Der Schweizer Beamte wollte ihn nur anschauen. Ich bat ihn um einen Stempel. Dann war ich in der Schweiz und bat den Hotel-Lohndiener, meinen Koffer von der Konstanzer Gepäckaufbewahrung zu holen.

Die kurze Skizze der Abreise war nur ein Intermezzo im Kapitel über das Musikvereinsgebäude. In den Tagen nach dem Kriegsende kamen gelegentlich Briefe aus Wien. Darunter einer von Alfred Schlee, in dem stand: »Weigel soll kommen. Wir brauchen ihn.«

Für jeden, der zurückkommt, ist es psychologisch wichtig, daß irgend jemand ihm schreibt oder sagt: »Komm!«

Und so stand ich im Herbst 1945 in Wien und hatte die Emotionen, wie sie jeder hat. Alles Vertraute kam mir kleiner vor, als ich es in Erinnerung hatte. Und ich kam in das Musikvereinsgebäude und sah, daß der Große Saal da war wie einst, kaum lädiert. Das Büro der UE im

Halbstock war da wie einst, nur die Fenster waren durch große Kartons ersetzt, auf denen Aussichten gemalt waren, was den Räumen ein heiteres Aussehen verlieh.

In seinem Brief hatte Schlee auch geschrieben, daß sie Auszüge von Offenbach-Einaktern haben wollten. Ich hatte mit dem spärlichen Handgepäck der Rückkehr – ein Rucksack und ein kleiner Koffer – auch einige solche Auszüge, die ich in Basel gekauft hatte, mit. Ich brachte sie beim ersten Besuch der UE und gab sie ab. Sie sind wohl noch dort; ich glaube nicht, daß seither etwas damit geschehen ist.

Wie ist's, wenn man zurückkommt? Wenn man zwar einen Beruf, aber keinen »Job« verlassen hat? Man kann doch nicht anfangen, Schrift zu stellen, wo man aufgehört hat.

Es gab ein Nachfolge-Kabarett, das sich »Literatur im Moulin Rouge« nannte (sehr kurzlebig übrigens). Meine ersten Ausgänge waren dorthin und ins Konzerthaus zu einem Mahler-Konzert im Mittleren Saal. Im Kabarett kam ein Herr des Büros während der Pause zu mir, übergab mir Geld, das ich bestätigte. Sie spielten den Sketch »Die kompetente Behörde« von Weys und mir, ich bekam Tantiemen. Ein gutes Omen. Ich sah dort unten einige aus unserem »Literatur«-Ensemble. Knaflitsch war der Hausmusiker. Wegrostek war beängstigend abgemagert.

Ich fragte nicht nach der Vergangenheit. Ich wußte, daß Rudolf Weys politisch anständig gewesen sein mußte. Ich hatte mich, ehe ich zu der Vorstellung ging, erkundigt, wo er wohnte, und einfach an seiner Wohnungstür geläutet. Er machte selbst auf, da stand ich, und er begrüßte mich sehr wienerisch, indem er, ehe wir einander umarmten, mehrmals ausrief: »Du Trottel!« Von ihm erfuhr ich einiges über die Zwischenzeit.

Die zweite Türe, an der ich läutete, war der Verlag Marton. Ich wußte, daß Georg Fraser ihn übernommen hatte. Fraser war einmal während des Kriegs in Basel gewesen, ein erfrischender Gruß des besseren Wien.

Doch hier muß ich leider eine spätere Erkenntnis einschieben, die eigentlich in mein Helmut-Qualtinger-Porträt gehört hätte:

Als der Krieg zu Ende war, stürzte Qualtinger sich mit großem Elan in die neue Zeit. Er arbeitete für Frasers Bühnenverlag, er schrieb, er übersetzte, was weiß ich. Er dachte nicht an Geld, er wollte nur dabei sein. Er schrieb auch ein Stück, es war leider nicht gut, »Jugend vor den Schranken«. Und als er sich in all seinen neuen Aktivitäten hemmungslos zerspragelt hatte, erfuhr er, daß er dafür bedeutend unterbezahlt worden war. In diesem Augenblick entstand sein anarchischer Nihilismus, sein großer Haß gegen alles Etablierte. War es gut, daß er so wurde? Wer kann das sagen?

Ende des Einschubs.

Ich läutete im Marton-Verlag. Bitte Herrn Fraser. – Er ist leider nicht zu sprechen. – Rufen Sie ihn, sagen Sie, daß der Hans Weigel da ist. – Die Sekretärin ging in Frasers Büro. Ein Schrei.

Weitere Wiedersehensbegegnungen mit einer Trafik neben der Paulanerkirche, mit der Frau Hedl, der Friseurin meiner Mutter, der sie, als sie Wien verließ, zwei Fauteuils der elterlichen Wohnung geschenkt hatte, Baujahr 1903. Ich war in ihnen in der Margarethenstraßenwohnung gesessen, ich sitze heute wieder in ihnen, denn die Frau Hedl hat sie mir wiedergegeben. Sie hat mir jedes Jahr zu Weihnachten Zuckerln geschickt. Ich habe sie viel zu selten angerufen. Als sie gestorben war, kam eine Todesanzeige, viel zu spät, nach der Beerdigung, dazu ein Brief einer Freundin, die Hedl hätte den Trauergästen ersparen wollen, sich bei dem schlechten Wetter auf den Friedhof zu begeben.

Warum sind Sie nach Wien zurückgekommen, Hans Weigel?

Deshalb zum Beispiel.

Ich hatte in meinem Rucksack Manuskripte: Eine Novelle »Das himmlische Leben«, einen Roman »Der grüne Stern«, die Stücke »Barabbas« und »Angelica«.

In der UE waren Hauskonzerte, der Geiger, heute hochangesehener Lehrer, Samohyl, Musik von Hanns Eisler und so. Da lernte ich Leute kennen, auch die legendäre Mutter des Gottfried von Einem.

Ich hatte – und das wäre längst zu erzählen gewesen – die damals verwaiste Bühnenabteilung übernommen. Die letzte Anstellung meines Lebens mit Gehalt, Krankenschein etcetera. Ich begann allmählich, mich einzuarbeiten, es gab da viel zu lesen, was vorlag; doch es war keine rechte Freude in diesem Wirken. Ich war vermutlich nicht sehr tüchtig oder überhaupt nicht tüchtig als Abteilungsleiter. Aber es lief äußerlich angenehm und gut. Dann kam Weihnachten. Mein guter Alfred Ibach hatte »Das himmlische Leben« sofort in seinen Verlag genommen. Zu Weihnachten bekam ich von ihm die zwanzig ersten Exemplare. Ich schenkte eines natürlich dem Alfred Schlee. Der ließ mich zu sich bitten und sagte (wohl jedem Autor, dem es so ergeht!), ich sollte den Vertrag zwischen der UE und mir laufen lassen, solange ich wollte. Doch ich müßte mich nicht mehr an die Arbeitsstunden halten, ich könnte kommen und gehen, wann ich wollte. Und bald, im Januar, war in der Josefstadt die »Barabbas«-Premiere, und damit war ich wieder ein Autor geworden.

BURGTHEATER

Am 29. Mai war die Matinee in der Josefstadt, das wohlgelungene anschließende Kalbsgulyas, der eher flaue anschließende Wurschtelprater, der erfreuliche Kalbsgulyas-Ausklang abends bei uns.

Am 30. Mai war zu Mittag das angenehme Freunde-Mittagessen bei den Wiener Deutschen, meinen Botschafterfreunden, am Abend die Festivität im Wiener Rathaus.

Am soundsovielten September oder Oktober 1945 fuhr ein US-Lastwagen in Wien ein. Ich rüttelte den Chauffeur, der Wagen hielt, ich sprang hinaus und fand mich in der Abenddämmerung auf dem menschenleeren Ring zwischen dem Rathaus und dem Burgtheater. Besser hätte dieser Punkt nicht gewählt sein können, um so mehr, als ich nahe von dort zu wohnen beabsichtigte.

Vom Rathaus war schon verschwenderisch die Rede. Vom Burgtheater erst ganz nebenbei. Das Burgtheater war mir immer ein Problem. Man muß sofort hinzufügen, daß das Burgtheater nach dem Ersten Weltkrieg eine zweite Kammerbühne angegliedert bekam, das Akademietheater, das vorher ausschließlich für die Schüleraufführungen der Musikakademie diente. Das Akademietheater ist, als wär's nicht im Verband des Burgtheaters, es ist sehr anders, zwar sind auch dort oft schlechte Schauspieler am Werk, aber hier ist's oft so, als wäre man fern vom klassischen Getöne, das dem Burgtheater eignet, wer immer dort am Werk ist.

Das Burgtheater von gestern und heute ist mir fremd geworden. Ich habe »Iphigenie«, inszeniert von Peymann, im Fernsehen gesehen und will erst wieder dorthin gehen, wenn der nächste Direktor stattfindet. Ich habe im Akademietheater ein Wasserstück eines derzeitigen Münchener Autors gesehen und war sehr degoutiert.

Nachtrag 1989:

Der Wortbruch ist sonst meine Sache nicht; doch das Burgtheater hebt ja nicht nur diese Selbstverständlichkeit auf.

Und so waren wir, weil sich Gelegenheiten zum ermäßigten Kartenbezug boten, zweimal dortselbst, bei Shakespeares »Sturm« und bei seinem »Kaufmann von Venedig«.

Der »Sturm« hatte eine schlechte Presse. Sie schien mir durchaus berechtigt. Es ist mir klar, daß dieses unsagbar schöne Stück sehr schwer zu spielen ist. Aber da kann man nur sagen: »Wer hat's ihnen geschafft?«

Ich war an die dunkelsten Zeiten des Wiener Burgtheaters erinnert, an die Jahre äußerster Mittelmäßigkeit. Sehr eindrucksvoll, einsam die Umgebung überragend: die Darstellerin des Ariel. Von Humor chemisch rein war alles, was heiter sein sollte. Ich hatte mich – wie zur Zeit meiner kritischen Berufsausübung – vorbereitet und konnte daher dem Text streckenweise folgen. Wie herrlich ist dieses Stück, wie tief, wie bewegend der Monolog, in dem der große Zauberer Abschied von seinem Zauberstab nimmt.

Wie anders der »Kaufmann von Venedig«. Es schien, als hätten sich alle Beteiligten darauf geeinigt, bestimmte Stellen so zu sprechen, daß der Text verständlich bleibt, andere wieder mit voller Absicht unverständlich dargebracht. (Meine Hörkraft ist im Unterschied zu meiner Sehkraft intakt.) Auch hier war der Humor auf fast aggressive Manier unterentwickelt. Das Konzept war indiskutabel, es hätte einem progressiven Likud-Regisseur in Jerusalem wohl angestanden. Der Jude ist fast eine Idealgestalt, der Kaufmann, der »goi«, ist mies. Und doch wirkt der Vorgang – das war mein Eindruck – antisemitisch.

In der Vorstellung, die wir besuchten, war es angenehm, daß sie zur Zeit der Hochschulferien stattfand; so war die traditionelle Brüllerei der traditionell in dieses Theater gebetenen jungen Leute nicht störend vorhanden.

Und es war ungeheuer heiter, daß beim Gehen zu unseren Plätzen und von den Plätzen ins Foyer und vom Foyer zu unseren Plätzen Besucher uns immer wieder so seltsam anschauten, wie in einem autoritären Regime die Gegner einander zuzwinkern und zulächeln wie Verschwörer. Dann kam eine Dame und sagte zur Evi: »Auf die Kritik Ihres Gatten wäre ich so neugierig!«

Doch die will ich hier nicht liefern. Ich muß nur noch sagen, daß die neue Übersetzung des »Kaufmann von Venedig« ganz besonders schrecklich ist, schnoddrig, antipoetisch.

Doch nun ist's höchste Zeit, daß ich mich von diesen beiden Angstträumen löse. Ich will mich mit einem echt venezianischen Wort verabschieden, dessen Orthographie mir nicht geläufig ist und das ich dem Text des Burgtheater-»Kaufmanns« entnehme: Tschüß.

Ich ging oft ins Burgtheater, doch lieber in die Josefstadt und ins Volkstheater. Als der »Sommernachtstraum« da und dort gespielt wurde, war der in der Josefstadt wesentlicher, der im Burgtheater zweite Wahl. Ich erinnere mich an Nestroys »Jux« mit Ferdinand Maierhofer als Melchior, der schon, bevor man's bei Karl Kraus las, mir schrecklich vorkam. Ich erinnere mich an »Viel Lärm um nichts« mit dem sympathischen Hermann Romberg und der hübschen Musik von Erich Wolfgang Korngold. Ich erinnere mich an »Hamlet« mit dem jungen Raoul Aslan, der sich, als er nach den Eröffnungen des »Geistes« allein blieb, schreiend zu Boden warf. Im Akademietheater war der Schmarren »Arm wie eine Kirchenmaus« von Fodor geadelt durch Alma Seidler, die Herrlichste schon damals und immerdar.

Direktor war zuletzt Hermann Röbbeling, eine eher komische Figur, tüchtig und kleinkariert.

Ich kam vorübergehend in des Theaters Nähe, als

mich der Xandl Steinbrecher bat, ihm bei den Gesangstexten des »Musicals« (damals hieß das noch »musikalisches Lustspiel«, ein blöder Name) »Der Schneider im Schloß« behilflich zu sein.

Bei uns in der »Literatur am Naschmarkt« ging es sehr präzis und verläßlich zu. Im Volkstheater damals auch halbwegs. In der Josefstadt gleichfalls. Im Akademietheater beim »Schneider im Schloß« nicht. Dort standen, als ich zum erstenmal während einer Probe den Zuschauerraum betrat, die Schauspieler locker auf der Bühne herum und plauderten darüber, welche Türe wohl wohin führte. Allmählich begann die Probe weiterzugehen. Es war fürchterlich und enttäuschend. Ich habe diese Schlamperei und Unpünktlichkeit und Dispositionslosigkeit oft wieder erlebt, vor allem auch in der Bundesrepublik Deutschland.

Am derzeitigen Burgtheater soll es, sagt man mir, ähnlich zugehen. Ich war damals immerhin ein Mitarbeiter der Produktion, aber niemand begrüßte mich. Mein Name stand schamhaft klein am unteren Ende des Personenverzeichnisses.

Und als ich fern von Wien war, sehnte ich mich nach der Josefstadt, nach dem Volkstheater und kaum nach dem Burgtheater.

Ich kam zurück, ich fühlte mich in die Josefstadt integriert, ich schloß neue Freundschaft mit dem Volkstheater, die auch gefördert wurde durch die Topographie, weil unsere literarische Runde und die Runde der Volkstheatler im Café Raimund vis-à-vis befindlich waren.

Ich besuchte das Burgtheater natürlich, sah dort zum Beispiel »Liebelei«, zwar mit Alma Seidler, doch sonst eher flau, ich sah einen wohlgelungenen »Sommernachtstraum«, aber leider übersetzt von Richard Flatter.

Ich war zum Kreis der linken Monatsschrift »Plan« gestoßen, aber bald von dort weggezogen, weil's mir politisch nicht paßte. Vor allem weil mein Aufsatz »Das verhängte Fenster« (siehe mein Buch »Das Land der Deutschen mit der Seele suchend«) von einem kommunistischen, völlig aliterarischen Herrn Horn wild abgelehnt wurde.

Es folgte eine Freundschaft mit der eher konservativen Zeitschrift »Turm«, herausgegeben von der »Kulturvereinigung«, welche allmählich dahinstarb, wie auch die Zeitschrift. Sie (die Zeitschrift) geriet in eine Krise, wie jede früher oder später, und man versuchte, sie neu flottzumachen. Ich erinnere mich, als ob's gestern gewesen wäre, wie die Redakteurin Dr. Elisabeth Löcker, deren Dazugehöriger der Journalist Zeno von Liebl war, bei Dr. Pernter, einem »Schwarzen« von anno dreißiger Jahre und nun wieder, vorsprach, und er ihr tief ins Auge blickte, mit seinen treuen Augen, und versprach, daß der »Turm« gesichert sei. Die letzte Nummer war damals schon erschienen oder kurz vor dem Erscheinen.

Der »Turm« wurde für mich wichtig, und so nähere ich mich wieder dem Generalthema dieses Kapitels, weil die Frau Dr. Löcker, wir alle nannten sie »Bobbie«, mich zur Mitarbeit häufig heranzog und auch die Idee hatte, mich Theaterkritiken schreiben zu lassen. Ich war immer schon sehr am Theater interessiert gewesen, wollte alles sehen. Und es gehört zu den Reizen der Tätigkeit eines Kritikers – das wurde mir auch von Kollegen, die ehrlich sind (gibt es auch!) bestätigt –, sich nicht um Karten kümmern zu müssen und auch nicht Karten bezahlen zu müssen und alle Premieren zu sehen. Daß man dann auch darüber schreibt, ist eine Zuwaag', hilft der Geltung und stärkt die Routine.

Es gibt nachherschreibende und morgensschreibende Kritiker. Ich war ein Erstgenannter. Ich setzte mich an meinen stillen Schreibtisch, konzentrierte mich und schrieb und schaute dann auf die Uhr. Das große Problem ist die Frage des Abendessens. Vor der Vorstellung? Da ist man während der Vorstellung träge. Nach der Vorstellung? Da ist man beim Verfertigen der Kritik träge. Nach Beendigung des Schreibens. Da ist man einsam. Es ist spät. Zu Hause sich etwas bereiten? Traurigst! Aus dem Haus gehen und Gesellschaft suchen? Wohin um diese späte Stunde? Ich erinnere mich, daß ich einmal in solcher Nacht ein spätes Lokal aufsuchte und dort nur noch den Peter Kreuder fand. Nicht der Schlechteste, aber immerhin nicht einer, den ich mir ausgesucht hätte.

Gleichviel – Nachtmahl hin, Nachtmahl her. Am frühen Morgen den Wecker stellen und unausgeschlafen geistreich schreiben, nein, undenkbar. Wenn man nicht in Wien ist, den Text via Fernschreiber nach Wien durchgeben oder gar durchtelephonieren, alles sehr mühsam. Insbesondere Pointen sind gefährlich. Ich schrieb einmal über die Wiener Staatsoper und ihre unmanierlichen Galerieschreier, daß diese von der Galerie »hinunterhöngen« (Höngen, Name einer beliebten Sängerin), und ging dieser Pointe bis in die Setzerei nach, aber kurz vor dem Druck merkte ein Korrektor den »Fehler«, war sehr stolz auf sich und verbesserte in »hängen«, was leider nicht den geringsten Sinn ergab.

Und weil wir schon bei den Pointen in der Theaterkritik sind: Torberg und ich waren von ähnlichem Witz (als Schüler des von uns beiden verehrten Alfred Polgar), und wir hatten Angst, daß uns, wenn wir beide über einen Theaterabend schrieben, beiden ein und derselbe Witz einfallen könnte. Ich saß in der Burggasse, er in der Brucknerstraße, und wenn einem von uns eine Pointe einfiel, riefen wir einander an und meldeten die Pointe an. Wir nannten es Pointen-Clearing, und es war eigentlich eine große Hetz.

Doch ich bin noch der Bub, der dereinst ein Autor werden wird, will, davon träumt.

Meine erste Kritik (ich habe sie leider nicht unter meinem aufbewahrten Material gefunden): Ich war

Sklave des Paul-Zsolnay-Verlags, ein Mitarbeiter einer Druckerei kam ins Zimmer und fragte, ob jemand Karten für die Premiere heute abend, Volkstheater, wolle. Einzige Bedingung, man müsse eine Kritik schreiben. Ich wollte. Und was tut Gott? Sie spielten »Marius« (später »Zum goldenen Anker«) von Marcel Pagnol, den damals noch niemand kannte. Wenn ich nicht irre, spielte der Herbert Berghof den Marius und die liebe Hedwig Keller die Fanny. Es ist so schrecklich, daß es Miminnen und Mimen gegeben hat, und man kennt nach relativ kurzer Zeit ihre Namen nicht mehr, die Hedwig Keller vom Volkstheater war so eine zum Beispiel.

Ich bin selten stolz, aber darauf schon, daß ich als grüner Knabe den Pagnol entdeckt hab. Ich lobte das Stück.

Aber als dieser Knabe ging ich in das Burgtheater, und davon soll hier die Rede sein. Es war – ich habe mich tagelang, bevor ich dieses Kapitel schrieb, erinnert –, es war kein gutes Theater in den Jahren neunzehnhundertmittzwanzig und neunzehnhundertmittdreißig. Arthur Schnitzler, Karl Schönherr waren Burgtheater-Autoren. Schnitzler hatte viel Ärger mit den Direktoren, das lesen wir in seinen Tagebüchern. Es gab, glaube ich, wenige brauchbare Regisseure, es gab zweifellos erstrangige Mitglieder, Alma Seidler, Maria Kramer, Albert Heine, Ewald Balser. Es gab eine halbwegs lebendige weiterdauernde Tradition des Salonstücks meist französischer Machart, es gab im Akademietheater Kleinstücke mittlerer Güte »Die Mädchenjahre einer Königin«, »Die Frau Rat«, »Arm wie eine Kirchenmaus« (da beginnt das magyarische Eindringen auf den Wiener Bühnen).

Direktor war zweimal Anton Wildgans, der literarische Kriegsverbrecher von 1914 (»Da wird mit heißem Blut und kalten Eisen / Ein wundersames Menschenwerk getan« – »Weh den Besiegten! Härtester der Sprüche, / An ihren Nacken wird er kalt vollstreckt / Mit Schlächterruhe ohne Haß und Flüche, / Zermalmt die Brut und was sie ausgeheckt«).

Es ärgerte und demütigte, daß Wien als Theaterstadt immer wieder im Schatten Berlins stand. Ich war ein Jahr in Berlin (1927–28), war oft im Theater, gar so makellos war's gar nicht, aber da waren immerhin am Staatlichen Schauspielhaus, am Deutschen Theater, Lessing-Theater, Schiffbauerdamm-Theater etcetera mehrheitlich große Vorstellungen, die halt auch im Danebengehen großstädtisch waren. Da war Werner Krauß als Peer Gynt, Fritz Kortner und Paul Wegener im »Patriot« von Alfred Neumann, Jessners »Weber«-Inszenierung, Kortner als Herodes (»Herodes und Mariamne«), da war Grete Mosheim, der ich einen Fan-Brief schrieb, den sie nicht beantwortete, weshalb ich sie in Berlin um 1950 mahnte. Da waren grandiose literarische Kabaretts, von denen ich viel lernte.

Aber ich will nicht weg vom Burgtheater, und ich wiederhole, von der Berliner Perspektive neunzehnhundertsoundsoviel, daß unser Burgtheater zweite Wahl war, zahlreicher bedeutender Mitglieder ungeachtet.

Und dann kam der März, der mich verhinderte, das Burgtheater zu besuchen, da war Lothar Müthel Direktor, den ich als Schauspieler in Berlin erlebt habe. Er inszenierte einen »Kaufmann von Venedig«, der nach Kriegsende umstritten war. Als Müthel, nach dem Kriegsende vorübergehend in Wien bleibend, am Nachkriegsburgtheater inszenierte, schrieb Oskar Maurus Fontana, ein Überdauerer, etwa: »Regie führt ... nein, ich will seinen Namen nicht nennen ...« wegen des »Nazi-Kaufmanns von Venedig«. Und Lothar Müthel erzählte mir in Frankfurt, Fontana habe diesen »Kaufmann« damals, anno Hitler, positiv rezensiert.

Müthel, den ich, nicht nur darum, sehr gern mochte und in Frankfurt besuchte, wo wir miteinander spazierengingen. Wir sahen, daß das Goethe-Denkmal verhüllt war. Ich fragte, warum. »Wahrscheinlich«, sagte er, »weil Carl Zuckmayer den Goethe-Preis bekommen hat.« Ehre seinem Andenken! Er wollte in Wien begraben werden, ich war einer der wenigen, die dem Sarg folgten, neben mir ging Ewald Balser. Ehre auch seinem Andenken!

Und als ich wieder da war, da war das Burgtheater nicht viel anders, als es gewesen war, und ich begann, es zu kritisieren.

Ich hatte, wie gesagt, schon im »Turm« ein bisserl über Theater geschrieben, und eines Tages rief mich das »Neue Österreich«, eine gelesene Tageszeitung, an. Es sei der bisherige Theaterkritiker nicht mehr da, und ob ich bereit wäre.

An jenem Abend war in den Kammerspielen Kleists »Amphitryon«, am nächsten im Ronacher »Die sechste Frau« von Max Christian Feiler. Dies war schon anno NS ein Hit gewesen, von Herbert Waniek frech inszeniert, und nun als zweiter Aufguß, Raoul Aslan zuliebe, der Direktor des Hauses geworden war. Die Frechheit von damals wirkte etwas abgestanden, mir mißfiel vor allem eine Folterszene, die nie taktvoll gewesen sein kann.

Nun war ich's also; und ich nahm's ernst. Ich bereitete mich vor. Ich hatte, o gute Zeit, Platz! Ich begrüßte Fritz Hochwälders Erstling »Das heilige Experiment«, ich verriß den Hermann Bahr und den Bernard Shaw, ich entdeckte den Josef Meinrad, als er noch in der »Insel« spielte. Ich war oft extrem, ich war oft hart, aber immer nur meiner Meinung treu. Man hat mir oft vorgeworfen, ich hätte um der Pointe willen ein Urteil gefällt. Stimmt nicht. Zuerst das Urteil, und dann sucht es sich die Form. Dies alles kann ich mit Wahrheit melden.

Es begab sich eine Entwicklung im Wien dieser Jahre, die man vermutlich nicht recht wahrgenommen und bestimmt nicht historisch festgehalten hat (was hat man denn vom Wien dieser Jahre historisch festgehalten?!).

Die Bundestheater gehörten zur schwarzen Reichshälfte, die sogenannten Privattheater schwebten im fast luftleeren Raum, schon subventioniert, aber armseligst. Das heißt, in dürren Worten, daß die Gagen der Privattheater-Künstler armselig waren. Und dazu kam noch eine höchst attraktive Pensionenregelung für alles, was Bund war. Und es kam, wie es kommen mußte und wie es leider gekommen ist. Das staatliche Burgtheater warf seine Netze aus und fischte Künstler. Und die Josefstadt und das Volkstheater wurden vieler Kräfte beraubt. Rudolf Steinboeck kam ans Burgtheater, Aglaja Schmid kam ans Burgtheater, Robert Lindner kam ans Burgtheater, Jane Tilden kam ans Burgtheater, Josef Meinrad kam ans Burgtheater, Adrienne Gessner kam ans Burgtheater, Ernst Lothar kam ans Burgtheater, Oskar Werner kam ans Burgtheater, Albin Skoda kam ans Burgtheater, Attila Hörbiger kam ans Burgtheater, Paula Wessely kam ans Burgtheater, Hermann Thimig kam ans Burgtheater, Hans Thimig kam ans Burgtheater, Helene Thimig kam ans Burgtheater, Michael Heltau kam ans Burgtheater, Dagny Servaes kam ans Burgtheater, und ich habe bestimmt etliche vergessen. Vom Volkstheater holte sich das Burgtheater Inge Konradi, Erich Auer, Martha Wallner. Die beiden benachteiligten Häuser schwankten nicht im Wind, sie hielten sich tapfer und stehen heute da, wie sich's gehört, identisch mit sich selbst geblieben. Am Burgtheater aber müssen alle die Beute-Österreicher heute erleben, wie durchschnittliche bundesdeutsche Schauspieler ihnen vorgezogen werden, sie sehnen sich nach der Pensionierung, sie fliehen.

Als das große Aufblähen noch nicht begonnen hatte, war das Burgtheater noch immer nicht besser geworden, es waren einige ehrenwerte Mimen dazugewachsen, Felix Steinböck, Heinz Woester, aber die Kennzeichnung

»Stadttheater«, die irgendeinmal irgendwo abwertend auf das Burgtheater gemünzt wurde, traf zu. Doch dann kam Werner Krauß wieder, dann kam Käthe Gold, geboren in Wien, dann kam Josef Gielen, dann kam Berthold Viertel, auch ein Wiener, ein Meisterregisseur, der leider nicht immer am tauglichen Objekt produktiv war. So inszenierte er einmal ein blödes amerikanisches Stück »Frankie und die Hochzeit« zum Debüt der Johanna Matz. Ich nannte das Stück in meiner Kritik einen dramatischen Fleckerlteppich, worauf ein Protestbrief der Teppicherzeuger kam. Es gab, wer wollte es leugnen, als dann Josef Gielen Direktor war, einige wirklich erstrangige Aufführungen, »Bluthochzeit« mit Helene Thimig und Inge Konradi, Anouilhs »Lerche« mit Inge Konradi, Lindtbergs »Einen Jux will er sich machen« (Konradi, Meinrad), etliche Lindtberg-Königsdramen, Lindtbergs »Maß für Maß«, sprachlich ins Wienerische übertragen. (Ich vermenge, da ich prinzipiell nur mein Gedächtnis als Quelle heranziehe, die Zeit vor und die Zeit nach der Wiedereröffnung des Hauses am Ring.) Es gab Anouilhs »Becket«, es gab allerdings auch einen scheußlichen »Faust« mit Viktor de Kowa als Mephisto, der die Punkte immer mitten. Im Satz machte und der. Dort, wo es einen Punkt zu machen galt, keinen. Machte man konnte stolz sein, aber nur etwa einmal wöchentlich.

Viertel inszenierte Tennessee Williams, den überschätzten, aber da war immerhin Käthe Gold, in der »Tramway namens Gier«. Dieses »Endstation Sehnsucht« ist wohl der zweitblödest übersetzte Titel, denn man kann aus einem Verkehrsmittel doch keine Station machen. Der blödest übersetzte Titel (neben dem »Eingebildeten Kranken«) ist »Sechs Personen suchen einen Autor«, denn »personaggi« sind nicht Personen, sondern Figuren, Bühnengestalten, Rollen. (Und »Fast ein Poet« für »A Touch of the Poet« ist auch problematisch.) Es gibt überdies auch eine Max-Reinhardt-Fassung dieses bedeutenden und wichtigen Dramas von dem großen Luigi Pirandello, die sehr spielbar, aber verhatscht ist.

Ja, Burgtheater. Es obwaltete noch die gute alte Austro-Schlamperei. Lady Milford saß in ihrem Salon und war sehr neugierig, wer wohl heute als Ferdinand auftreten werde. Zur feierlichen Wiedereröffnung erhielt der vor mehr als zehn Jahren verstorbene Jean Giraudoux eine Einladung.

Ja, apropos Wiedereröffnung ... nein, zuerst noch eine authentische Geschichte von einem österreichischen Bundestheater. Nach der Vorstellung des »Bajazzo« ging der Bariton, umgezogen, aus dem Haus und sah im Garderobengang einen Herrn, der ihm bekannt vorkam. Beide Herren blieben stehen. »Verzeihen Sie«, sagte der Bariton, »Sie kommen mir so bekannt vor, kennen wir einander nicht?« – »Ich habe heute die Vorstellung dirigiert.«

Ja, apropos Wiedereröffnung, ich weiß, »de mortuis nil nisi bene«, aber muß man deshalb dem Dschingis Khan schmeicheln oder den Kaiser Nero hymnisch bejubeln? Und wenn ich ergänzend erwähne, daß ich dabei an den Burgtheater-Adolf-Rott denke, habe ich immerhin bereits ein Werturteil abgegeben.

Vorher war eine große Kontroverse gewesen: »Egmont« oder »Ottokar«? Ich war, der geneigte Leser hat es gewiß erraten, ich war für »Egmont«, doch es wurde »König Ottokars Glück und Ende«. Und das geriet (Regie: Rott) so schrecklich, daß etwas geschah, was in meiner Kritikerzeit sonst nie geschehen war. Die Chefredakteure waren natürlich, wenn sonst auch nicht sehr kulturbewußt und kulturfreundlich, an diesem Ereignis interessiert. Sie wollten, daß gejubelt werde. Habemus theatrum! Und wir traten zueinander, rechts, beim Volksgarteneingang, und vergewisserten einander, daß wir es fürchterlich gefunden hatten, das war nicht schwer, und daß auch alle anderen negativ schreiben würden. »Ottokar« wurde kurze Zeit ein Schimpfwort.

Es is nix mit die Eröffnungsvorstellungen, würde Nestroy mit Recht feststellen. Doch die zweite Vorstellung war die gloriose Rehabilitierung, »Don Carlos«, von Gielen inszeniert, mit Werner Krauß, Oskar Werner, Fred Liewehr, Hilde Mikulicz, Judith Holzmeister, ich glaube, man könnte es, wie es war, heute wieder anschauen, und es wäre noch in Ordnung. Sogar das Stück war plötzlich gut.

Und dann folgte die Reihe der Premieren, »Verschwender«, »Konzert«.

Ich war bereits bei der Direktion sehr unbeliebt. Leute wie Rott ertragen keine Kritik, auch darf, vor allem, die Kritik nicht witzig geschrieben sein.

Im Reigen der festlichen Eröffnungspremieren war auch »Schafft den Narren fort« von John B. Priestley vorgesehen, ein pessimistisches Zukunftsbild, eine Art Mini-1984.

Ich kannte Priestley recht gut, er war mir sympathisch als angenehm fortschrittlicher Sozialist. Und als die Premiere herannahte, hatte sich das urblöde Gerücht verbreitet, daß der böse Weigel etwas vorhabe. Ich bekam Anrufe, einer lautete: »Störst du heute den Applaus, kommst du in ein Krankenhaus.« Ich erkläre an Eides statt, daß ich nicht das geringste vorhatte, was hätte ich auch, wäre ich noch so sehr gegen Adolf Rott gewesen, als Gast einer Premiere gegen ihn unternehmen können? Der Einfall, mir böse Absichten zu unterschieben, wäre zu albern. Dem Goebbels wäre Besseres eingefallen.

Die Kritik über »Schafft den Narren fort« ist in meiner Sammlung »Tausendundeine Premiere« zu lesen. Sie wies auf den interessanten Tatbestand des Wandels von der Fortschrittsgläubigkeit zum Pessimismus hin. Priestley hatte einst in »They came to a City« die Zukunft in rosigen Farben gemalt; und nun sah er die Welt als Angsttraum von Technik und Seelenlosigkeit. Die in Wien amtierenden Briten luden zu einer Pressekonferenz mit dem Autor, den sie gegen den Vorwurf der Inkonsequenz verteidigten, ohne mich beim Namen zu nennen. Ich hatte J. B. Priestley nicht im geringsten attackiert, im Gegenteil, ich ehrte ihn: »J. B. Priestley ist ein fröhlicher Moralist, ein Sozialist mit Humor ... Er ist Kritiker aus Liebe, Raufbold aus Güte, er glaubt fanatisch an die Freiheit und an die Befreiung durch das Lachen.« Warum man ihn gegen mich indirekt verteidigen wollte, weiß ich nicht.

Das Rott-Establishment war weiterhin aktiv gegen mich. Ein freundlicher Anwalt bat meinen Chefredakteur zu einer Aussprache, um gegen meine Hetze gegen Rott zu protestieren. Mein Chefredakteur war zum Glück Gerd Bacher, der erstens für mich war und der zweitens Manns genug war, sich gegen rabiate Gegner zu wehren. Es kam zu einer Begegnung in dem Lokal »Kuckuck« in der Innenstadt, und Bacher verteidigte mich und damit die Freiheit der Presse leidenschaftlich.

Ich schrieb – aber jetzt höre ich bald auf – über das schöne und poetische Drama von Christopher Fry »Das Dunkel ist Licht genug«: »Käthe Dorsch zelebrierte ihre Rolle mit unvergleichlich gepflegter Sprachkunst, aber es war, als sänge eine bedeutende und gefeierte Sängerin im Konzertsaal Arien; alles, was gestaltet, erlebt sein sollte, blieb Ansatz, Andeutung – wie Stars oft auf Verständigungsproben sind oder bei der dreihundertsten Vorstellung.«

Es war bekannt, daß Käthe Dorsch, eine große Schauspielerin, gern handgreiflich war. Sie hatte in Berlin schon einmal einen Kritiker geohrfeigt. Und wir machten uns den Spaß, daß ich jedesmal, wenn ich über Käthe Dorsch zu schreiben hatte, scherzte, etwa: Jetzt geh ich mir einen Kettenpanzer holen.

Dabei bestand eine gute Beziehung zwischen ihr und mir, dank Alfred Ibach. Ich schätzte sie auch wegen ihrer anständigen Haltung im »Dritten Reich«. Zuletzt hatte ich sie einmal im Treppenhaus des Josefstädtertheaters gesehen. Sie sagte: »Ich fahre nach Deutschland, kann ich etwas für Sie tun?« – Und ich sagte: »Wiederkommen!« Manchmal kann ich zum Kotzen charmant sein!

Ärger als meine Kritik – sie war gewiß innerhalb des erlaubten Rahmens – dürfte ein Passus im ersten Absatz gewesen sein: »... die Möglichkeiten waren vorhanden, vor allem die ideale Besetzung der Hauptrolle: Adrienne Gessner.«

Und es begab sich, daß ich am nächsten Mittag nicht, wie sonst meist, über die Kreuzung und von dort wenige Schritte bis zum Café Raimund ging, sondern hinüber zum Postamt an der Hinterfront des Justizpalasts und von dort, von der anderen Seite kommend, zum Café Raimund. Dort stand wartend eine Dame. »Sind Sie Hans Weigel?« Und, als ich bejahte, zwei Ohrfeigen, dazu »Dreckskerl« und »Weil Sie geschrieben haben, daß ich markiere«.

Ich will diese Geschichte hier nicht noch einmal erzählen, obwohl sie eigentlich hierher gehörte. Sie ist mir, bitte, so fad, sie kommt in ihrer Mir-Fadheit gleich nach dem sogenannten Brecht-Boykott. Über diesen hab ich in meinem Buch »Die tausend Todsünden« geschrieben, über die Causa Dorsch in meinem Buch »Das Land der Deutschen mit der Seele suchend«. Beide Themen werden mir übrigens bis heute in der Bundesrepublik Deutschland öfter unter die Nase gerieben als zu Hause.

Und nun schweife ich – man verzeihe es mir – wieder in die Bearbeitungen ab.

Die Katzenzungen-Geschichte hab ich schon erzählt. Es scheint, daß der spanische Originalautor nicht erfreut über den Erfolg war, sondern böse. Der Erfolg der Wiener Aufführung scheint sich herumgesprochen zu haben. Es kam eine Anfrage vom amerikanischen Film (nein, ich bin doch nicht die Alma Mahler!), doch dann hörten wir nichts mehr. Der Don Mihura hatte wohl abgewinkt.

Ich hatte in Zürich für das Schauspielhaus Nestroy-Bearbeitungen, meist mit Lindtberg, geliefert, und das tat insofern besonders wohl, weil es mir den Kontakt mit lebendigem Theater verschaffte. Einmal gab es da eine Begegnung, die ich erst vor kurzem aufschlüsselte. In Zürich lebte ein Schweizer Grande, mit Namen Seelig, der Ansehen genoß. Als ich den »Zerrissenen« von Nestroy mit Lindtberg bearbeiten sollte, hörte ich, daß es eine Bearbeitung von Seelig gebe, auf die man ein bisserl Rücksicht nehmen sollte. Komisch! Jetzt weiß ich, weil der Ulrich Weinzierl über den Seelig gearbeitet hat, daß Seelig ein Mäzen Alfred Polgars gewesen war und daß Polgar »für Seelig« den »Zerrissenen« bearbeitet hatte. Ob die Schauspielhäusler es wußten?

Mit meiner Zürcher Erfahrung kam ich nach Wien zurück. Im Zürcher »Zerrissenen« singt ein Gefangener das »Lied von der Freiheit«, eine nicht sehr nestroysche Einlage, aber ich war damals und dort eher unbekümmert, ich hab auch dem Hohen Alter in Raimunds »Bauer als Millionär« ein Lied gedichtet. Schrecklich!

Und nun geschah es, daß Oscar Fritz Schuh – ich kannte ihn aus Prag anno dreißiger Jahre und fand ihn in Wien wieder, wir freundeten uns an – am Akademietheater die »Beiden Nachtwandler« inszenieren wollte. Also zum drittenmal. An der Josefstadt anno 34, in Zürich anno 38 und jetzt der dritte Schutzengel namens Johann Nepomuk. Ich quälte mich ziemlich, aber auf die Dauer kam etwas heraus, und das war weitgehend auch der Zusammenarbeit mit dem Xandl Steinbrecher zu danken. Er war aus Brünn, sein Deutsch klang ganz leicht nach Brünn, aber er war zum Meister des Wienerischen geworden (»... is der G'sang für unseran / Das, was für'n Gaßbock Hupfer san«). »Die beiden Nachtwandler« waren eine Station auf dem großen, schönen, steilen, nach oben offenen Weg der Nestroy-Renaissance, die mit Karl Kraus begonnen hatte. Ich bin froh, daß ich da mit dabei sein durfte. Neulich rief mich der Werner Schneyder aus München an und fragte mich, auf welcher Silbe man das Wort »Krähwinkel« betont. Als meine Bearbeitungen in Wien wucherten, kamen oft aus den ausgefallensten Städten Bitten um Zusatzstrophen. Ich bat um Mitteilung von aktuellen lokalen Ereignissen und schickte dann Strophen nach Bregenz, nach Köln, nach Hamburg …

Im Jahr nach den »Nachtwandlern«, die Schuh auch in Berlin inszeniert hatte, kam »Zu ebener Erde und erster Stock«, beide Male war Hermann Thimig der Hauptakteur. Einmal bei einer Probe stieß er an eine Beleuchtungsgarnitur, die vorn an der Rampe befindlich war, sie lag dort und war nicht befestigt, er stürzte mit ihr in den Orchesterraum, es war bös anzusehen, es geschah nichts Merkbares, er hätte auch auf ein Notenpult fallen können. Aber es war für ihn mehr als ein Schock, es gab wohl irgendeine innere Verletzung, und von Stund an litt er am Gedächtnis beziehungsweise Gehör, und er hörte zu spielen auf, weil er den Souffleur nicht mehr hören konnte. Er war *der* Raimund- und Nestroy-Mensch des Burgtheaters und mehr als ein Komiker, er war unvergeßlich in seriösen Rollen, etwa als Schwager im »Hauptmann von Köpenick«.

Josef Gielen war ein sympathischer, wohlerzogener Mann. Ob er ein guter Direktor war, weiß ich nicht. Er war jedenfalls der beste Direktor dieses Jahrhunderts. Das Theater war auf mich nicht gut zu sprechen, doch es ging vor Rott manierlich zu. Ich hatte arge Dinge geschrieben, hatte insbesondere die Linkslastigkeit des dortigen Regimes kritisiert. Als Werner Krauß erkrankt war und seine Rolle in der unvergeßlich schönen »Kronbraut« von Strindberg umbesetzt werden mußte, wurde ein Künstler von der linken »Scala« geholt. Und ich schrieb: »Wie kommt man vom Ring zum Burgtheater? – Fahren Sie bis zur Paulanerkirche, dann ein paar Schritte nach links, dann ein paar Schritte nach rechts, dann sind Sie bei der Scala, dort lassen Sie sich engagieren, dann kommen Sie ans Burgtheater.«

Ich war eine freche »Pippen«, wie man bei uns sagt, aber mir war die, sagen wir: Abgrenzung gegen den Stalinismus wichtig.

Es hätte eigentlich den Amerikanern auffallen müssen, daß da jemand etwas tat, das ihnen genehm sein mußte. Doch weit gefehlt. Die Amerikaner hatten ihre Sendergruppe Rot-Weiß-Rot in Wien, Linz und Salzburg. In Wien saßen meine Freunde Jörg Mauthe, Peter Weiser und Ingeborg Bachmann im sogenannten Script Department. Dort war es munter und gemütlich. Mauthe und Weiser hatten eine Sendung, in der zwei kluge Männer sich politisch unterhielten. Sie bekamen keine Weisungen, es war mehr feuilletonistisches Geplauder als politische Aussage. Aber, wie's schon geht, sie erwähnten einmal, ohne sich dabei etwas zu denken, den alten christlich-sozialen Politiker Kunschak, und sofort dachten und sagten die Politiker, daß die Amerikaner den Kunschak protegierten.

Keinen guten Eindruck bekam man von Amerika beim Ansehen dieser amerikanischen Institution. Sie waren zum Beispiel sehr instinktlos bei der Auswahl ihrer österreichischen Mitarbeiter. Es herrschte jene Schlamperei, die ich lange als österreichisch agnoszierte, die aber ein Kennzeichen der Vereinigten Staaten ist.

Ich war Mitarbeiter des Rot-Weiß-Rot-Senders durch die allsamstägliche Fünfminutensendung »In den Wind gesprochen«, die etwas Sprichwörtliches bekam durch die stehende Anfangs- und Schlußformulierung »Ja, es müßte etwas geschehen ... und was geschieht? Das einzige, was geschieht, ist, daß man sagt: Es müßte etwas geschehen.« Paßt immer und zu allem. – Und zweitens durch die Einmal-im-Monat-Sendung »Apropos Musik«, die schwierig aufzunehmen war, weil oft ganz wenige Takte in Prosa einzubauen waren. Es war – und das ist ein Vorteil der amerikanischen Ungeniertheit-Wurstigkeit gewesen – relativ einfach, die Vorbereitungen zu treffen. Der Sender war höchst provisorisch in einer kleinen Wohnung untergebracht, Wien VII, Seidengasse, ein Zimmer-Kuchel-Kabinett-Sender, sagte man. Der Ablauf der Aufnahmen nach dem Prinzip »Wer grad Zeit hat«. Ich hatte mir ein Thema ausgesucht und wühlte in den vorhandenen Schallplatten, holte mir die heraus, die ich brauchte, legte sie auf einen großen Stoß und fand sie am nächsten Tag zur Aufnahme. Als die Amerikaner aufhörten, kam das auf Vorrat Aufgenommene zum Österreichischen Rundfunk. Und dann wollte ich versuchen, wie bisher weiterzuarbeiten. Aber es ging nicht. Bei den Amerikanern hatte man mich gelassen. Beim Österreichischen Rundfunk war es wahrscheinlich nicht einmal Übelwollen, sondern Trägheit der Materie.

Die Amerikaner kümmerten sich, wie gesagt, nicht um mich. Da ich weiß, daß sie die Weihnachts- und Neujahrsgrüße so wichtig nehmen, amüsierte es mich, daß sie mich nicht einmal in diesem Zusammenhang zur Kenntnis nahmen. Ein einziges Mal bekam ich ein Buch mit den entsprechenden Grüßen, das war dem Dr. Heinz Kraus zuzuschreiben, der damals dort arbeitete.

Und Jahre später, zehn Jahre oder mehr, rief's eines Vormittags bei mir an, eine weibliche Stimme sagte: »Wir haben eine gute Nachricht für Sie! Wir möchten Sie zu einem Empfang für Liz Taylor einladen.« Da wurde ich es los. »Jahrzehntelang hab ich gesagt und geschrieben, was euch hätte wichtig sein sollen. Und ihr habt mich nicht zur Kenntnis genommen. Und jetzt soll ich ausgerechnet zu dieser Gaaß kommen? Ich denke nicht daran.« So ähnlich. Sie werden es nie lernen. Doch immerhin wurde der Sohn des österreichischen Librettisten Alfred Grünwald, der mein lieber Kollege gewesen war, Botschafter der USA in Wien. Und er ließ mich zu sich bitten, wie sich's gehört und seit Jahrzehnten gehört hätte, er scheint ein Kavalier zu sein, wir verstanden uns sehr gut, und ich erzählte ihm von meinen Beziehungen zu seinem Vater.

So, aber jetzt hurtig zurück zum Burgtheater.

Ich hatte mit dem Xandl Steinbrecher, auf Wunsch von O. F. Schuh, der damals in Berlin das Theater am Kurfürstendamm leitete, die alte Operette »Mamselle Nitouche« bearbeitet, wir hatten es uns nicht leicht gemacht. Ich schrieb das Buch um, verhübschte es nach Möglichkeit. Der Xandl hatte die Auszüge anderer Operetten von Hervé herbeigeschafft. Und bei jeder Gesangsnummer, zu der wir bei unserer Arbeit kamen, suchten wir eine passende Musik und textierten sie dann gemeinsam. Es war – ohne daß ich großsprecherisch sein möchte – wohl der Modellfall des Bearbeitens. Das hat natürlich niemand bemerkt, danach hat natürlich niemand gefragt, das erzähle ich hier zum erstenmal.

In Berlin spielten unsere Inge Konradi und Harald Juhnke. Xandl war dabei. Dann kam Göttingen, Regie Franz Reichart, da war ich dabei. Das Stück war uns, fand ich, gut gelungen.

Das Burgtheater hatte das Stück angenommen. Doch in der Ära Rott war ich der Feind geworden, und Rott weigerte sich. Dies zu beanstanden, sprach ich mit dem Leiter der Bundestheaterverwaltung Marboe, wir schätzten einander. Ich wurde in das Haus Marboe eingeladen, ich glaube: gemeinsam mit Rott. Die Rechtslage war klar. Das Stück würde gespielt werden. Hans Thimig sollte der Regisseur sein. Die Premiere wurde angesetzt. Doch der Mitautor H. W. wurde nicht zur Premiere eingeladen. Kränkte ich mich? Wahrscheinlich. Ich wurde entschädigt durch den Hans Thimig, der mich unmittelbar nach der Premiere anrief und mich beglückwünschte.

Ich habe im Zusammenhang mit dem Burgtheater so

viel Unmanier erlebt, doch auch so viel Zustimmung. Wenn ich es besuchte, waren die Herrschaften, bei denen ich vorher meine Garderobe abgab, betont freundlich, und die Herren Billeteure begrüßten mich voll großer Zuneigung.

Mit sehr vielen Schauspielern war ich befreundet. Wenn ich – denn das ist ein Bestandteil meiner Vorbereitung – das Textbuch lesen wollte, bekam ich es vom Volkstheater und von der Josefstadt selbstverständlich, vom Burgtheater war es nicht zu bekommen. Wenn ich eine Generalprobe besuchen wollte, war ich in der Josefstadt und im Volkstheater willkommen, im Burgtheater mußte ich mir von einem meiner Schauspielerfreunde eine Eintrittskarte besorgen; und einmal kam ein höflicher Jüngling und bat mich im Namen der Direktion, das Haus zu verlassen. Einmal ging ich zu dem Theaterfriseur Schroll, Stephansplatz, und ließ mir einen schwarzen Vollbart ankleben. Das Lustige dran war, daß ich unwillkürlich auf dem Nachhauseweg den Mann mit Bart spielte. Einmal holte ich Werner Krauß von der Vorstellung ... nein, das muß ich von Anfang an berichten.

Ich war in Düsseldorf und bekam eine Botschaft vom Heinrich Schweiger, sie säßen nach der Vorstellung dort und dort mit dem Werner Krauß, der in großartiger Stimmung war. Ich hielt einen Vortrag in irgendeiner Volkshochschule und begab mich dann dorthin. Eine größere Runde, Werner Krauß im Mittelpunkt, Heinrich Schweiger und etliche Schauspielerinnen und Schauspieler. Werner Krauß begrüßte mich fast demonstrativ herzlich. Er dachte dabei wohl an Käthe Dorsch. Und er erzählte alsbald von seinen Erlebnissen, sehr eindrucksvoll, sehr farbig. Und ich sagte ihm, es sei doch ein Jammer, daß dies alles vergessen werden sollte. Mein gnä' Schutzengel spendete mir einen Einfall: Wenn Sie wieder in Wien sind, komme ich zu Ihnen, wir setzen in eine Ecke, wo Sie sie nicht bemerken, eine Dame, die stenographiert. Wenn alles fertig ist, wird es Ihnen gezeigt, und Sie haben alle Freiheit, zu ändern und zu streichen.

Als er nach Wien kam, brachte ich ihm ein Heft und bat ihn, dort alles zu notieren, was ihm an Themen einfiel. Dann hatte er Proben. Ich heuerte eine tüchtige Mitstenographiererin an. Das erste Rendezvous wurde fixiert. Er gestand mir nachher, daß er große Angst gehabt habe. Aber es ging gut. Manchmal lenkte ich den Fluß des Erzählens durch Fragen.

Der Text war da, er war getippt, ich mußte aus dem geredeten Material ein Buch machen, was gar nicht einfach war, ich gliederte es in Kapitel, erfand Kapitelüberschriften und Untertitel. Da war es nun. Und ein eher kleinkarierter Münchener Verlag hatte sich die Rechte gesichert. Doch als kleinkarierter Verlag fand er, daß dies kein druckreifes Deutsch sei und gab mir das Manuskript zurück. Ich hatte mich groß aufgespielt: Den Verlag übernehme ich. Da stand ich nun. Doch einmal noch ist hier der Stephan Reiner zu preisen, den ich als Nothelfer einschaltete und der mir den Henry Goverts verschaffte. Dorthin kam das Buch, Henry Goverts schwebte mehr über den Wassern, der Macher war Dr. Albrecht Knaus, der seither einen eigenen Verlag hat. Es wurde ein gutes Buch, wir besorgten uns noch eine wohlgelungene Einleitung vom Carl Zuckmayer. Wir fanden Illustrationen.

Werner Krauß war erfreut, wir blieben in guten Beziehungen. Einmal, als er schon sehr krank war, besuchten wir ihn in seinem Haus am Mondsee, wo man ihn eigentlich nicht mehr besuchen sollte: der Schauspieler Therkatz, der Autor Erich Landgrebe und ich. Es war sehr eindrucksvoll, und er sagte, gewiß im Hinblick auf meine publizistische Wirksamkeit, er wollte, sagte er, keine Reden, und im Krematorium sollte nur eine Hirtenflöte spielen, ehe der Sarg in die Tiefe sank. Dieses zitierte ich, als er gestorben war, mit meinem Nachruf. Und so hab ich ihm die Reden erspart.

Was für ein Komödiant war er doch! Einmal, er war schon sehr alt, ging ich in eine Repertoire-Aufführung des »Bruderzwist« und dachte erschüttert: »Den haben wir nicht mehr lang!«, denn er schien über die Rolle hinaus hinfällig und gebrechlich. Doch nachher, im Café Landtmann, war er munter und lebendig und wohlgelaunt. Die Hinfälligkeit und Gebrechlichkeit hatte er gespielt.

Schade, daß »unser« Buch seit langem nicht mehr zu haben ist. Ich werde oft danach gefragt und darum gebeten, doch ich besitze nur ein Exemplar.

Beim Henry Goverts Verlag blieb ich dann kurze Zeit hängen. Er publizierte mein Theaterbuch, das damals »Masken, Mimen und Mimosen« hieß und von dem Schauspieler-Original Rudolf Rhomberg illustriert wurde. Später hieß es »Apropos Theater« und war gar nicht illustriert. Ich muß sagen »hieß« und »war«, denn es ist, wie so sehr vieles von mir, ehe ich bei Styria vor Anker gehen durfte, vergriffen.

Ich saß einmal mit Ruth Binde, damals Diogenes-Mitarbeiterin, mittagessend in der Zürcher Kronenhalle, deren Chefin das Urbild der »alten Dame« von Friedrich Dürrenmatt war, wo die Genies aus und ein gehen, wo Daniel Keel einmal sagte: »Oh, da ist der Chagall.« Und wir sahen den Karlheinz Böhm, und sie war erregt. Und als wir uns zu ihm gesetzt und gegessen hatten und zahlten, war ein Buch geboren, nach dem Vorbild meines Werner-Krauß-Buchs ein Karl-Böhm-Buch. Er wohnte in Grinzing, wo auch die Hörbiger-Wessely wohnen. Ich kam oft zu ihm, mit Stenotypistin von anno Krauß, es wurde ein recht lesenswertes Buch, illustriert, das dann vom Diogenes zum Fritz Molden, gleichfalls Grinzing, wechselte und den lieben Dr. Böhm sehr erfreut hat.

Es brachte mich ihm nahe, er hat uns besucht, wir

nahmen an der Feier seines Geburtstags in Salzburg teil, und ich habe ein sehr aufschlußreiches Erlebnis zur Anatomie des Dirigierens durch ihn bekommen. Er war alt, er war nicht gesund, er hätte nicht dirigieren sollendürfen, doch starrsinnig bestand er drauf. Ich saß im Großen Musikvereinssaal, erste Reihe, ganz links an der Wand, von wo aus man den Dirigenten nicht sehen kann. Zweite Beethoven. Man sollte meinen, daß die Wiener Philharmoniker die Zweite Beethoven spielen können, ohne daß dirigiert wird. Doch nein! Man spürte, man hörte genau: Jetzt lassen seine Kräfte nach. Da wurde es flau. Dann erfing er sich wieder. Und es war die Zweite von Beethoven, gespielt von den Wiener Philharmonikern unter Dr. Karl Böhm.

Ein drittes Buch im Stil Krauß und Böhm ist nicht zustande gekommen, oder doch? Dieses Buch, das Sie jetzt lesen, ist ein Buch, in dem der Hans Weigel seine Erinnerungen diktiert, er diktiert sie sich in die Schreibmaschine, und die werden dann in Graz von der klugen Styria-Lektorin als von einem Reserve-Weigel durchgesehen, gruppiert, korrigiert.

Und schon wieder ein schmückendes Beiwort! Wie viele positive, hymnische, verehrende, begeisterte Adjektive reihen sich in diesem Buch aneinander! Da kann doch dieser Hans Weigel nicht so ein um jeden Preis kritischer, rohrspatzischer, abwertungsfreudiger Geselle sein, oder? Nein, ich liebe und verehre, von Schubert und Stifter abwärts, Autoren, Komponisten, Maler, Graphiker, Miminnen und Mimen, Dirigenten, Solisten, immer wieder, fast unaufhörlich ... da werde ich doch den Haeusserman und den Peymann ablehnen dürfen!

Doch nun von Karl Böhm ein Intern-Grinzinger Übergang zu Attila Hörbiger.

Ich kannte die älteste Tochter des Ehepaars, ich hatte einmal eine Vorlesung der beiden in Innsbruck zusammengestellt. Als Attila in Salzburg den Faust spielte, war ich bei der Generalprobe und war innerlich sehr bewegt und konnte mir sehr gut seine Stimmung vor der Premiere vorstellen. Und ich ging rätselhafterweise in eine Blumenhandlung und schickte ihm Blumen ins Festspielhaus. Manchmal habe ich das Bedürfnis, Künstlern eine Freude zu machen, indem ich über sie schreibe oder rede, was ihnen gut tut. Und als ich für einen Hamburger Verlag ein Buch über den Josef Meinrad geschrieben hatte, wollte der Verlag auch ein Buch über den Attila. Und dieses freute mich, denn es brachte mir den Umgang mit ihm.

Es ist immer eine Freude, als höherer Reporter jemanden zum Erzählen zu bringen, um es dann zu schreiben. Apparate, Tonbänder und ähnliches Teufelszeug meide ich. Ich notiere. Und als mein Manuskript geboren war, schickte ich es ihm und war in ängstlicher Spannung. Einige Tage später hatte ich ihn in irgendeinem Zusammenhang anzurufen und fragte dann, ob er mein Manuskript schon gelesen habe. Ja, hieß es, doch eher verlegen und ohne weitere Stellungnahme. Hat es ihm eben nicht gefallen. Ein paar Tage später ruft *er mich* an: Das ist ja großartig! Und exzediert in Freude. Und unser vorangegangenes Gespräch? Da hat er's noch nicht gelesen gehabt. Er hat sich nicht getraut. Wir wurden Freunde, obwohl es keine zwei entgegengesetzteren Typen gibt. Allerdings war er so vieles. Er hat im selben Salzburger Sommer den Faust und den Knieriem gespielt. Er war der erwachsenste Kindskopf der deutschsprachigen Bühne. Einmal bekam er irgendeine Auszeichnung im Ministerium. Und da ich ihn lange nicht gesehen hatte, ging ich ihm zuliebe hin, und er durchschaute mich: »Du kommst meinetwegen.« Ich glaube, das war unsere letzte Begegnung. Sie konnte nicht stimmender gewesen sein.

Dann hörte man, daß es zu Ende gehe. Die »Welt« bat mich um einen Nachruf. Ich schickte vorsorglich mein Buch. Sie nahmen dann in meinen Text Sätze aus dem

Buch hinein. Ich telephonierte mit der Elisabeth, seiner Tochter. Nein, er wollte nicht in ein Krankenhaus. Er wollte in seinem Haus sterben. Er hat in den letzten Tagen noch oft in meinem Buch geblättert. Ich wäre so gern hinter seinem Sarg mitgegangen, aber sie haben mich nicht verständigt.

Es ist schrecklich, daß in diesem Buch ein Reigen von negativen Burgtheaterdirektoren sich bewegen muß, Josef Gielen war der positivst zu wertende, was man erst nach einigem Nachdenken bestätigen wird, wie daß Franz Schalk der beste Operndirektor nach Mahler war.

Wir sind arm, daß schon die relativ Guten die Besten waren.

Der Haeussermann hat zwar, wie schon erwähnt, sein zweites N in Amerika zurückgelassen, aber dafür viel von dort mitgenommen. Er war ein witziger Bursche, er war unterhaltend, charmant und, wie man so sagt, »gefinkelt«. Als das Ensemble ihm einmal das Mißtrauen aussprach, trat er nicht zurück, sondern ging zum Minister, sich beklagen. Also eine Art Peymann, nur daß der Peymann nicht zum Minister, sondern zur Ministerin geht.

In der Ära Haeusserman blühten die Terminverschiebungen. Wieder ein peymannscher Zug. Einmal schrieb ich in einem Faschingszusammenhang, es sei einmal ein Premierentermin des Burgtheaters eingehalten worden, und dafür habe der Direktor einen Orden bekommen. Und der gute Felix Braun nahm's wörtlich und schickte ein Glückwunschtelegramm.

Die Ära Haeusserman war auch eine Blütezeit der Fehler in den Programmheften. Diese gingen bis zum falsch geschriebenen Namen der gastierenden Schauspielerin Gorvin. Diese verwechselten beim Untertitel eines Raimund-Stücks Jugend und Tugend. Ich habe mit diebischem Vergnügen diese Fehler in meinen Kritiken glossiert, die Direktion und die Dramaturgie des Hauses schäumten, ich bekam einen beleidigenden groben Brief. Das Burgtheater war zur Haeusserman-Zeit manchmal sehr gut, weil ja, wie gesagt, eine solche Menge von großen Künstlern da war, aber es war doch recht arg, wenn zum Beispiel die Direktionsära mit einer Aktion gegen die große Käthe Gold begann. Da hatte ich die Ehre, mich ihrer publizistisch anzunehmen. Da war die aberwitzige Idee, den »Weibsteufel« von Schönherr, ein Dreipersonenstück, dreimal dreifach zu besetzen, um beim Ausfall von Vorstellungen eine Ersatzvorstellung auf Lager zu haben. Der »Weibsteufel« wurde, wenn ich nicht irre, ein einziges Mal irgendwo in Niederösterreich gespielt.

Ich hatte, und damit muß ich das Thema Burgtheater als Fragment offenlassen, ich hatte meine Funktion als Kritiker beendet, ich hatte das Besuchen von Theatern stark eingeschränkt, auch darum, weil meine Sehkraft allmählich schwächer wurde. Doch ich will hier ja das Private aussparen.

Ich habe mit dem vorigen Direktor der Burg, Benning, zwei wichtige Begegnungen gehabt. Er war als »Geiziger« in meiner Übersetzung großartig.

Und als der Xandl Steinbrecher gestorben war, gab es ein für mich sehr bewegendes Telephongespräch. Er hatte ihn, wie ich, geliebt, das machte uns nicht zu Freunden, aber sehr wohltuend zu Gleichgestimmten. Und es war ein wohltuender Ausklang meiner Beziehung zum Burgtheater, daß ich mit einem großen Steinbrecher-Beitrag in einer Publikation des Burgtheaters von dieser Bühne, solange sie noch nicht nach Bochum, sondern nach Wien gehörte, Abschied nehmen durfte.

Wundersam, wenn auch gleichfalls so traurig, war im Burgtheater die Leichenfeier für die göttliche Alma Seidler. Wir hatten sie noch einmal, ganz spät, in dem sublimen Spaß »Mich hätten Sie sehen sollen« gesehen und tief bewundert. Wir gingen nachher in ihre Garderobe, da war sie, müde, reduziert und so zum Anbeten, daß wir sie am liebsten umarmt und geküßt hätten. Kinder, war das eine Schauspielerin! Sie war die Tochter eines k. und k. Ministerpräsidenten und noch zu Kaisers Zeiten Mitglied des Hauses geworden. Sie wurde nie besonders gefördert, sie war ja da. Sie wurde, wie sich's gehört, im Seitentrakt des Theaters aufgebahrt, und ein Quartett spielte Haydns Variationen über das »Gott erhalte«. Da war diese Melodie nicht »Gott erhalte« und schon gar nicht »Deutschland, Deutschland«, da war alles gute Österreichische, das sie uns dann versaut haben.

MINORITENPLATZ

Der erste österreichische Staatspreis für Literatur ging an Christine Busta und Franz Kiessling. Den Franz Kiessling kannte ich kaum, ich wußte, wie er aussah, ich besaß auch ein Bändchen seiner Lyrik, er war auch bei den »Stimmen der Gegenwart« mit dabei, und mir sind zwei sehr schöne Gedichte im alten Stil gegenwärtig geblieben: »Wenn du gehst« und »Ruht in Frieden«, ein Requiem für die Gefallenen aller Kriege, erschütternd in seiner tragisch chronologischen Monotonie.

Ich wurde einmal Mitarbeiter der Zeitung »Kurier«, ich hatte das Ressort des Theaterkritikers und nahm auch, quasi als Redaktionsmitglied, wenn auch nicht angestellt, sondern als freier Mitarbeiter, an Redaktionskonferenzen teil.

Allerheiligen stand bevor, eine illustrierte Beilage mit einem schönen traurigen Herbstbild auf der ersten Seite wurde geplant. Ich brachte das Gedicht »Ruht in Frieden« von Kiessling als Begleittext zu dem Bild. Es wurde wohlwollend aufgenommen. Dann ging ein Mitarbeiter vorbei, sah die Verse und sagte etwas Ähnliches wie »Bledsinn«. Und der Chef zog seine Zusage zurück und wollte das Gedicht nicht mehr bringen.

Meine Tätigkeit als Teilnehmer an den Redaktionskonferenzen war damit beendet. Ich schrieb nur mehr Theaterkritiken.

Später war »Ruht in Frieden« in das Programm der »Kleinen lyrischen Anthologie« bei der Wessely-Hörbiger-Lesung aufgenommen. Ich schickte dem Franz Kiessling ein Programm, es kam als unbestellbar zurück. Er war tot. Die Schriftstellerkollegin Ilse Tielsch, die Gute, kümmerte sich gelegentlich um ihn. Er war alkoholkrank. Seine Frau hatte ihn mit den zahlreichen Kindern verlassen. Er wohnte irgendwo, wo ihm ein Sofa zur Verfügung stand. Ilse Tielsch läutete, er öffnete, seiner Sinne kaum mächtig, sichtlich krank. Sie verständigte ihren Mann, einen liebenswerten, hilfsbereiten Arzt (gibt's auch). Der ließ ihn in ein Krankenhaus bringen. Dort starb er bald den Tod der österreichischen Dichter, die sich zu Tode getrunken haben: Joseph Roth, Helmut Qualtinger, Peter Altenberg.

Welche Institution hat sich um seinen Nachlaß gekümmert? Das Salzamt (altmodische scherzhafte Bezeichnung für eine Institution, die für nix ist).

Die Christine Busta kannte ich gut. Wir mochten einander. Als in den »Stimmen« jeder Autor nur einmal mit einer literarischen Gattung vertreten sein konnte und sie mit Lyrik im ersten Band vertreten war, schmeichelte ich ihr Prosa ab. Sie war die Älteste. Geboren 1915. Der jüngste war Andreas Okopenko. Geboren 1930. Auch ihm, dem Lyriker, habe ich Prosa abgeschmeichelt. Er hat dann etliche Prosa produziert, immer experimentell, immer avantgardistisch. Wir mögen einander, obwohl er ganz radikal links ist. Aber das hindert ihn nicht, mit mir gut kollegial zu sein, wie dem Georg Kreisler auch zum Beispiel.

Jedes Jahr wird vom Ministerium (für Unterricht, Kunst und Sport – welch eine unappetitliche Zusammenstellung, Kampf der Waden und Gesänge) der Staatspreis ausgeschrieben. »Ich bekomme ihn ja doch nicht!« sagte der Herbert Zand, und ich befahl ihm, seinen Kriegsroman »Letzte Ausfahrt« ins Café Raimund zu bringen, nahm ein Taxi, fuhr zum Ministerium, gab ihn ab. Und er bekam den Staatspreis. Es muß gesagt und anerkannt sein, daß die Staatspreise fast immer vernünftig und im guten Sinn vergeben wurden, vor allem die »kleinen«, die sogenannten Förderungspreise. Den großen, den sogenannten »Würdigungspreis« bekam einmal der Herr Dr. Kurt Frieberger, und das war sogar der Tageszeitung »Die Presse« zu arg.

Einen der ersten Förderungspreise bekam die Marlen Haushofer für ihre Erzählung »Das fünfte Jahr« aus einer Kleinbuchreihe, die ich im Verlag der »Stimmen der Gegenwart« herausgegeben hatte (Aichinger, Ebner, Hahnl, Eisenreich, Egger, Fritsch, Toman und andere). Immer hatte ich Illustratoren, die später etwas wurden, wenn sie nicht schon damals etwas waren (wie Hans Fronius): Fuchs, Hutter, Moldovan, Absolon und viele andere. Ob man sich einmal in den Antiquariaten um diese Publikationen raufen wird wie heute um die Expressionisten?

Ich war so oft dort oben, im sogenannten Audienzsaal des Ministeriums; er hat etwas Seinerzeitiges, aber durch die vielen Künstler von heute, die dort geehrt wurden, atmet er doch den richtigen Geist. Der Fritz Hochwälder hat den »großen« bekommen, der ehrenwerte Kollege Piero Rismondo den Übersetzerpreis, da durfte ich die Laudatio sprechen, und das aus Überzeugung.

Wann die Wende war, die mich aus einem Staatsfeind zu einer very important person gemacht hat, weiß ich nicht. Jedenfalls ergab es sich eines Tages überraschend, daß ich das Ehrenkreuz erster Klasse für Wissenschaft und Kunst bekam. Wie das passiert ist, weiß ich nicht. Mit dem Minister Dr. Drimmel war ich auf Kriegsfuß. Als er aufgehört hatte, es zu sein, sagte er mir: »Ich habe mich oft über Sie geärgert, aber ich war Ihnen nie böse.«

Für das Ehrenkreuz dankte ich, indem ich einen begeisterten Text über den Hans Moser vorlas und dann eine Stelle aus einem von mir übersetzten Molière als indirekte Verbeugung vor den Auszeichnungsgebern. Und dieses deutet ein großes Problem an. Wenn ich auf das Ministerium, auf das Kulturamt, auf welche Institution immer schimpfe, ist es berechtigt, mich nicht einzuladen, mich als Gegner zu betrachten. Das ist mir oft genug geschehen. Wenn aber der Gegner einen Preis oder eine andere Auszeichnung bekommt, muß er sich bedanken, muß er den Kavalier spielen. Es ist schwierig, für Zivilcourage bekannt zu sein und einen Orden zu bekommen, von denen, denen man mit Zivilcourage begegnen soll. Mir ist es gelegentlich gelungen, aber leicht ist's nicht. Ich weiß, daß viele mich feig finden, daß sie mir vorwerfen, die Stadt und das Land Salzburg zu lieben, wenn doch die Festspiele so sind, wie sie sind. Aber ich könnte eine Anthologie zusammenstellen, in der ich meine Anti-Festspiel-Attacken sammle. Ich hoffe, ich bin nicht bestechlich.

Ich bat einmal den Österreichischen Rundfunk – lang ist's her – um eine Aufnahme mit Werner Krauß, die ein deutscher Sender gern gehabt hätte. Der Verantwortliche – er hieß, wie könnte es anders sein, Übelhör – antwortete mit einem kleinen Ausbruch: Erst schimpfen, dann etwas wollen! Nun hatte ich es mir damals zum Prinzip gemacht, den Rundfunk in Ruhe zu lassen, ich hatte, so wahr mir Gott helfe, den Rundfunk mit keinem Wort gehänselt oder beschimpft. Und da ärgerte ich mich. Sie waren sehr anfällig in der Argentinierstraße. Einmal sprach ich mit dem liebenswerten Hans Rothe, dem Shakespeare-Übersetzer, mit dem ich recht freundschaftlich verbunden war, obwohl ich seine Übersetzungen nicht sehr liebte, was er wußte, der aber ein Übersetzer-Gaurisankar gegen den Richard Flatter war und dessen »Komödie der Irrungen« wirklich gelungen ist. Und er meinte, wir sollten doch im Rundfunk über Shakespeare und Molière plaudern. Ein hübscher Einfall; aber gehen Sie ins Feindesland und schlagen Sie ihnen eine Plauderei vor! Ich tat es. Sie sagten zähneknirschend ja und begannen zu schlottern. Als es soweit war, glich das Haus in der Argentinierstraße einem Bienenschwarm. Es begab sich dann eine wohlgelungene Plauderei im Rundfunk.

Dies alles wurde anders, als Gerd Bacher aus der alten RAVAG den Österreichischen Rundfunk zauberte. Er ist dann bei Nacht und Nebel abserviert worden, wie man bei uns sagt, und da hat es keinen Aufstand, keine Affäre gegeben. Er war plötzlich weg, und er war nicht der einzige. Der famose Dirigent Herbert Mogg zum Beispiel hatte das Raimund-Theater geleitet und mußte in der Zeitung lesen, daß er nicht mehr Direktor des Raimund-Theaters sei. Ebenso erfuhr der Leiter der Wiener Staatsoper, daß er nicht Leiter der Wiener Staatsoper bleiben werde. Als Dr. Karl Böhm in einer Pressekonferenz, an der ich teilnahm, erfuhr, daß er nicht Leiter der Wiener Staatsoper bleiben dürfe, meldete ich mich zu Wort und forderte die Maßgebenden auf, im Nebenzimmer noch einmal miteinander zu reden. Sie lehnten ab, »weil das Zimmer nicht geheizt war«. Der Thomas Bernhard hat unrecht, aber manchmal sind wir ein komisches Volk und gelegentlich eine Bagage.

Wo bin ich? Beim Ministerium für Unterricht, Kunst und Sport. Dieses Ministerium nimmt es hin, daß ein Burgtheaterdirektor seinen Kritikern das Arschlecken schafft, und sagt nicht einmal: Höh!

Ich glaube, daß ich mich mit dieser markigen Schlußformel vom Ministerium für Kunst, Unterricht und Sport verabschiede, und dies mit einem herzlichen Gruß an den Ex-Minister, den Dr. Herbert Moritz, der auch so ein Abservierter war, den ich noch einmal im Ministerium gesehen habe, als er ein Gegangen-Werdender war. Es hatte eine Abteilung des Ministeriums gegeben, die zu Klagen Anlaß gab; und als ich den Herrn Minister bei einer Pressekonferenz auf die Unzukömmlichkeiten im Zusammenhang mit dieser Abteilung aufmerksam machte, geschah zunächst gar nichts, und das war weiter nicht verwunderlich, doch dann geschah es, daß einige Leidtragende der betreffenden Abteilung und ich zum Herrn Minister gebeten wurden. Und wir warteten, und dann hatte der Herr Leiter der Abteilung sich mit einer fadenscheinigen Entschuldigung abgemeldet und löste sich ins Nichts auf. Doch während wir warteten, bat mich der Herr Minister zu sich. Er hatte es gewagt zu sagen, daß Thomas Bernhard in die Psychiatrie hineinspiele, und ich hatte ihm ein Shakespeare-Zitat geschickt, wo von des Dichters Aug' im Wahnsinn die Rede war. Wir hatten ein gutes Gespräch, ich denke gern dran zurück. Er fiel als Opfer der sogenannten Progressiven. Man darf in Österreich ungestraft gegen Goethe sein, gegen Hofmannsthal sein, gegen Rilke sein – bei Friedrich Torberg wird's schon heikel ... man darf nicht gegen Richard Strauss sein, gegen Richard Wagner sein, aber das alles ist nichts dagegen, wie sehr man nicht gegen Thomas Bernhard sein darf.

VORWEG-FEIERN

Ich unterrichte im Konservatorium der Stadt Wien, seit gar nicht so langer Zeit, und es macht mir mehr Freude, als man mir glauben wird. Ich kenne die Existenz der Lehrer als tragisch unerfüllte, aber davon ist bei mir keine Rede. Fritz Kortner, den ich nicht sehr liebe, hat einmal von seiner Tätigkeit als Filmregisseur von einer »lebensabendfüllenden« Tätigkeit gesprochen, und dieses Wort möchte ich mit bestem Dank von ihm ausleihen. (Und dazu in Parenthese anmerken, daß ich viel gegen den aus dem Exil zurückkehrenden Kortner einzuwenden hatte und habe, doch daß er ein mehr als brillanter, vielleicht ein großer Schauspieler war, als Osvald Alving, als Hebbels Herodes, als Zar in Alfred Neumanns »Patriot«.)

Die Evi leitet die Schauspielklasse des Konservatoriums der Stadt Wien, und es hat sich durch eine wundersame Fügung des Geschicks ergeben, daß ich dort auch unterrichten darf. Das Fach heißt »Lyrik« und besteht darin, daß die Studentinnen und Studenten Verse lesen (lesen lernen), daß wir jährlich zwei Programme zusammenstellen und zu Gehör bringen.

Der bisherige Höhepunkt war eine Veranstaltung zum und am 11. März 1988 mit dem Titel: »Die Iden des März. Gedenkveranstaltung zum Anlaß der Besetzung Österreichs«, und da kam so ungeheuer viel zusammen, alles zum Anlaß, Brecht (!), Fried, Selma Meerbaum-Eisinger, Nelly Sachs, Rose Ausländer, Theodor Kramer, Kästner, Michael Ende, das Dachau-Lied von Jura Soyfer, Jutta Schutting, Michael Guttenbrunner, Stella Rotenberg, Paula von Preradovič, Werfel, Franz Kiessling, Guido

Zernatto, Walter Mehring, Mascha Kaleko, Berthold Viertel, Max Hermann-Neisse. Das Programm begann mit Heine, Matthias Claudius und endete höchst positiv mit »Juni 1945« von Erika Mitterer und der inoffiziellen Nationalhymne »Österreich« von Gerhard Fritsch.

Als wir das Programm am Vormittag der Evi vorführten, sagte sie dezidiert, daß dieser Abend zu lang sei und daß wir viel kürzen müßten. Und ich, obwohl jeder von mir anerkannten Autorität gewohnheitsmäßig gehorsam, sagte: Nein. Und ein Student, der danebenstand, bestärkte mich. Der Saal war voll. Der Herr Botschafter der Bundesrepublik Deutschland erwies mir die Ehre seines Besuchs – das hab ich schon apropos Bundesrepublik und dem wohlgelungenen Mittagessen am 30. Mai erwähnt –, und das war eine ganz wunderbare Geste.

Die Studentinnen und Studenten waren erstrangig. Es war eine meiner schönsten Arbeiten. Ich war stolz auf mich.

Seither geht die Arbeit mit der Lyrik weiter, ich bringe Material, doch die Studentinnen und Studenten sind sehr produktiv, sie sind Fans von Erich Fried, von Bertolt Brecht, ich habe viel von ihren Vorschlägen profitiert und mußte immer wieder an den schönen Satz denken, mit dem Arnold Schönberg eines seiner Bücher eingeleitet hat: »Dieses Buch habe ich von meinen Schülern gelernt.« Ja, das Unterrichten ist ein erstklassiges Lehrmittel, und ich lerne auch viel, wenn ich dabei bin, wenn unsere Klasse in anderen Fächern unterrichtet wird.

Als ich – ich weiß, daß diese meine Mitteilungen stark an Eitelkeit anstreifen – die Studenten im Anfang per »Sie« anredete, baten sie mich um das Du, und ich beharrte auf Gegenseitigkeit. Jetzt bin ich für sie »der Hans«, und einmal hörte ich, wie ein Student nach dem Stundenplan befragt wurde und sagte: »Vormittag die Frau Professor W. und die Frau Professor S. und am Nachmittag den Hans.«

Sie sind ganz anders, als wir in ihrem Alter waren, allerdings waren wir keine angehenden Schauspieler.

Ja, und dieses Institut, von uns immer despektierlich »die Schule« genannt, wie wir auch unser ungeliebtes Gymnasium nannten, wollte mich zu meinem Geburtstag feiern, und wir kamen des Nachmittags im Saal des Konservatoriums zusammen, der reizende, großartig tüchtige Direktor, dem wir viel verdanken, hielt eine sehr reizende Rede, ich antwortete, und dann bat ich, improvisiert, einige Studenten hinauf und ließ sie Lyrik sprechen. Es war ein guter Auftakt.

Wenn dieses Buch, so Gott will, erscheint, wird die nächste Veranstaltung schon gewesen sein. Wir sind gebeten worden, anläßlich des bevorstehenden hundertjährigen Jubiläums der österreichischen Sozialdemokratie ein Lyrikprogramm vorzubereiten, und das ist für mich natürlich wieder einmal schön und ehrenvoll, wenn's auch nur im kleinen Rahmen vor sich gehen wird. Wir haben schon viel Material. Als einzige nichtlyrische Darbietung will ich Auszüge aus Georg Büchners »Hessischem Landboten« sprechen lassen: Friede den Hütten, Krieg den Palästen.

Doch ich will mich nicht weiter im egozentrischen Geplauder verlieren.

DIE AKADEMIE

Für mich ist sie die Akademie oder Musikakademie und eine Farbe im Spektrum meiner Jugendzeit, denn an der Akademie, die damals noch nicht den heutigen hohen Rang hatte und an die heute unsereiner als Mittäter am Konservatorium der Stadt Wien nur ehrfurchtschaudernd hinaufdenken kann, waren viele meiner Freunde: Sie lernten bei Franz Schmidt, bei Joseph Marx, bei erstrangigen Solisten, es gab einmal ein Schlußkonzert, da produzierten sich viele, aus denen später etwas wurde.

Der Sitz der Akademie war in der Lothringerstraße, schräg vis-à-vis von unserem Gymnasium. Es gab dort einen Telephonautomaten, der funktionierte, wenn man eine Münze eingeworfen hatte, ohne daß man eine zweite einwerfen mußte, und jeder Telephonierende hatte die Pflicht, stehenzubleiben, bis der nächste kam.

Die Akademie verbreitete sich wie ausgeschüttetes Wasser in vielen Wiener Bezirken. Und unser Freund Erik Werba, der Sänger nicht nur auf dem Klavier begleitet, sondern als guter Geist so viele Karrieren begleitet hat und weiter begleitet, war dort der höchst angesehene Leiter der Liedklasse. Ich durfte gelegentlich dabeisitzen, wenn er unterrichtete, und das gab mir viel. Er ist ein Die-Welt-Durchfliegender-ohne-zu-rasten (Nestroy), er durchfliegt sie buchstäblich, er hat Konzerte dort, Kurse da, er unterrichtet – und hier stock' ich schon. Er hat ein bestimmtes Alter erreicht, und dies bedeutet derzeit bei uns, daß eine brutale Maßnahme seine Tätigkeit beendet. Ich kenne in meiner Nähe etliche derartige Fälle, und ich muß ganz einfach, auf die Gefahr hin, daß ich mein lächelnd beschauliches Lebensbild störe und seine Form gefährde, hier persönlich und aktuell werden und diese unsere derzeitige Praxis in ihrer ganzen lebenszerstörenden Brutalität verurteilen. Es gibt den wohlverdienten Ruhestand, gewiß, und wer müde der lebenslangen Tätigkeit ist, soll sich zurückziehen dürfen. Er soll dürfen, aber er soll nicht müssen. Ich weiß von Schauspielerinnen und Schauspielern, die zwangspensioniert wurden und die, wenn sie trotzdem weiterwirken wollten, durch schikanöse finanzielle Maßnahmen fast bestraft wurden. Ich kenne etliche unter meinen Kolleginnen und Kollegen, die, um zu leben, unterrichteten (und die Unterrichtsbehörden in Wien waren sehr klaß und haben ihnen ihre Lehrverpflichtungen erleichtert, so daß sie Zeit für die literarische Arbeit hatten. Sehr anerkennenswert!). Und als sie die Lehrverpflichtungen absolviert hatten und die Zeit der ungestörten literarischen Arbeit gekommen sein sollte, sind sie den schikanösen »Ruhensbestimmungen« ausgesetzt und haben ein halbes Leben lang für eine Zukunft gearbeitet, die nicht gekommen ist. Der Erik Werba wurde aus seiner Position in der Akademie – jetzt Hochschule – entfernt, er durfte nicht einmal bei der Bestimmung seines Nachfolgers mit dabei sein, im Ministerium waren sie angesichts dieses Wunsches recht ungnädig. Ruhestand kann wohltuend sein, doch Arbeitsverbot mit dem Kalender in der Hand ist – ich muß das Wort immer wieder sagen – brutal. Ich wiederhole mich: Man soll aufhören dürfen, aber man darf nicht aufhören müssen.

Dieser mein Freund Erik hat mir, ehe die Pensionierungstragödie über ihn kam, mit seiner Klasse ein Konzert geschenkt, das nach meinem musikalischen Geschmack auf bewegende Weise von seinen Studentinnen und Studenten gestaltet wurde, es gab ein derartiges Konzert schon vor fünf Jahren zu meinem Fünfundsiebzigsten, es war eine reizende, rührende Geste der Freundschaft. Es gemahnte mich an das erste Konzert des Julius Patzak und der Elfriede Ott, das eine Gattung ins Leben rief. Ich war als Konsulent zugezogen, dichtete ein paar Strophen dazu, die letzten kamen im Künstlerzimmer vor dem Konzert, und Erik sagte: »Der Einbruch des Schöpferischen in die Wiedergabe!« Was haben wir mit ihm an Programmen, an Komödienliedern und -duetten, an Chansons, an Unterhaltung auf höherer Ebene zusammengestellt, in vielen Ländern, im Fernsehen, in Bierzelten, in Theatern und in Konzertsälen, was habe ich für diese Programme bearbeitet, übersetzt! Wenn wir irgendwo erschienen sind, ich war immer mit dabei, waren wir immer sechs, denn wir alle drei sind im Zeichen des Zwillings geboren.

Und würde ich auf alles andere verzichten und mich ganz dem Kampf gegen die Unmenschlichkeit des Arbeitsverbots engagieren, als Volksredner, als Schreibender, es würde mir nichts nützen. Ich weiß aber, daß eine Zeit kommen muß, in der die Menschheit sich besinnt; aber es wird lange dauern. Die Welt wird wieder bewohnbar sein, nicht nur ökologisch, sondern auch psychologisch. Man kämpft gegen die Prügelstrafe, gegen die Folter, in diese Entwicklung gehört auch der Kampf, der uns noch gar nicht weithin bewußt ist, der Kampf gegen die Pensionierungssünde wider den Willen des solcherart Gemaßregelten.

Und nun war ich am Vorabend, beziehungsweise Vornachmittag, und mache einen Sprung, der einen guten Faden spinnt, zum Montag, ganz zeitig morgens, Musik zu Musik. Die Mitarbeiter der Musik im Hörfunk des Österreichischen Rundfunks sind mir lieb, einigen ich auch, dem liebenswerten Maximilian Blumencron, dem klugen Otto Brusatti, Zwölfton-Experte, der liebenswerten Renate Burtscher, dem raren Fall einer charmanten Vorarlbergerin.

Im österreichischen Hörfunk gibt es morgens eine

beliebte Sendung mit dem zungenbrecherischen Namen »Pasticcio«; ich hätte ihn nicht erfunden, und zum Glück hat man mich nicht gefragt, denn er hat sich gut eingeführt. Da wird, oft zu gegebenem Anlaß, oft bunt gewürfelt, Musikstück an Musikstück gereiht, der kluge, extrem gebildete Komponist und Dirigent Paul Angerer erzählt lokales Historisches über Wiener Bezirke und österreichische Städte in ihren Verbindungen mit Musik und Komponisten. Die Renate Burtscher und ich haben einander zweimal im Leben gesehen, aber ich bin mit ihr in gelegentlichem Postkartenwechsel, wenn sie irgend etwas gesagt hat, das nicht ganz stimmt, und statt beleidigt zu sein, ist sie erfreut. Am Tag nach meinem Geburtstag, am Montag, dem 30. Mai, fand ein Pasticcio statt, das mir gewidmet war, mit – wie am Samstag bei Erik – meinen Lieblingskomponisten und sehr reizenden Anspielungen auf mich. Nur die Kennmelodie konnte sie nicht austauschen, sie ist von Richard Strauss, aber immerhin eine seiner köstlichsten aus dem »Bürger als Edelmann« und wenigstens Molière.

Die Kennmelodien wären ein eigenes Kapitel wert. Ich fürchte, ich hab das schon mindestens einmal geschrieben, aber man kann's gar nicht oft genug schreiben, die Unsitte unseres Konsumjahrhunderts, der Abusus edler Musik, der Schubert bei den Nachrichtensendungen, der allgegenwärtige Gustav Mahler. Es gibt soviel gute Musik, der's nicht schaden täte, weil sie nicht weithin bekannt und erkennbar ist, warum versündigen wir uns an Mahler, an Schubert, an Mozart, warum tut es nicht ein unbekannter Barockler wie bei der Eurovision?

Doch ich schweife ab. Ich wollte mich nur bei der Renate Burtscher bedanken.

INTERMEZZO

Heute ist der zwölfte November 1988. Und seit sehr langer Zeit habe ich mir vorgenommen, diesen Tag hier für mich zu feiern. Er ist mein Staatsfeiertag, man kann auch sagen Nationalfeiertag. National kann, muß aber nicht konservativ-reaktionär sein. Die Nationalbibliothek ist nicht rechtsradikal, die Nationalmannschaften unserer Sportler sind es auch nicht. Die demokratische Partei des Dr. Eduard Beneš in der Tschechoslowakei nannte sich »nationalsozialistisch« ... Es ist siebzig Jahre her – mein Gott, schon siebzig –, da war ich zehn Jahre und fast ein halbes. Ich hatte vier Jahre eine sozialdemokratische Schule besucht, wo es zuging, wie der große sozialdemokratische Schulreformer Otto Glöckel es geplant und dann in der Republik verwirklicht hat.

Ich machte eine Prüfung in einer sogenannten allgemeinen Volksschule, die war für mich recht kindisch leicht, dann eine Aufnahmsprüfung am Akademischen Gymnasium, meiner immer wieder so zu bezeichnenden ungeliebten Schule. Acht Jahre hat sie mir gestohlen, nur für das bisserl Latein! Diese Aufnahmsprüfung war so lächerlich leicht, daß ich sie fast beleidigend fand. Satzanalyse des Satzes »Ein schöner Regenbogen glänzte am Himmel«.

Ich weiß nicht, ob ich überdurchschnittlich begabt oder frühreif war. Meinem Lehrer Friedrich Jenny, der sich redlich bemühte, ist's nicht gelungen, mir eine Handschrift anzugewöhnen.

Ich erinnere mich an einen Aufsatz, der mir wohl in der Dritten gegeben wurde: »Wenn der Schnee schmilzt«:

»Wenn Schnee auf den Straßen und Gassen liegt und die Sonne ihn mit ihren Strahlen küßt, dann zerfließt er vor Liebe. Dann ist es immer sehr schmutzig, und man ist froh, wenn der verliebte Mann im Kanal versinkt und es wieder trocken ist.«

Es hat sehr lang von diesem ersten Versuch bis zum Beginn meiner relativ ernsthaften Arbeit als Autor gedauert. Es gab dazwischen etliche Versuche, den Drang, zu schreiben, aber es war nichts.

Nein, noch bin ich zehneinhalb. Meine Mutter meinte, ich sollte dabei sein, um mich mein Leben lang dran zu erinnern.

Ich durfte längst Zeitung lesen, ich verstand gewiß nicht alles, aber es war nicht schädlich. Ich erinnere mich an die Schlagzeile »Entthronung der Hohenzollern, Wittelsbacher und Welfen«, ich erinnere mich an die Erklärung des Kaisers Karl: »Im voraus billige ich die Entscheidung ...«

Und dann gingen wir durch den frühen Nachmittag von Margarethen Richtung Innere Stadt. Es war eine seltsame, unvergeßliche Stimmung. In dieser einen Richtung haben sich Menschen bewegt, zum Parlament hin. Wer konnte, hat irgend etwas Rotes auf sich gehabt, eine Mütze, einen Schal. Und schüchtern, gar nicht triumphierend, wurde immer wieder gerufen: »Hoch die Republik!« Wir sind hingekommen, der Ring war wimmelnd voll von Menschen, wir sind am Gitter des Volksgartens zu stehen gekommen, etwas schräg gegenüber vom Parlament. Wollte man die vielen Bilder, die es von dieser Menschenmenge gibt, vergrößern, müßte man meine Mutter und mich ausnehmen. Vor dem Parlament wurden Reden gehalten. Ich erinnere mich noch der Namen der drei Parlamentspräsidenten: Dinghofer (großdeutsch), Hauser (christlich-sozial, ein Prälat, glaube ich), Seitz (sozialdemokratisch). Es gab keine Megaphone, geschweige denn Lautsprecher, man hörte nur, daß geredet wurde, und dann sollte die Fahne oder sollten die Fahnen gehißt werden, und es gab Unruhe, ein Handgemenge, und gehißt wurden rote Fetzen, aus denen der weiße Mittelstreifen herausgerissen war. »Ein böses Omen«, sagte meine Mutter. Die Rote Garde hatte diesen Handstreich unternommen, der kindische Versuch einer Machtergreifung.

Egon Erwin Kisch war bei der Roten Garde, sein Bruder Paul war Redakteur der »Neuen Freien Presse«. Die Rote Garde wollte die Redaktion der »Neuen Freien Presse« besetzen, Egon Erwin sagte zu Paul: »Herr Redakteur, ich verhafte Sie im Namen der Revolution!«, und Paul antwortete: »Du, ich sag's der Mutter.« Doch die Revolutionen in Wien sind nie sehr lustig. Und am 12. November gab es Schüsse und zwei Tote. Und ich habe noch die Stimmen zweier sichtlich mosaischer Passanten im Ohr: »Geschossen hab'n sie.« – »Weiß ich warum.«

Es folgte eine arge Zeit, sie war charakterisiert durch die Gründung einer sozialdemokratischen Volkswehr, von Hungerrevolten, von einem »blutigen Gründonnerstag«, von namenloser, sinnloser, widermenschlicher Bösartigkeit der Siegermächte (wie sie ja auch nach dem Zweiten Weltkrieg Eisenbahnen und Fabriken im darniederliegenden Deutschland zerstört hatten). Allmählich gab es eine amerikanische »Ausspeisung« für Kinder, die Kakao bekamen. Doch die historischen Ereignisse sind nicht mein Thema. Die Republik war da, eine höchst verhatschte Republik, nach kurzer Koalitionseuphorie ein Gegeneinander von Schwarz und Rot …

Kurt Tucholsky:

»Wie sehnten wir uns unter kaiserlichem Zwange
Nach einer Republik, und nun ist's die!
Man möchte immer eine große Lange,
Und dann bekommt man eine kleine Dicke –
c'est la vie.«

Die unsrige war nicht dick, aber klein. Und zwischen den tschechoslowakischen Siegern und Österreich keimte Feindschaft auf. Ungarn war verstümmelt, und dort, wie in Bayern, begab sich eine Räterepublik. Man nahm Österreich einen Streifen Niederösterreich im Norden, einen Streifen der Steiermark im Süden, Südtirol ging verloren.

Es war eine grauenhafte Zeit, und daß sich ein halbwegs normales Staatswesen in all der Ratlosigkeit durchsetzen konnte, ist ein größeres Wunder als die »Wiederaufbau«-Phase nach 45. Es gab einige sozialdemokratische brave Männer, den schon erwähnten Glöckel, den großen Anatomen Julius Tandler, der das Gesundheitswesen von Wien zu reformieren suchte, den großen Finanz-Stadtrat Breitner, es gab viel Antisemitismus, vor allem an der Wiener Universität, es gab »schwarze« Korruption, ein Finanzminister verschwand über Nacht, es gab eine bedeutende großdeutsche Strömung, die noch (man sehe sich das in der Zeitschriftenabteilung der Österreichischen Nationalbibliothek an) anno 28 eine Broschüre »Der Anschluß« mit etlichen sozialdemokratischen prominenten Unterschriften herausgab, es gab die Salzburger Volksabstimmung mit Mehrheit für den Anschluß Österreichs an Deutschland. Der Zustand offener Feindschaft des sozialdemokratischen Wien und des schwarzbraunen Rests.

Genug der traurig-bitteren Reminiszenzen! Grund zur Geburtstagsfreude?

Ja! Da ist vor siebzig Jahren ein Unkind in die Welt getreten, hat es schwer mit sich gehabt, man hat's ihm schwer gemacht, aus den Fetzen der Fahne ohne den weißen Mittelstreifen ist eine intakte Fahne geworden. Es ist das Gegenteil von Deutsch, den immer noch virulenten Nationalen zum Hohn. Sie schießen nicht mehr aufeinander, die beiden Lager, sie schimpfen nur noch, sie wimmeln von musischen Begabungen, alle zwei, sie sind voll Anrüchigkeiten, fast so vielen wie die Bundesrepublik Deutschland, wie Frankreich, wie England, ich sage: fast. Sie leben im produktiven Streit, balkanische Älpler, jodelnde Gelehrte, liberale Reaktionäre, kaisertreue Republikaner, rechtsstaatliche Betrüger.

Am Abend des 12. November 1918 ging ich mit meiner Mutter durch die Dunkelheit nach Hause, in den Hunger, in die militanten politischen Auseinandersetzungen, in die Ratlosigkeit, in den permanenten Untergang, in den Fatalismus, in die Unübersichtlichkeit. Die Asche wurde vorbereitet, aus der sich der Phönix erheben sollte. Der einzig dastehende Fall, daß etwas auferstand, das nie gelebt hatte.

SÜDEN

Es war bisher ein Wiener Geburtstag gewesen. Er weitete sich nun nach Süden. Der Herr Landeshauptmann des Bundeslandes Steiermark hatte nach einem Termin fragen lassen. Und wir hatten uns auf den 7. Juni geeinigt.

Wir wollten andrerseits einige Tage der Urlaubserholung unbedingt einschieben, die wir beide dringend nötig hatten, denn im Sommer standen die Nestroy-Festspiele auf der Burg Liechtenstein bevor. Und ich wollte dieses Buch zu schreiben beginnen, aber vorher noch dreierlei zusammenbringen: Der Süddeutsche Rundfunk, mit dem mich eine distanziert angenehme Beziehung verbindet, hatte mich um einen Einstundenvortrag über Karl Kraus und das Judentum gebeten, ich hatte zugesagt, denn da kenne ich mich aus und verfüge als Kraus-Biograph auch über Material. Zweitens wollte der Styria-Verlag von mir einen Text über das Verhältnis der Autoren zum Buchhandel. Die ersten paar Sätze hatte ich hingeschrieben; es ist besser, so etwas zu haben als nur den Auftrag. Aber seither war viel Zeit vergangen, und ich fürchtete, daß ich nicht wieder in die ironische Tonlage dieser ersten Sätze hineinfinden können würde. Und dann, drittens, ein ungeheurer Brocken. Die »Welt« hatte mich gefragt, ob ich über die ersten Bände des Tagebuchs von Arthur Schnitzler für sie schreiben will. Sagen Sie nein auf eine solche Anfrage! Mit dem Arthur Schnitzler verbindet mich eine starke Beziehung, ich habe so oft über ihn geschrieben, ich war ein Wiederentdecker der ersten Stunde, ich hatte auch durch meine Freundschaft mit seinem Sohn eine besondere Bindung an ihn. Nun kann ich normalen Druck in Büchern nicht mit meiner Lesebrille lesen, ich brauche Behelfe, und das ist recht schwierig. Alles Technische ist mein Feind, mit der Schreibmaschine habe ich ein Stillhalteabkommen, mit den Füllfedern gibt es einen stets kündbaren Waffenstillstand. Aber dem Schnitzler-Tagebuch konnte ich nicht nein sagen, ich nahm meine ordinäre Lupe und begann zu lesen. Ich war schon so neugierig auf diese Tagebücher, und sie lehrten mich so vieles. Ich will hier gar nicht damit anfangen, sonst wird das ein Schnitzler-Buch. Aber es waren vier Bände relativ starken Umfangs, und in meiner Ungeschicklichkeit meinte ich, als ich den dritten nach argen Strapazen hinter mir hatte, ich sei fertig. Und merkte erst dann, daß da ein weiterer nichtgelesener war. Und ich war schon so heiß auf die Arbeit an diesem Buch. Da erbarmte sich die Evi, die weiß Gott genug mit sich zu tun hatte und eh eine so treubesorgte Geburtstagsgeburtshelferin gewesen war, und las mir den vierten Band vor. Immerhin interessierte Schnitzler auch sie, er ist für uns eine Art Familienheiliger. Und wenn ich beim Ende der Schnitzler-Tagebuchlektüre bin, muß ich jäh (bei uns sagt man »gach«) den Rückwärtsgang einschalten, denn diese drei Aufgaben liegen noch vor mir, und jetzt wird es Juni auf Mai, und wir begeben uns südwärts.

Eine Institution hatte eine Ausstellung mit Aquarellen von Elfriede Ott geplant und unsere Anwesenheit erbeten. Wir fuhren gegen Mittag südwärts und gelangten in die blühende Stadt Neunkirchen, die man nie durchfährt, außer man will sie persönlich aufsuchen. Es ist immer ein besonderes Erlebnis, in eine geschlossene Runde von Menschen einzudringen, erwartet worden zu sein und nicht orientiert zu sein, wer wer ist. So war es dort, man wußte nicht – ich mit meinen kaputten Augen schon besonders nicht –, da waren die städtischen Honoratioren und die leitenden Herren der veranstaltenden

Bank und die lokale gesellschaftliche Prominenz; aber es war sehr angenehm, nicht steif, das typische Gesumm, das anwächst und einhüllt. Ich bin das Gegenteil von gesprächig, aber es gelang mir – ich weiß nicht mehr, mit wem –, in Gespräche zu geraten. Die Zeit verging gut.

Und dann stiegen wir in den Wagen und fuhren nach Graz.

Und Graz ist ein großes Kapitel dieser – wie nenne ich sie? –, dieser vergegenwärtigten Erinnerungen, verdiente eine extra Überschrift, aber es war ja eben eine.

Als die Erste Republik ihrem Ende zutaumelte, war Graz eine Nebenstadt. Doch ich war neugierig. Ich fuhr einmal ohne besonderen Zweck, ohne Spezialabsicht hin, kam nachmittags an, bummelte herum, schaute, nahm auf, ging abends in das lokale Theater zum »Orlow«, übernachtete, fuhr am nächsten Tag zurück.

Die nächste Phase ist jene, die Graz den Namen »Stadt der Volkserhebung« eingebracht hat.

Gewisse Nachrichten über Österreich konnte man nur erhaschen, wenn man in ein Kaffeehaus ging. In unseren Zeitungen standen sie nicht, wohl aber waren die »Neue Zürcher Zeitung« und das »Prager Tagblatt« in Wiener Kaffeehäusern zu lesen.

Man muß das wissen. Gewiß war Österreich nach dem Februar 34 einem Regime unterworfen, das mit Recht Austrofaschismus genannt wurde, aber der Bestandteil »Austro« ist sehr wichtig. Ich war auf die linke »Weltbühne«, die in Prag erschien, abonniert. Ich hatte sie bis zum Februar 34 in einem schmalen Umschlag zugeschickt bekommen, dann, regelmäßig einmal wöchentlich, in einem Umschlag, der nicht verriet, was er enthielt. Übergetitelt: Faschismus. Es gibt, nebenbei gesagt, aber ich sag's sehr gern, ein ganz außerordentlich ausgezeichnetes Buch »Am Beispiel Österreichs« von Joseph Buttinger, da ist mit minutiöser historischer Akribie die Geschichte der illegalen Sozialdemokratie (der »revolutionären Sozialisten«, wie sie sich nannten) vom Februar 34 bis zum März 38 dargestellt, mit dem völlig geänderten Wechsel von dem einen zum andern Faschismus.

In einer Schweizer und einer tschechoslowakischen Zeitung also erfuhr ich, was sich in Graz abgespielt hatte, eine Ouvertüre zur Machtergreifung vor dem deutschen Einmarsch.

Schnitt – wie die Filmleute sagen; ich war wieder zu Hause, ich hatte mit einem Stück namens »Barabbas« in Wien Erfolg, und ich bekam im Herbst 48 (meine Erinnerungen sind nie präzis, vor allem, was die Daten betrifft) die Einladung, zur Premiere dieses »Barabbas« nach Graz ins Schauspielhaus zu kommen. Ich kam. Es war eine recht gute Aufführung, der Direktor Helmut Ebbs spielte die Titelrolle, sehr respektabel. Nur als im dritten Akt der Krieg ausbrach, und dazu wurde der Einzug der Gäste aus dem »Tannhäuser« gespielt, war diese Passage gestrichen, und als Begründung hörte ich: Graz ist eine Wagnerstadt. Na ja. Als dann aber auch die Musik zu Aases Tod von Grieg wegfiel, wurde ich, was ich so ungern werde, kategorisch und bestand auf meinem Grieg. Da obsiegte ich.

Die Aufführung hatte großen Erfolg. Und alle staunten, denn Graz galt im allgemein herrschenden Vorurteil immer noch als das, was es im Frühjahr 38 gewesen war.

(Nach dem Zweiten Weltkrieg wurden die einziehenden Truppen der Sieger nur zweimal von der Bevölkerung, welche die Straßen säumte, begeistert begrüßt, beide Male englische Truppen: in Hannover, wo einst ein dementsprechendes Königshaus regiert hatte, und in Graz, wo die Briten einzogen, nachdem die Russen dort gewesen waren und nun auf Grund intern alliierter Abmachungen abzogen.)

Ich bekam eine Beziehung zu Graz. Ich begann, die beginnende Bürgerkraft der Grazer kennen- und lieben zu lernen. Sie waren initiativ, sie machten sich stark für die Altstadt, für die Rettung und Renovierung des Schauspielhauses, sie bauten (bauten!) das Café Stadtpark zu einem Kulturzentrum um. Man nannte die Grazer (und ich bitte dringend, diese Charakterisierung richtig zu verstehen, nämlich positiv!), man nannte sie »die Juden der Zweiten Republik«, und ich variierte dieses mir wohlgefallende Diktum, indem ich die Wiener Neustädter die Grazer von Niederösterreich nannte.

Wenn Wiener Theaterkritiker nach Graz kamen, lobten sie die Stadt, und die Grazer waren ihnen böse, weil sie in ihre internen Fehden eingriffen.

Graz ist eine Theaterstadt und eine Musikstadt, sie ist das, was so viele bundesdeutsche Nicht-Hauptstädte sind, Darmstadt, Köln, Nürnberg.

Salzburg ist ein Sonderfall. Salzburg ist wie eine sehr schöne Frau, die verboten gehört, wenn sie dann auch noch gescheit ist. Salzburg war einst eine Zwischenstadt für Touristen aller Art. Und wie in manchen Gegenden der Wintersport den Auftrieb gebracht hat, war es in Salzburg der Mozart. Man fuhr hin, erkundigte sich, was abends gespielt wurde, nahm eine Karte und ging hin. So sah ich als Knabe die Pantomime »Das Mirakel«, ein Reinhardt-Gewächs. Und dann eines Nachmittags den »Jedermann«. Damals gab es den sogenannten Himmelsschreiber, der Worte und Zeichen auf den Himmel malte. Als Jedermann sich seiner höchst verlogenen Verklärung näherte, da sah man am Himmel ein Fragezeichen. Wie schade, daß ich damals noch nicht Kritiker war! Dieses Fragezeichen kam wirklich vom Himmel.

Und dann war ich immer wieder in den verschiedensten Zusammenhängen in Salzburg. In jenem Sommer, als ich das »Mirakel« sah, saßen wir einmal an einem Kaffeehaustisch, mein Onkel und ich, und an diesem Tisch saß auch die Gattin des Stefan Zweig. Wieso sie sich mit uns bekannt machte, weiß ich nicht. Sie hatte auch eine Tochter mit sich, es mag um 1925 gewesen sein. Aber wie komme ich nach Salzburg? Ich war doch von Neunkirchen nach Graz unterwegs, ich habe mich verfahren, das war ein abkürzendes Verfahren. Salzburg kommt erst viel später.

Mit Graz verband mich die kollegiale Freundschaft mit dem großen alten Franz Nabl. Ich hatte als Knabe seine Kindernovelle in der »Frankfurter Zeitung«, die damals noch keine »Allgemeine« war, gelesen. Als ich, gemeinsam mit Elisabeth Pablé, eine Anthologie zusammenstellte, es war 1962, sie hieß »Die gute neue Zeit« und ist vergriffen – was ist denn nicht vergriffen?! –, sie enthielt Erzählendes von Schnitzler bis Kräftner, da schrieb ich ihm nach Graz und bekam einen Beitrag, die ganz großartige Novelle »Der dritte Arm« oder »Griff ins Dunkel«, eine gar nicht altmodisch antiquierte Arbeit. Es begann eine gute Beziehung eines sehr viel Jüngeren zu einem viel älteren Kollegen. Er war innerhalb der Stadt Graz angesehen, aber er lebte doch am Rand. Er hatte etliche Bücher publiziert, die »Steirische Lebenswanderung« zum Beispiel. Ich bemühte mich, Beiträge von ihm bei der »Furche« unterzubringen. Sie wurden gedruckt, aber viel später erfuhr ich von ihm, daß sie nicht bezahlt worden waren. Es war so schwer, ihm zu helfen. So viele Versprechen, nichts gehalten. Es gab ein Stück von ihm namens »Trieschübel«. An den Titel erinnerte ich mich, ich las es, aber ich fand es leider unspielbar. Ein anderes, »Schichtwechsel«, sollte ihm zu Ehren von Grazer Schauspielern mit verteilten Rollen gelesen werden. Das kam nicht zustande.

Nach Nabls Tod spielte das Theater in der Josefstadt das Stück. Man beauftragte mich, es einzurichten, ich ließ mich von Nabls Witwe dazu autorisieren, war dabei überaus pietätvoll, brachte eine dramaturgische Korrektur an, die ich reinen Gewissens verantworte, die Aufführung war bestens geraten und erfolgreich. Ich glaube mich zu erinnern, daß sie vom Fernsehen aufgezeichnet worden ist.

Zu Nabls neunzigstem Geburtstag kamen ein Herr vom Wiener Ministerium, der Kulturlandesrat des Bundeslandes Steiermark, ein nicht sehr spektakulärer Herr als Vertreter der Stadt Wien. Wir saßen, es war Sommer, im Garten, es war stimmungsvoll und würdig. Ich habe zwei sehr alte Herren näher kennengelernt, Franz Nabl und Robert Stolz. Beide waren mit neunzig noch durchaus geistig da. Es kommt, so glaube ich zu wissen, nur auf das intakte oder geschwächte Gehör an. Ich konnte mit Franz Nabl reden, ohne die Stimme ungebührlich zu erheben. Am neunzigsten Geburtstag von Robert Stolz war ich ausersehen, die Festrede zu halten. Ich machte, ehe es soweit war, als wir zwanglos zusammensaßen, einige scherzhafte Bemerkungen, ganz bewußt, ohne die Stimme zu heben; und merkte, daß er lachte. Grazer sind gesegnet mit guten Ohren im hohen Alter. Auch bei Karl Böhm merkte ich keine Schwerhörigkeit.

Franz Nabl sagte einmal zu einem lokalen Reporter, daß er gern den Wolfgang Bauer kennenlernen würde, und der Reporter machte daraus eine Überschrift. Und es ergab sich, daß die ganz Jungen mit dem Uralten zusammensaßen und redeten, und das Fernsehen zeichnete es auf. Die Runde war bemerkenswert, das Gespräch mittelmäßig. Aber welches Fernsehgespräch ist denn so, wie es sein sollte?

Er starb. Er hatte es nicht schwer. Seine Frau, an der er hing, war bei ihm. Ich wurde gebeten, am Grab zu sprechen. Das war damals noch ungewohnt für mich. Und es irritierte mich ganz schrecklich, daß die Politiker, die als Redner vor mir kamen (kein Mitglied der Familie Krainer!), ihn als »deutschen« Dichter bezeichneten. Ich sprach ganz besonders schlecht.

Ich bemühte mich um Frau Nabl bei der Begräbnisfeierlichkeit. Ich war wirklich traurig, aber das soll ja einen Grabredner nicht behindern, sondern eher beflügeln. Rührend war es, daß die Familie aus Schwarzau, wo er die Sommer verbracht hatte, wo wir ihn oft besucht hatten, bei der Beerdigung erschien. Das Volk ist nicht immer tümlich, sagt Alois Brandstätter; diesmal war es.

Und ich besuchte Frau Nabl in der lieben, stimmungsvollen Wohnung und trachtete, ihr begreiflich zu machen, daß die Rechtsnachfolge sehr wesentlich war. Sie war sehr gesprächig, es war schwierig, zu Wort zu kommen. Aber ich setzte mich durch, mußte Zuflucht zu Lautstärke nehmen und sagte: »Es ist ganz wichtig, daß Sie jemanden als literarischen Testamentsvollstrecker testamentarisch einsetzen. Das muß nicht ich sein, das kann der Dr. Urbach oder wer immer sonst sein, aber es muß jemand da sein, der über die Urheberrechte entscheidungsberechtigt ist.« Ich sagte es mindestens zweimal, sehr intensiv. Aber es stand darüber nichts im Testament, und als sie starb, erschien irgendein Neffe und unterschrieb einiges, und die Rechte waren im Kübel. Zwar gibt's im Styria-Verlag die wichtigsten Bücher von Franz Nabl – aber so vieles wäre noch zu veröffentlichen. Wie geht es weiter? Es ist ein Jammer mit den letztwilligen Verfügungen. Bei Karl Kraus war's eine Art Chaos, beim Helmut Qualtinger auch.

Die Steiermark ist die Heimat Peter Roseggers (den man auf der zweiten Silbe zu betonen hat! Überhaupt die österreichischen Betonungen, ein Jammer!), die Heimat Peter Roseggers also und des Kernöls. Das Kernöl ist ein besonderes Öl, das von den Steiermärkern geehrt wird wie der Wein in der Champagne, der Whisky in Schottland. Immer, wenn ich in Graz bin, schenkt man mir (vor allem mein Verlag) Kernöl und, zweitens, Brot. Graz ist eine liebenswerte Stadt, ich bin so gern dort, Graz war in den Nachkriegsjahren eine Stiefstadt. Der Westen war das Lieblingskind, zum Beispiel der Bundesbahnen, in Graz war lange, als es westlich schon blühte, der Bahnhof fast auf freiem Feld. Graz ist selbstbewußt. Ich darf einen Satz von mir zitieren: Man kann sich Österreich ohne die Steiermark nicht vorstellen, wohl aber die Steiermark ohne Österreich. Ich wurde einmal gebeten, die Rede zur steiermärkischen Buchwochen-Eröffnung zu halten, wie ehrend! Ich wurde in die Jury zur Vergebung des neugeschaffenen Peter-Rosegger-Preises berufen. Den ersten hatte die Hilde Spiel bekommen. Ich setzte mich beim zweiten für Felix Mitterer ein. Es ist nötig für ein Jurymitglied, über eine gewisse Schlauheit zu verfügen. So war es, als Pavel Kohout den Preis für europäische Literatur bekam, so war's auch beim Felix Mitterer. Man weiß, wer in der Jury sein wird, man ruft einen von ihnen an und sagt: »Ich wollte Ihnen sagen, daß ich für den X. Y. stimmen werde.«

Ich halte den Felix für den wichtigsten lebenden Dramatiker Österreichs – der Große St. Bernhard möge mir verzeihen. Den halte ich für einen exzellenten Prosa-Autor …

Nachtrag 1989

Ich möchte nicht, daß dies mein letztes Wort über diesen rätselhaften und sehr bedeutenden Autor sei. Daher schalte ich hier, achronologisch, den Nekrolog ein, den ich unter dem Eindruck seines tragischen Sterbens geschrieben und in der Furche veröffentlicht habe:

Er war kein Menschenfeind wie bei Molière, dessen Flucht in die Wüste im Finale noch immer offenbleibt. Er war ein Menschenfeind total, er hat sich selbst in die Wüste begeben, weil dies seine Krankheit war. Woran er gestorben ist, das ist unerheblich.

Ihm geschah viel Unrecht. Er hielt eine Rede im Unterrichtsministerium, und wer sie las, mußte sie extrem, doch durchaus erlaubt finden; doch der Hausherr verließ protestierend den Saal. Er kritisierte, gleichfalls extrem, Bundeskanzler Bruno Kreisky, daraufhin wurde verfügt, daß er nicht im ORF gefeiert werden durfte. Beides war als Reaktion auf einen bedeutenden Dichter und auf freie Meinungsäußerungen höchst unpassend.

Beides muß ihn gekränkt haben. Er war vermutlich sensibel; er hatte vermutlich ein größeres Quantum an Unsicherheit seiner Umwelt gegenüber als der literarische Durchschnitt.

Welcher Dichter freut sich nicht, wenn er geehrt werden soll? Das haben sie ihm verpatzt, und das tat weh und machte aus einem akuten einen chronischen Menschenfeind. Mir tun Menschen, die ich achte, immer leid, wenn ich mir vorstellen muß, daß sie sich kränken. Ich habe einen Aufsatz über Thomas Bernhard geschrieben, um dies auszudrücken.

Ich kannte ihn kaum. Ich bewunderte seine Prosa und hatte kein inneres Ohr für seine Stücke. Aber ich sah in ihm ein Glied in der Kette der österreichischen Patrioten, die züchtigten, wo sie liebten: Karl Kraus (»Ich habe mich mein Leben lang geschämt, ein Österreicher zu sein«), Franz Grillparzer (»Fliehen will ich dieses Land der Erbärmlichkeit, wo Vernunft ein Verbrechen ist«), Helmut Qualtinger – sie alle bewahrheiten das Wort Oscar Wildes: »Jeder mordet, was er liebt.«

Sein Gekränktsein überkompensierte alles. Rücksicht wurde ihm fremd. Er bewahrte sich einen Rest von Dankbarkeit gegenüber dem Verleger Wolfgang Schaffler, der in rührender, beispielloser Manier seine finanziellen Verhältnisse überwachte. Er lebte einsam, er arbeitete rastlos, er schlug um sich, in Prosa und Drama, und scheute die Einbeziehung lebender Zeitgenossen in seine Werke nicht. Er wurde zum Thersites, über den man aber nicht lachen konnte.

Nun ist wieder ein österreichischer Dichter-Tod zu betrauern, so bald nach Erich Fried, der auch ein genialischer Abwerter war, und ein Österreicher gegen Österreich. Man stirbt zu jung heute, als österreichischer Autor: Bernhard, Fried, Friedl, Mauthe, Eisenreich, Qualtinger, Fritsch, Haushofer, Zand, Kräftner, Laaber, Buchebner, Bayer – bis hinauf zu Horváth.

Nun ruht er in Grinzing bei Gustav Mahler, Heimito von Doderer. Und selten hatte für mich der alte Gebetsspruch

»Herr, gib ihm die ewige Ruhe« solch eindringliche Bedeutung. Ewige Ruhe – er braucht sie, denn er hatte so wenig.

Von wo war ich abgesprungen? Vom Felix Mitterer. Dorthin spring ich gern zurück. Der Felix hat den Roseggerpreis bekommen, ich habe in Graz die Laudatio gesprochen, das war schön. Wien ist meine Heimat, Maria Enzersdorf ist meine zweite Heimat, und jetzt weiß ich nicht, ob Graz die dritte und Salzburg die vierte Heimat ist, oder umgekehrt.

Diesmal aber im Geburtstags-Kielwasser war Graz nur Übernachtungsstation. Am nächsten Morgen fuhren wir über die Pack, die jetzt segensreicherweise Autobahn ist, was nur insofern schade ist, als der wunderschöne Weg über die Soboth der Vergessenheit anheimfällt, wir fuhren nach Kärnten, wo die Autobahn allmählich bei Wolfsberg – Völkermarkt zuwächst. An Klagenfurt vorbei, von dort wieder Autobahn, die wunderschöne oberhalb des Wörthersees, nach Villach ein Stückerl Richtung Italien, dann rechts in das Gailtal, auf gewundener Straße nach Hermagor – welch ein Name im österreichischesten Österreich! (Kinder, Namen gibt's bei uns: Hermagor, Apetlon, Gloggnitz, Igls, Fischamend, Rekawinkel ...) – und von dort nicht mehr weit, sanft aufwärts: »Welch ein angenehmes Tal«, sagt Lottchen in Raimunds »Mädchen aus der Feenwelt«. Und wo dann schroff die Straße und schwindlig jäh Richtung Weißensee ansteigt, befindet sich Weißbriach, ein kleiner Flecken, der wohl in absehbarer Zeit zum Wintersport verdammt sein wird, der aber jetzt noch fast idyllisch ist, weithingebreitet, hügelig und ausgestattet mit unserem uns sehr ans Herz gewachsenen Kneipp-Kurhaus, wo wir immer wieder sind, und wo es ein Nebengebäude gibt, zu ebener Erde ein Zimmer mit Ausgang auf eine Art Kleinwiese mit einer gedeckten altmodischen Laube, wo man an einem Tisch sitzen und Maschine schreiben kann, während die arme Evi beim

Spazierengehen allein gelassen wird, aber sie hat ja wenigstens einen oder beide kleinen Hunde mit sich, Stasi, die blonde, und Tiny (sprich: Teini), die schwarze.

Dort kann man hallenbaden, massiert werden und sonst noch allerlei Kneippisches.

Ein großer Reiz des Aufhaltens in Weißbriach ist ein Platz, der – apropos seltsame Ortsnamen – Tschabitscher genannt ist, fast tausend Meter Seehöhe, ein Ferienhof, Restaurant und Fremdenzimmer, an einer herrlichen Wiese. Wir haben unsere Liegebetten mit hinausgenommen und Sitzgelegenheiten und manchmal die Schreibmaschine. Eines meiner Bücher, allerdings mein ganz kleines »Man derf schon«, hab ich dort der Evi diktiert, die jungen Wirtsleute haben ein Töchterl bekommen, dem man beim Wachsen hat zuschauen können, sie kochen gut, es ist eine Art Paradies innerhalb des Paradieses Kärnten.

Wir hatten zehn Tage Urlaub, dazwischen schob sich der Grazer Termin. Wir waren frech und fragten und erhielten ein Ja zur Antwort. Und es holte uns am 7. Juni der Wagen des Herrn Landeshauptmanns aus dem tiefsten Kärnten und fuhr uns höchst angenehm nach Graz, dort war ich beim Raseur angemeldet, dann wurden wir auf die Burg gefahren. Dort war in einem schönen hellen Saal eine große Zahl von Menschen. Es atmete Festlichkeit. Ich hatte einen Text erbeten, den ich gern vorgelesen gehört hätte; aber es kam zu diesem Text noch ein sehr charmanter Beitrag, indem der Herr Landeshauptmann einen Text von mir vortrug, den er als junger Mann kennengelernt hatte. Der Herr Landeshauptmannstellvertreter Prof. Jungwirth rühmte mich. Die eigentliche Laudatio sprach Herr Generaldirektor Dr. Hanns Sassmann vom Haus Styria, und ich kann nicht umhin, seine Rede als rhetorische Meisterleistung zu bezeichnen. Ich bin ihm neidisch.

Und es wird mir, nicht erst im Rückblick, es war mir schon lange fast rätselhaft, wie ich, banal gesagt, dazu komme. Ein Preis – ja. Ein Orden – wieso eigentlich? Eine Fülle von Ehren? Wieso? Mein Verlag tut mir Gutes, aber so exzessiv? Ich habe ein Buch über Österreich geschrieben, eine Liebeserklärung, und damals war das etwas Neues, und der Herr Dr. Bruno Kreisky, damals verantwortlich für Äußeres, hat mir sagen lassen, daß dieses Buch ihm recht war. Ich hab ein zweites Österreich-Buch geschrieben »Flucht vor der Größe«, ja, gut und schön, ein fleißiges, vielleicht ein wichtiges Buch, wohlrecherchiert, wie auch das Karl-Kraus-Buch, aber war es das? Ich hab Molière übersetzt, dafür verdiene ich einen französischen Orden, den haben sie mir auch umgehängt. Ich war sehr unermüdlich als Publizist, ich habe viele Wiener Bürgermeister beschimpft und verhöhnt, ich war eine Wanzen, eine Pippen, ein Rohrspatz, ich habe das Burgtheater verhöhnt, das Verlagswesen, die Salzburger Festspiele. Dies alles war pointiert, manchmal in raren Augenblikken geschliffen, ich habe mich für Kolleginnen und Kollegen eingesetzt bis zur Demagogie, ich habe das Österreichische Wörterbuch, einen höchst offiziellen Behelf, polemisch vernichtet, ich habe die Galionsfigur der Linkskatholiken, den Friedrich Heer, offiziell nicht leiden können, und erst als ich sah, wie krank er war, seinen Arm genommen und Sympathie gezeigt, ich habe im Radio den Satz gesagt: »Ich bin nicht gegen die beiden Parteien, mir ist die eine wie die andere sympathisch, je nachdem, mit welcher ich gerade zu tun habe, da ist mir immer die andere sympathisch.« Und dieser Satz hat mich meine Sendungen »In den Wind gesprochen« gekostet. Ich bin als Mitarbeiter des »Kurier« hinausgeflogen, als Mitarbeiter der »Welt am Montag« hinausgeflogen, als Mitarbeiter der Zeitung »Neues Österreich« hinausgeflogen, ich bin vom Bundestheaterchef Dr. Egon Hilbert perhorresziert worden, von sehr vielen Burgtheaterdirektoren, der Österreichische Rundfunk hat mich jahrelang nicht zur Kenntnis genommen ... und jetzt steh ich in der Grazer Burg in einem schönen hellerleuchteten Saal. Und ich denke daran, daß ich im Sommer 1945 mit einem Rucksack und einem Koffer in Wien angekommen bin, ohne Geld, ohne Position, kaum bekannt, außer bei einigen alten Freunden. Verdiene ich die Ehren, weil ich einer war, der hinausgeworfen wurde (jetzt meine ich die NSDAP!), weil ich, wie man bei uns sagt, nicht zum derbeleidigen war, weil ich einen Schutzengel mein eigen nannte, der mich bestärkte als Neinsager und Jasager?

Ich sitze in dem schönen hellen Saal in der Grazer Burg, um mich herum die Kolleginnen und Freunde, die Frau vom Herbert Fleck, die Ruth Barg, die Friederike Kraßnig, die Andrea Wolfmayr, der Willi Kandlbauer, der Alois Hergouth, Herr und Frau Professor Pirker, und ich kann so wenig für sie tun, höchstens freundlich sein, höchstens sagen, daß ich an sie glaube, höchstens Vorwort über Vorwort schreiben, bekommt man dafür einen hohen steiermärkischen Orden? Mir war so warm ums Herz in der Grazer Burg. Ich weiß ja, wie schwer es gerade dieses Bundesland heute hat, namentlich das verödende nördliche Industriegebiet. Und gerade dort wachsen jetzt die Dichterinnen und Dichter.

Beim Hinuntergehen kam eine Gruppe junger Leute gleichzeitig mit uns. Sie blieben stehen und sangen chorisch das Erzherzog-Johann-Lied.

Und wir wurden am nächsten Tag vom Wagen des Herrn Landeshauptmanns nach Kärnten zurückgebracht und hatten noch ein paar gute Tage, bis in Maria Enzersdorf die Proben zum »Mädl aus der Vorstadt« begannen.

WESTEN

Ich hatte es schon mehrfach läuten gehört, daß mir auch ein Tiroler Orden bevorstehe, aber ich hatte nicht recht drauf gehört, denn das erschien mir nun doch zu weit hergeholt. Tirol auch noch?

Ich war in guten Beziehungen zu diesem geheimnisvollen Bundesland, das man nicht ausloten kann, wenn man nicht lange dort lebt, das ein erratischer Block innerhalb unserer Republik ist, das landschaftlich so besonders ist, dessen Sprache unverwechselbar ist.

Ja, Sprachen! Wenn ein Schweizer Schauspieler im Schweizer Radio einen Appenzeller oder einen aus dem Jura oder sonst einen Landsmann zu sprechen hat, von den gängigen Tonfällen Basel, Zürich, Bern-Stadt, Bern-Land zu schweigen, dann muß er diese Sprechweise authentisch beherrschen, und das gehört sich. Wir deuten bei einem Tiroler das »kch« an, wir verkörpern einen Vorarlberger, indem wir ein ungeschicktes Schweizerdeutsch hervorbringen, wir sind in dieser Hinsicht ganz und gar, rundum, gedankenlos und inkompetent, und ich höre, wenn ich zum Beispiel Tiroler höre, genau, wie's zu sein hätte, aber ich bin nicht begabt, dies zu produzieren. Der Helmut Qualtinger war auch darin ein Meister, er konnte zum Beispiel einen Vorarlberger akustisch porträtieren; und der verstorbene Richard Eybner konnte die verschiedenen Wiener Gegenden in ihrer Aussprache glänzend imitieren.

Die Maria Enzersdorfer Festspiele waren erfreulich gut zu Ende gegangen. Meine Arbeiten waren weitergekommen, einige Urlaubstage waren indiziert, vor der großen Herbstflut von Arbeit.

Und ich sehe – das ist jetzt eine Parenthese, aber eine ganz besonders wichtige, entscheidende –, daß es keine historische Wahrheit, keine Präzision geben kann. Das menschliche Gedächtnis ist ein Sieb, und die Vormerkungen im Terminkalender sind Hausnummern.

Ich merke, daß ich am Nachmittag des 31. Mai in der Bücherabteilung des Warenhauses Gerngroß Bücher signiert habe, und da in meinem Kalender »Linden 15« steht (das ist der Parkplatz des Hauses Lindengasse 15), ist mir das nicht aufgefallen, und weder ein Forscher noch ein Kriminalist könnte mit diesem »Linden 15« etwas anfangen. Vorher schon hab ich erlebt, daß Tatsachen, die mich betreffen und die ich genau gewußt habe, von Germanisten unrichtig wiedergegeben, nicht verstanden wurden. Wie soll man Quellen würdigen, noch dazu wenn da, wie bei mir, eine gräßliche Handschrift Schwierigkeiten macht?

Ich sehe zum Beispiel, daß ich am 20. August abgeholt wurde und in das Stift Altenburg, Niederösterreich, gebracht wurde, das ein höchst reizvoll revitalisiertes niederösterreichisches sakrales Bauwerk ist, mit zwei wundervollen Sälen, wo ein allsommerliches Internationales Kammermusikfestival Waldviertel abgehalten wird, im Zentrum eines Gebiets, das von Musik durchsetzt ist, wobei für mich so eindrucksvoll war, daß die Festivalatmosphäre und das Klosterleben ineinander griffen und nebeneinander liefen. Das Kammerorchester der vortrefflichen Niederösterreichischen Tonkünstler ist der Hauptklangkörper, die neue Musik ist in die alte und in die klassische eingebettet, das Collegium Musicum Pragense gastierte. Ich bat um ein Zimmer, legte mich auf eine Couch und ruhte und konzentrierte mich und hielt dann den »Festvortrag«, um den ich gebeten worden war, und ich hoffe, er ist mir gelungen. Die Menschen sind immer so überrascht, wenn ich als Literat eingeladen bin und dann relativ professionell über Musik spreche.

Ein chronologischer Sprung rückwärts: An meinem hier so strapazierten Geburtstag, 29. Mai, war ein Abonnementkonzert der Wiener Philharmoniker angesetzt; ich hatte mich über diese Terminkonstellation sehr gefreut, denn was gibt es für einen wie mich Besseres, als einen Geburtstag so zu feiern?! Doch dann kam die Josefstadt-Matinee, und ich schrieb dem Herrn Vorstand einen liebenswürdigen Brief, um mein Fernbleiben zu rechtfertigen. Und es kam ein zauberhafter Antwortbrief des Herrn Vorstands – wer bin ich, daß man so zu mir ist? –, Bedauern, doch gleich die Ankündigung, daß im Herbst das erste Abonnementkonzert die Sechste von Mahler unter Leonard Bernstein bringen werde. Und es schwamm und schwebte die Vorfreude auf diesen Vormittag am 25. September mit. Bernstein ist mein Liebling unter den noch lebenden Dirigenten, und Mahler ist eine lebenslange Herausforderung, eine stürmische Liebesbeziehung zwischen dem Hohelied und Strindberg.

Mit Strindberg verbindet mich neben meiner großen Verehrung eine lustige Erinnerung. Am Mondsee liegt eine Villa, und dort war eine Operngruppe stationiert, die für eine Tournee probte. Eine muffige, hexenartige alte Dame war die Besitzerin und wurde von den Mietern als »Frau Strindberg« bezeichnet. Ich besuchte meine Freunde und blieb ein paar Tage bei ihnen. Das »Frau Strindberg« hielt ich für einen gut erfundenen Spitznamen. Doch dann erfuhr ich, daß der Name stimmte und daß die alte Dame die Gattin August Strindbergs, geborene Uhl, war.

Ich freute mich auf jedes philharmonische Konzert, und ich bin stolz auf dieses Orchester, als wäre ich seine Mutter. Sie hatten eine Tournee nach Israel unter Bernstein hinter sich und waren dort bejubelt worden, was durchaus nicht selbstverständlich war und was, ebenso wie die späteren Triumphe, auch mit der Sechsten von Mahler in New York, dem getreuen Leonard Bernstein zu danken ist, der zwar dem Staat Israel treu ist, darf er ja, doch auch der Stadt Wien. Ich habe heute meinen geschwätzigen Tag. Ich muß zitieren, was ich einmal über Leonard Bernstein gesagt habe. Ich begann meine Rede, die einige Preisgekrönte umfaßte, mit der Erzählung eines Witzes. Ein Besucher erkundigt sich bei dem Wärter eines zoologischen Gartens nach Bedingungen der Haltung von Raubtieren. »Der hat ein' Käfig, der zweimal im Tag ausgewaschen wird, der kriegt Fleisch, mehr als genug, einen Riesenkübel Wasser – wo hat er denn sowas im Dschungel?« Und dann lobte ich den Maler, der den Preis bekommen hatte, und die anderen Preisgekrönten und kam schließlich zu Bernstein und fragte mich rhetorisch, warum er sich in der Wiener Staatsoper gerade den »Rosenkavalier« ausgesucht hatte, und pries die Fülle der Walzermelodien, die nirgends sonst so klangen wie hier, und schloß meine Laudatio mit: »Wo hat er denn sowas im Dschungel?«

Blöde Geschwätzigkeit übereinand'!

Die Einladung des Landes Tirol war inzwischen gekommen. Sie wollten mich am 27. September um 17 Uhr im Landhaus ehren. Kinder, Kinder!

Und wir gingen in das Konzert und stiegen dann in den gepackten Wagen, an einem Tag, wie es ihn schöner nicht gibt, wie es ihn eigentlich gar nicht geben durfte. Wir hatten uns für Igls entschieden, wir fuhren durch den noch gar nicht herbstlichen Wienerwald, wir machten halt in dem von uns bevorzugten Rasthaus »Mostviertel«, wir fuhren im Bewußtsein, daß es egal war, wann wir ankamen, wir fuhren mit der Sechsten von Mahler in uns, und ich hatte die ersten beiden Sätze in mir und hätte am liebsten sofort ein Buch über Gustav Mahler geschrieben, der so österreichisch ist mit seiner Hineinnahme des

Jahrmarkts und der Militärmusik in die symphonische Musik, dessen Trauermärsche man zum Unterschied von Beethoven und Chopin wirklich bei einem dörflichen Begräbnis spielen könnte (Fünfte), der zum Vater einen jüdischen Schnapsbrenner hatte und der sich an seine Wahlheimat so innig anschloß, mit »Des Knaben Wunderhorn« und Nietzsche und Faust und Veni Creator Spiritus, der die Welt für unseren Kirtag und unsere Märsche erschlossen hatte. Felix Mendelssohn Bartholdy war ein evangelischer Deutscher, der den deutschen Wald und den Shakespeare-Wald unsterblich besungen hat, und Mahler war ein konvertierter Israelit (wie soll ich's anders nennen?), der Österreicher wurde, »tiefer als der Tag gedacht«.

Als einmal die Umbaupause vor dem letzten Bild im »Fidelio« überlang zu werden drohte, sagte er: »Spielen wir hier die dritte Leonoren-Ouvertüre!« Und sie wurde an dieser Stelle gespielt, bald auf der ganzen Welt. Nur als Felix Weingartner Direktor der Wiener Oper geworden war, nahm er sie von dort weg. Und die Zeit verging, Weingartner war ein großer Feind der Gegenseite im Ersten Weltkrieg und wurde Leiter der Wiener Volksoper und dann, als Österreich sich seiner apokalyptischen Phase näherte, zum zweitenmal Direktor der Wiener Oper. Und er setzte »Fidelio« an und spielte die dritte Leonoren-Ouvertüre als konzertanten Auftakt des Abends und dann »Fidelio«. »Ganz a schöner Starrsinn!« heißt es in einem jüdischen Witz, aber den erzähl ich jetzt nicht.

Wir fuhren an Salzburg vorbei. Wenn man weiß, daß es dort liegt, muß man nicht dort Station machen. Es gehört einem, auch wenn man nur die Skyline der Berge im Vorbeifahren grüßt.

Dann über die Grenze, dann durch das bayrische Land, wo noch links der Untersberg sich dem Auge empfiehlt, dann durch Reizloses; wie reizlos, ach, ist

Deutschland so weite Strecken lang, nicht nur hier, auch viel nördlicher … Und dann zeigt sich der Inn, der aus Tirol kommt, und man fährt ihn entlang, bald werden Bergsilhouetten charakteristischer, bald ist man in Kufstein, tritt in das Land Tirol ein, folgt dem Inn, wenn er dann sein Knie macht und ostwestlich verläuft. Da ist's schon finster, doch man ist schon so oft hier gefahren, daß man sich in der Landschaft zu Hause fühlt.

Einfahrt – eigentlich Ausfahrt – Innsbruck. Ein wenig desorientiert, man sucht den Einstieg hinaus Richtung Igls – da muß es in der Nähe sein, bei dem Sportplatz, den man vom Fernsehen kennt. Dann ein Schild, eine Tafel, dann aufwärts, dann sehr hoch ansteigend, dann die Orte, die auf S enden, Lans, Sistrans, Igls, dann ein Ort, nicht mehr sehr wach, aber das Hotel ist zu finden.

Am nächsten Morgen die Vorhänge vor dem Fenster wegschieben. Und da ist diese Landschaft, so fast schmerzhaft hell und klar konturiert, das muß der Patscherkofel sein und dort drüben die Nordkette. Wie kann man ohne diese Landschaft leben, wie konnte man sie entbehren?

Der Gran Canyon mag seine Reize haben, den Golf von Neapel kenne und schätze ich, das Engadin, vor allem oberhalb von St. Moritz, ist ganz unsagbar herrlich, das Engadin ist Bach, aber Tirol ist Mozart für mich. Zu Bach sehe ich auf, vor Mozart knie ich.

Ich lebte mit meiner Mutter, sie wollte ihren Bruder sehen, den Ingenieur, der bei den Saurer-Werken in Arbon am Bodensee arbeitete. Meine Mutter erwirkte für mich Schulfreiheit, und wir fuhren westwärts, im Schlafwagen. Ich war etwa siebenjährig, hatte keine Reisen hinter mir außer Aufenthalten in Grado, zwei Vorkriegssommer, weil meine Mutter mich »abhärten« wollte (sagt man das heute noch?) und mich in den Sand von Grado einpackte. Ich erinnere mich dunkel an Grado, nicht mehr an die Reisen. Und nun wachte ich auf und sah durch das

Fenster des Schlafwagens im Vorfühling schneebedeckte Berge, es war wohl das Inntal, und es war ein gewaltiger Eindruck. Ich versuche zu sagen: ein prägender Eindruck. Ich lernte den Bodensee sehen, ich hörte das erste Schweizerdeutsch, ich war auch am Zürichsee vorübergefahren. Aber Tirol war von nun an sehr wichtig. Wir waren dann, viel später einmal, zur »Sommerfrische« (das sagt man heute nicht mehr) in einer Pension oberhalb von Matrei am Brenner. Da war ich etwa sechzehn, und ich erinnere mich an einen Aufenthalt in Innsbruck und an eine prachtvolle Konditorei namens Schindler. Und dann waren Freunde von mir in Lans, und ich suchte sie dort auf und schwamm im Lanser See, und das war unvergeßlich. Ein warmer (Moor-)See mit dem Blick auf das Hochgebirge. Es war so unvergeßlich, daß ich, als ich dann im Exil war, zu meinen Träumen von der Rückkehr neben dem Josefsplatz, neben Salzburg, neben dem Großen Musikvereinssaal und manchem andern das Baden im Lanser See träumte.

Schnitt: Wir kamen 1945 über Vorarlberg mit der schon bestens funktionierenden Bundesbahn nach Innsbruck, die Brücke über den Fluß Ötz war behelfsmäßig instand gesetzt. Wir hatten ein Quartier in der Stadt Innsbruck, erkundigten uns, es gab eine Straßenbahn, die es noch heute gibt, wir fuhren in der übervollen Straßenbahn bergauf, stiegen in der Nähe des Lanser Sees aus, hatten unsere Badeanzüge bei uns. Etwa eine knappe Woche nach der Grenzüberschreitung schon ein erster verwirklichter Traum.

Am Innsbrucker Landestheater, dem ersten österreichischen Theater auf der Rückkehr-Route, spielte man »Liebelei« mit Paula Wessely und Attila Hörbiger und Gustav Waldau, den wiederzusehen auch eine Traumwunscherfüllung war. Der Direktor des Hauses, der erfuhr, daß ich aus der Schweiz gekommen war, begrüßte mich: »Was, Sie kommen aus der Schweiz und haben mir nicht das ›Dreimäderlhaus‹ mitgebracht?« Da beschloß ich, Kulturkritiker zu werden.

Man ist in solchen Situationen ungenierter als vorher und nachher. Wir besuchten das Ehepaar Wessely-Hörbiger, auch das war eine Traumwunscherfüllung, und wir besuchten Ludwig Ficker, dem wir immerhin einen Gruß eines Freunds aus der Schweiz mitzubringen hatten.

Viel später saßen wir einmal an einem schönen Tag vor dem Mühlauer Friedhof, wo Trakl und Ficker ruhen, mit Lilly von Sauter, der großen, der größten Freundin und Kollegin, der fraulichsten Frau, die je mit Literatur zu tun hatte, der besten Französisch-Sprecherin, die ich kannte. Sie war Wienerin, aber in Innsbruck verheiratet, Mutter zweier wohlgeratener Söhne. Wenn man alle drei Generationen zusammenzählte, war sie berechtigt zu sagen: Wir sind eine Fußballmannschaft. Sie war in das Innsbrucker Kulturleben integriert, arbeitete für das dortige »Institut Français«. Und dann wurde sie die Leiterin der weltberühmten Sammlungen auf Schloß Ambras – auch in der Gegend von Igls, Lans –, die dem Staat Österreich unterstellt waren, lebte dort ihr reiches Gelehrtenleben. Sie war Doktor der Kunstgeschichte. Sie war das Gefälligste, Gütigste, sie war eine gute, eine geliebte Mutter. Der jüngere Sohn baute ein Haus auf großer Höhe am drüberen Ende der Europabrücke, dort war ihr Alterssitz liebevoll geplant, aber es kam nicht mehr dazu. Sie starb sehr jung, relativ jung, man sah ihr das Kranksein an. Ich wurde informiert, ich besuchte sie; aus ihrem Gesicht leuchtete die Flamme der Krankheit. Ich empfahl ihr ein Mittel, das ich kannte und das die Folgen der Antibiotika, die sie nehmen mußte, linderte. Ich ging in die Apotheke und nahm die größte Flasche, die für Jahre gereicht hätte. Man ließ mich aus Gesundheitsgründen nicht zu ihrem Begräbnis in Seefeld, wo sie in einem schönen Haus gelebt hatte. Dort war ich oft zu Gast. Ich bat die »Salzburger Nachrichten«, ob ich einen

Nachruf schreiben dürfe. Sein letzter Satz war: »Wenn gute Taten lebendig bleiben, ist ihr das ewige Leben sicher.«

So war ich durch die kollegiale Freundschaft an Innsbruck, an Seefeld, an Tirol gebunden. Und als, viel später, der Diogenes-Verlag seine »... für Anfänger«-Reihe darbot, als Wien schon vergeben war und ich »Blödeln« schon geleistet hatte, bewarb ich mich um Tirol. Damals lebte der ältere Sauter-Sohn noch dort, seither ist er als gesuchter Hochrang-Physiker irgendwo in der Welt, in einem der »Länder, wo nicht Berge sind«. Ich schnitt zehn Tage aus meinem Terminkalender und bat darum, von der Lilly-Schwiegertochter in ganz Tirol herumgefahren zu werden. Dies war sehr wohlgelungen, zugleich umgab ich mich mit historischen Quellenwerken. Und dann schrieb ich das Büchlein »Tirol für Anfänger«, Paul Flora illustrierte es, die dortigen Buchhändler freut es.

Paul Flora, ein Freund, ein Bindeglied auch mit dem Diogenes-Verlag, der ihn bestens präsentiert und managt (Gruselwort), den ich liebe und von dem ich eine Anekdote erzählen muß, die ebenso unwahr ist wie alle Anekdoten: Ich wollte ihn besuchen, rief an und fragte nach der genauen Adresse. »Fahren Sie auf die Hungerburg«, sagte er oder seine lustige Gattin, »fragen Sie, wo der Flora wohnt, den kennt dort jedes Kind.« Ich fuhr hinauf, stieg aus und fragte ein Kind: »Bitte, wo wohnt der Paul Flora?« Das Kind sah mich an und sagte: »Leider, das weiß ich nicht, Herr Weigel.«

(Variante eines alten Anekdotenmotivs von der Popularität. Der Kaiser Franz Joseph geht mit Alexander Girardi auf der Ischler Esplanade spazieren, und ein Passant fragt: Wer ist der alte Offizier, der mit dem Girardi spazierengeht?)

Ich liebe den Paul Flora, er war ein Mann der ersten Stunde in Wien nach 45, ein reifer Künstler – woher er das im Krieg genommen hatte, ist eine Mischung aus Rätsel und Wunder.

Ich liebe Karl Schönherr, den man ins Irische übersetzen und dann ins Deutsche übersetzen müßte, damit er bei uns geschätzt wird. »Der Judas von Tirol«, »Erde«, »Glaube und Heimat«, »Sonnwendtag«, »Der Weibsteufel«, »Frau Suitner«, lauter Meisterwerke, und mein lieber Felix Mitterer ist ein großer neuer Tiroler Dramatiker, und ich bin stolz auf ihn und sehr befreundet mit ihm und seiner begabten malenden Ehefrau Chryseldis.

Ich liebte die Exl-Bühne, professionelle Volksschauspieler tirolischer Art, die mit Schönherr verbunden waren wie Louis Jouvet mit Giraudoux, die einige sehr gute und zwei grandiose Mitglieder hatte, die Ilse Exl, die so tragisch jung gestorben ist, und den alten Eduard Köck. Als sie in Wien gastierten, saß ich oft nach der Vorstellung mit ihnen in einem Beisel in der Lerchenfelderstraße.

Sie wären es wert gewesen, zu dauern. Ich schrieb einen offenen Brief an das Land Tirol und die Stadt Innsbruck, den eine dortige Zeitung abdruckte, doch er nützte nichts. Über Raimund Berger, den anderen Tiroler legitimen Dramatiker, muß ich mehr sagen als ein paar positive Worte.

Es war im Institut für Wissenschaft und Kunst, das damals vor sich hinstagnierte, eine Diskussion, wie sie halt so oft sind, und man geht halt hin, aber man weiß im voraus: Es wird nix.

Diese aber wurde. Ich saß gelangweilt da, während der wackere Edwin Rollett referierte, irgendwas im Zusammenhang mit österreichischer Literatur. Und dann kam ein junger Dramatiker und reklamierte es, daß man mehr österreichische Dramatiker, lebende, spielen sollte. Ich kannte alle, die da in Betracht kamen, damals, und wußte, daß es, leider, keine gab. Und ich meldete mich zum Wort und fragte ihn, welche Dramatiker er meinte. Da begann er zu stammeln, und das war schon eine kleine

Rechtfertigung des Abends. Und dann meldete sich eine Dame und fragte mich: »Kennen Sie die Stücke von Raimund Berger?« – Ich verneinte und verabredete mich mit ihr nach der Veranstaltung.

Sie war die Tochter von Alfons Petzold, des liebenswerten »Arbeiterdichters«, lebte als wohlsituierte Frau in Kitzbühel. Welcher Schutzengel hatte sie in diese kleinkarierte Veranstaltung gebracht?

Raimund Berger hatte vor Jahren einen Wintersportunfall gehabt und war von Ärzten verpatzt worden. Er konnte stehen, er konnte liegen, aber er konnte nicht sitzen. Eine Art Liege war für ihn konstruiert worden. Er war sehr liebenswert und dauernd in ärztlicher Behandlung. Ich las zwei dramatische Manuskripte, ein etwas verblasenes poetisches, »Papierblumenfrühling«, und ein reguläres, »Die Helden von Albeville«, ein geistreiches historisches Lustspiel von Mitläufern in einer historischen Situation in Frankreich. Diese Komödie war unbedingt spielbar. Ich hatte damals eine Kolumne in der »Welt am Montag«, schrieb, daß ich endlich einen Dramatiker entdeckt habe und ein spielbares Stück. Und als die Notiz erschienen war, riefen alle österreichischen Theater mich an und erbaten das Manuskript.

Es gab damals einen Preis des Unterrichtsministeriums für die Uraufführung eines österreichischen Dramatikers. Wieso Graz dann die Uraufführung spielte, weiß ich nicht mehr. Grazer Kammerspiele. Eine sehr anständige Aufführung. Als es vor dem Aufgehen des Vorhangs dunkel wurde, öffnete sich die Tür hinten, und Raimund Berger kam auf seinem Apparat herein und sah die Vorstellung von dort aus. Ein Erfolg, wenn auch nicht spektakulär.

Er war keine sensationelle Neuentdeckung, aber er konnte sich als Autor fühlen, nicht als lebenslänglicher Patient.

Ich wurde sein Freund, ich nahm ihn einmal ins Café

Raimund mit, wo er neben unserem Tisch stand, irgendwo gibt es ein Photo.

Ich will hier nicht die Geschichte ausführlich erzählen, die steht in »In memoriam«. Und es ist überhaupt nicht sehr angenehm für mich, wenn ich mich in diesem Buch manchmal wiederholen muß.

Ein Stück von ihm liebe ich besonders, es ist großartig und verdiente es, wiedererweckt zu werden: »Die Ballade vom nackten Mann«. Ein Mann ist nackt und wird in den verschiedensten Zusammenhängen daraufhin angesprochen, als Modell eines Malers, als Besucher einer Faschingsveranstaltung etcetera etcetera, nur daß er Hunger haben könnte, danach fragt niemand. Schwer zu spielen. Eine Hörspielfassung des Wiener Senders Rot-Weiß-Rot kam der Perfektion sehr nahe, aber sie konnte nicht aufgefunden werden. Raimund Berger hatte in der lebensreformerischen Anstalt des Herrn Dr. Müller eine Frau kennengelernt, er hatte sie geheiratet. Er wollte mit ihr leben und kam auf eine sehr passende Möglichkeit in Küb (Semmeringgebiet). Doch weil das die sowjetische Besatzungszone war, weigerte sich die Ehefrau, dorthin zu ziehen, was damals ganz und gar lächerlich war.

Die Gruppe um das Kellertheater »Kaleidoskop«, damals meine Freunde, Leiter Dr. Helmuth Matiasek, heute Gärtnerplatztheater, damals verheiratet mit Felicitas Ruhm, die ich ganz zu Anfang dieses Buchs schon erwähnt habe, sie wollten die »Ballade vom nackten Mann« spielen, hatten schon, glaube ich, »Papierblumenfrühling« gespielt. Ich redete mit ihnen über den Stückschluß der »Ballade«, sie wollten dem Autor einen Vorschlag machen, schrieben ihm, aber leider nach Küb, wo er nicht mehr war, und so ging der Brief verloren und die »Ballade vom nackten Mann« ist im »Nichtgewesensein« versunken. Immerhin hat der liebe Dr. Otto Breicha, der sich auch des frühvollendeten Kurt Absolon und der frühvollendeten Hertha Kräftner tatkräftig angenommen hat, ein Raimund-Berger-Buch ediert, und dieses ist natürlich vergriffen, doch immerhin in Bibliotheken zu finden.

Als er gestorben war, ließ man mich wieder einmal nicht zum Begräbnis fahren. Sehr rücksichtsvoll, gewiß, aber es tut mir sehr leid um den fehlenden Schlußpunkt meiner Erinnerungen an meinen lieben Raimund Berger. Sein Vater starb bald nach ihm, und in der Todesanzeige hieß es, unsagbar rührend, er sei seinem Sohn gefolgt. Zweierlei, nein, dreierlei Berichte gehören aber unbedingt hierher. Er wurde am Wiener Volkstheater aufgeführt, ein sehr hübsches Stück »Der Schelm von Limburg«, ursprünglich »Jupiter und Jo«. Und ich bewirkte es, daß er kurz vor dem Stückschluß zur Hinterbühne kam, dort aus seiner fahrbaren Liege ausstieg und mit den Schauspielern Hand in Hand sich dem Publikum zeigte.

Nach dieser Premiere waren wir mit dem Herrn Dr. Hohenauer, dem Kultur-Bevollmächtigten des Bundeslandes Tirol, sehr angenehm im kleinen Kreis zusammen. Und dieses Land Tirol sorgte dann in vorbildlicher Manier für seinen bedeutenden Sohn. Er bekam eine Wohnung in unmittelbarer Nähe des Tiroler Landestheaters und konnte jederzeit in das Theater hinüber, Proben und Vorstellungen sehen, welch eine große, großzügige beispielgebende Geste!

Seine Witwe war nicht sehr glücklich über das, was ich in »In memoriam« wahrheitsgemäß über sie berichtet hatte. Sie schrieb mir und meinte ergänzend nur, sie hätten doch einen Sohn gehabt, und dies sei so wichtig, und er sei so glücklich über diesen Sohn gewesen.

Die Innsbrucker Bildhauerin Ilse Glaninger-Halhuber hat eine ganz wundervolle Raimund-Berger-Büste geschaffen. Eine Aufnahme befindet sich an meiner Ehrenwand neben Stifter-, Ibsen-, Karl-Kraus-, Schiele-, Mahler-, Doderer-, Nestroy-, Kräftner-, Soyfer-, Wedekind-, Horváth-, Chlumberg-, Fronius-Dokumenten. Doch durch einen Unglücksfall ist sie zerbrochen und existiert nicht mehr. Wie tragisch ist diese ganze Biographie! Ich habe kürzlich die Ilse Glaninger wiedergesehen. Sie sagte zu mir: »Sie erinnern mich an Raimund Berger und Lilly Sauter.« Und sie erzählte, daß die Witwe irgendwo im südlichen Bayern lebe, und daß der Sohn vorhabe, Clown zu werden.

Wir waren also in Igls, verbrachten einen guten Abend mit den Mitterers und dem jüngeren Sauter-Sohn samt Ehefrau. In meiner Dankrede dann im Landhaus habe ich vieles, das ich sagen wollte, nicht gesagt, aber ich habe die Lilly gebührend erwähnt und ihre heile Familie.

Es war eine wohlgelungene Feier, man zitierte aus »Tirol für Anfänger«, der Felix Mitterer sprach eine wohlgelungene Laudatio, die Evi las Texte von mir über Tirol. Ich hatte mir als musikalische Umrahmung den Werner Pirchner gewünscht, der ein bedeutender Zeitgenosse ist, ein sehr politisch engagierter Bursche von unendlichem Humor. Es gibt selten Musik, die uns lachen macht: Die seine kann das.

Es spricht für dieses Land Tirol, das so konservativ ist, wenn es einen solchen satirischen Graphiker wie den Paul Flora, einen solchen wohlgelaunt und engagiert komponierenden Musiker wie den Werner Pirchner hervorgebracht hat und nicht im Abseits verkümmern läßt, ebenso den durchaus nicht regierungskonformen Felix Mitterer, ebenso den Tiroler Kirchenfürsten Stecher, der so vorbildlich gegen die hartnäckigen Ritualmord-Legenden aufgetreten ist.

Ich hoffe, ich habe in meiner Dankrede gesagt, halbwegs gesagt, was ich auf dem Herzen hatte, ich war noch sehr beeindruckt-überwältigt von dem vorgestrigen philharmonischen Sonntag und dem gestrigen strahlenden Spätsommermorgen, ich habe von einer »philharmonischen Landschaft« gesprochen, denn gerade Mahlers

Musik ist nicht frei von Härte, sie bezieht die Härte in das Schöne ein. Am Abend nach der Landesregierungsveranstaltung waren wir in einem populären Lokal, mit Freunden vom Theater, mit Mitterers und ihrer so wohlgeratenen sehr jungen Tochter Anna, mit dem Werner Pirchner. So oft denke ich, daß es so viele gibt, die man öfter sehen sollte, die man zu sich bitten sollte, zu denen man hin sollte, wenn sie ausstellen oder lesen. Die Stunde kommt, die Stunde kommt, wo du an Gräbern stehst und klagst, eine schöne, wahre Zeile aus einem vielleicht sonst allzu konventionellen Gedicht.

Am nächsten Tag in Ruhe Rückkehr nach Wien. Keine Termine an diesem Tag. Diesmal fahren wir nicht an Salzburg vorbei, sondern gleich nach der Grenze rechts nach Anif, dann an Hellbrunn vorbei und, sobald das Stadtgebiet von Salzburg begonnen hat, bei der Straßenbiegung hinunter zum Maria-Theresien-Schlössel, einem einzigartigen Etablissement inmitten einer Parkanlage, einer Art Hotel, wo man wohnen und essen kann, letzteres, wenn das Wetter gnädig ist, auf einer herrlichen Wiese vor dem Haus. Das »Hotel« ist altmodisch und wird, Zug um Zug, renoviert, es ist ein beliebter Ort für Salzburger, die Hochzeit feiern. Dort waren wir so oft, wenn in Salzburg oder beim Hellbrunner Fest die Evi zu tun hatte, dort ist man zu Hause wie nicht bald heutzutage in einer »Gaststätte«, dort ist für uns Salzburg, wenn auch die Stadt sich außerhalb der geliebten klassischen Innenstadt verändert hat. Wir fuhren zum »Schlössel«, plauderten mit den Besitzern, fuhren dann in die Stadt, und da wir Zeit hatten, suchten wir einen Platz und fanden auch einen für die Evi zum Aquarell-Malen, auf einem Parkplatz, von dem aus man das Nonntal sehen und porträtieren konnte. Allerdings mußte man, wenn ein Wagen vorbei wollte, die Pinsel und Töpfe und sonstigen Malutensilien, die neben unserem Auto auf der Straße standen, wegräumen. Aber es wurde ein wohlgelungenes Bild. Und dann hinein, Kaffee trinken an der Salzach, Café Basar, trinket Augen, was die Wimper hält, von diesem Salzburg-Blick, und dann zurück nach Wien. Und damit wäre der Geburtstag nach vier Monaten zu Ende. War er es?

WALTER ENGEL – PETER STADLEN

Walter Engel ist etwas jünger als ich. Im Akademischen Gymnasium hab ich ihn nicht bemerkt, so tief unter mir war er. Dann ging er ins Reinhardt-Seminar, dann wurde er Schauspieler in der »Literatur am Naschmarkt«, bescheiden, unauffällig, doch nach der ersten Spielzeit wurde ein Regie-Duumvirat geschaffen, Walter Engel – Wilhelm Hufnagl, und von Walter Engel in dieser Eigenschaft habe ich *so* viel gelernt, wie Theater zu sein hat, wie Proben zu sein haben, wie man mit Texten umgeht. Er war (ist!) ein hervorragender Sprecher, und wenn die »Stimme Amerikas« im Radio vor einem Kommentar sagte: »Sie hören Walter Engel«, delektierte ich mich am Klang einer vertrauten, wohltemperierten Stimme. Ich sah ihn dann einmal bei einem Besuch in New York, wo meine Eltern lebten, ich sah ihn wieder einmal, als wir in Berlin waren, wo er im Dienst der Vereinigten Staaten wirkte . Ich schickte ihm mein Buch »Gerichtstag vor neunundvierzig Leuten«, in dem er vorkommt, seither wechselten wir die üblichen Weihnachtsgrüße. Und im Frühjahr 88 kündigte er uns seine Anwesenheit in Wien an. Ein Wiener in Wien zum erstenmal seit damals!

Ich freute mich kindisch und strahlend, und die Freude wurde nicht, wie sonst so oft, durch die Realität enttäuscht. Ich bin mit Freundschaft vielfach gesegnet, die meisten sind in diesem Bericht gegenwärtig, aber das war doch darüber hinaus – ich könnte nicht sagen, wieso und wodurch. Seine Frau und er wohnten in der Nähe der Oper, ich traf sie im Foyer des Hotel Sacher. Und es war, als hätten wir ein Gespräch irgendwann anno 38 unterbrechen müssen und könnten es jetzt endlich fortsetzen, Motto: Und was gibt's sonst Neues?

Welch eine Karriere wäre das geworden! Wie hat er sich behelfsmäßig weiterwursteln müssen. Ich weiß, daß er ein professioneller Regisseur war, schon damals, und er hat dann in New York mit den zniechtigen Produktionen in deutscher Sprache vorlieb nehmen müssen, in der Aura jener »Faust«-Vorstellung, über die ein dortiger Kritiker schrieb, in keinem anderen Stück dauere es so lange, bevor »boy meets girl«. Keiner, der soviel Zeit dort drüben verbracht hat, spricht so rein und ohne jeden Anklang unsere Sprache, keiner hat ein so appetitliches Gedächtnis an alles, was hier gewesen ist. Sie waren nur ganz kurz da, aber sie haben auch viele Stunden hier heraußen bei uns verbracht.

Als der Regisseur Gustav Hartung, den die Emigration auch gebrochen hat, einmal in Basel »Minna von Barnhelm« inszenierte, bekam er auf einer Probe einen Weinkrampf bei der Stelle »Mädchen, ich habe einen zänkischen Rausch« und rief: »Was wir verloren haben!«

Ich bin stellvertretend für so unendlich viele, die so viel verloren haben, Landschaften, Städte, Menschen, Sprache. Es ist so unsagbar, so ganz und gar gewaltig, daß fünfzig Jahre nicht genügen, es wahrzunehmen. Daß es den Stadtkern von Salzburg gibt wie eh und je, und meine Mitschüler aus der Achten können ihn nicht sehen! Daß ich von meinem Schutzengel auf Flügeln der Sehnsucht hierher getragen wurde und hier sein darf und meinen Beruf ausüben darf! Daß ich mit fast vierzig Jahren gleichsam unbekannt neu anfangen durfte und etwas geworden bin! Ich sollte die Frau Bundesminister, den Herrn Bürgermeister, die Herren Landeshauptmänner ehren und ihnen Orden umhängen, nicht sie mir!

Im Sommer 89 wollen die Engels, so Gott will, wiederkommen. Ich freue mich schon heute drauf. Sie haben mir einen Brief geschrieben, den ich, wie fast alles, nicht beantwortet habe, aber sie werden es mir verzeihen, wenn sie dieses Buch lesen. Ich habe ja, seit ich an diesem Buch schreibe, sträflich gegen meine Prinzipien gehandelt, ich habe viele Briefe und auch Telegramme in große Taschen getan und nicht beantwortet. Da diese Poststücke von meinen Freunden gekommen sind, hoffe ich, daß sie als meine Freunde dieses Buch lesen werden und meine Entschuldigungen hiemit entgegennehmen und mir verzeihen.

Apropos philharmonische Landschaft: Die Schweiz ist gesegnet mit großartigen Landschaften. Wenn man nach Palézieux zum erstenmal den Genfersee sieht (mit der Bahn, die Straße ist nicht so attraktiv), wenn man im Berner Oberland, nein: wenn man bei entsprechendem Licht hinter dem Zürichsee die Alpen sieht, wenn man im Kanton Glarus ... wenn man im Engadin ... wenn man im Kanton Wallis ... ich weiß, ich weiß. Aber wir waren einmal irgendwo in einer diesbezüglichen Landschaft und haben zwei Damen aus Österreich getroffen, und die eine hat gesagt: Diese Aussicht geht mir so auf die Nerven! – Nichts gegen die einzigartig schönen Landschaften, am Vierwaldstätter See schmecken sie ein bisserl zu stark nach Schiller, obwohl die Axenstraße ...

Und wenn man von der Höhe des Toggenburg hinüber über Liechtenstein auf die Vorarlberger Berge schaut, sind sie anders. In Österreich sind auch reizlose Landschaften schön, zum Beispiel rund um den Arlberg. Schweizer Landschaften sind romantisch beziehungsweise wildromantisch; österreichische Landschaften sind philharmonisch.

Ich bin von Natur aus schweigsam, mir geht es oft auf die Nerven (man sagt »es geht«, nicht »es fällt« mir auf die Nerven), wenn ich Gespräche führen, wenn ich Gespräche hören muß. Ich kann sachlich Themen besprechen, die zu besprechen sind, aber das Geplauder ohne Sinn und Zweck ist mir odios, vor allem, wenn es um große Themen geht. Ich kann stundenlang sein, ohne zu reden, ich hasse Diskussionen, das »denkt sich sein Teil und läßt die andern reden« aus der unsäglichen Österreich-Laudatio von Grillparzer stimmt für mich; das Blöde dran sind die Zeilen vorher:

Allein, was not tut und was Gott gefällt,
Der klare Blick, der off'ne richt'ge Sinn,
Da tritt der Österreicher hin vor jeden,
Denkt sich …

Nein, ich verfüge nicht über intime Beziehungen zu Gott, aber ich wage zu behaupten: Das kann ihm nicht gefallen.

Aber ich sitze oft daneben und schweige. Es war einst eine Diskussion zu Ehren des Herrn Bundespräsidenten der Bundesrepublik Deutschland in der hiesigen Botschaft, auch ich war geladen, und da wurde ein Thema aus der Luft gegriffen, und alle Anwesenden bemühten sich um das, was man heute leider »statements« nennt. Ich hätte mühelos mitreden können, aber ich wollte nicht und machte die Ohren zu.

Neulich saß ich an einem Tisch, und zwischen mir und den nächstsitzenden Herren waren zwei leere Stühle, und jemand sagte: Setzen Sie sich doch näher zu uns, und ich wollte antworten: Wozu, ich rede ja doch nichts. Alle, die mich kennenlernen wollen und sich davon Amüsement versprechen, sind enttäuscht. No ja, was soll ich tun?

Ein Freund meiner Eltern besuchte uns, fand mich allein und versuchte auf sehr nette Weise, sich mit mir zu unterhalten. Ich war wohl dreizehnjährig. Als er gegangen war, fanden meine Eltern mich weinend: »Er hat mich ausgefragt!«

Gesprächsstoff ist ein wahnwitziges Problem für mich. Doch zum Beispiel mit den Engels gibt es dieses Problem nicht. Beim Unterricht im Konservatorium gibt es dieses Problem auch nicht. Auch wenn ich nichts gefragt werde, weiß ich ihnen genug zu sagen, und ich spüre, daß sie mir zuhören.

Neben meinem Telephon liegt die Einladung zu einem Empfang anläßlich der Konferenz »JEWS AND CHRISTIANS IN A PLURALISTIC WORLD«. Heute ist Sonntag, morgen muß ich absagen, weil ich finde, daß man mich nur zu einer Konferenz über ein deutschsprachiges Thema einladen darf. Diskussionen, wenn sie mir nicht den Raimund Berger bescheren, sind mir schrecklich fad. Und mit dem Walter und der Inge Engel ist der Gesprächsstoff da, ohne daß man nach ihm fragt.

Er ist auch da mit dem Peter Stadlen und seiner Frau Hedi. An einem Mittwoch wurde ein Symposion eröffnet, und das Thema, das mir gestellt wurde, reizte mich, obwohl (weil?) ich nicht dazu berufen war, über Musik im Exil eine Einleitung zu sprechen. Aber ich sprach über die Leiden eines Musikkonsumenten im Exil, und es geriet mir, glaube ich, recht gut. Und ich sprach auch über mein ewiges Thema, unsere Kabarettmusiker 1931–38, um die sich niemand kümmert. Und nachher kam ein Mann, der mir so bekannt vorkam, auf mich zu und sagte: »Ich bin der Peter Stadlen.« Und in der Reihe hinter mir saß eine Dame, die mir so bekannt vorkam, und stellte sich als seine Gattin Hedi heraus. Meine Augen sind halt zum Wegschmeißen, hoffentlich haben sie mir's geglaubt. Der Peter Stadlen, Pianist, war ein wesentlicher Bestandteil des musikalischen Freundeskreises. Damals vor der Apokalypse. Er war auch ein meisterlicher Blödler, und er erinnerte mich sofort an ein Dall-dall, das ich ihm einstens aufgegeben habe und das er erraten hatte.

Dall-dall ist eine Rätselart, die der Philosoph Brentano erfunden (oder propagiert) hatte. Man sagt statt jeder

Silbe »dall«, ohne Rücksicht auf die Orthographie, also zum Beispiel:

Daß der Täter dall Dalldalldall
Zu der Beute der Dalldall dalldall.

Und das heißt:

Daß der Täter die Bestecke
Zu der Beute der Diebe stecke.

Eine Zeitlang war diese kluge Blödelei bei uns sehr im Schwang, nun ist sie verglommen, doch Peter Stadlen erinnerte mich voll Stolz daran, daß er ein von mir aufgegebenes Dall-dall erraten hatte, es muß mehr als fünfzig Jahre her sein, und ich erinnerte mich sofort:

An die Philologen:
Wollt ihr in Dichters Werken klug
Jedes Dall dalldalldalldalldall,
Werdet ihr der Gedanken Flug
Nur zu bald dalldalldalldalldalldall.

Das heißt:

Wollt ihr in Dichters Werken klug
Jedes Verb analysieren,
Werdet ihr der Gedanken Flug
Nur zu bald verbanalisieren.

Und Peter Stadlen ging nach London, hatte dort die grausamen Emigrantenschicksale, die so vielen Österreichern bereitet wurden, wurde mit so vielen anderen deportiert, konnte dann zurückkehren, seinen Beruf ausüben. Und kam, als man wieder konnte, nach Wien, spielte hier erlauchte Neue Musik in erlauchtem Rahmen, Klavierkonzerte von Schönberg, von Hindemith. Es muß vor dem Sommer 1948 gewesen sein, denn 1948 ist er gestorben, der Alfred Ibach, und der bemächtigte sich seiner, und da die Josefstadt damals in der Liliengasse ein »Studio« führte, ließ Alfred den Peter Stadlen dort konzertieren, viel Schubert, die Diabelli-Variationen von Beethoven.

Einmal führte ich ihn und das Ehepaar Hindemith in das Volkstheater zu »Kampl« von Nestroy mit der unvergleichlichen Inge Konradi, sie waren recht positiv beeindruckt.

Peter Stadlen kam nach Wien, einmal trafen wir einander im Engadin, wir hatten immer Gesprächsstoff, vor allem über Musik, meine unglückliche Liebe. Er hat meinen Weg zu Schubert bestärkt, er hat außer der Neuen Musik besonders gern Schubert gespielt. Und dann kam ein Bruch, und er gab das Spielen auf und wurde Musikkritiker einer hochangesehenen Londoner Tageszeitung.

Am Mittwoch habe ich sie kurz gesehen und mußte bald gehen. Ich verabredete mich mit ihnen für Sonntag. Ich fühlte mich nicht wohl, auch hatte mich eine arg mißglückte Veranstaltung im östlichen Niederösterreich verstimmt. Ich ging am Sonntag nicht hin, ich sagte blutenden Herzens Veranstaltungen in Kapfenberg und in Bruck an der Mur ab. Bei einer Wiener Lesung sprang die Evi ein und las aus diesem Manuskript. Ich arbeitete dann nur bei der folgenden Diskussion, die erstaunlicherweise recht erfreulich verlief.

Ich müßte den Stadlens schreiben, auf daß sie mich nicht für treulos halten, aber ich schreibe keine Briefe, ehe dieses Manuskript beendet ist.

Ich bin ein Glückskind, ich weiß es, mir ist während der deutschen Herrschaft nichts geschehen, ich bin anstandslos hinausgekommen, ich habe gelebt und gearbeitet, ich bin anstandslos zurückgekommen, ich habe Beschäftigung gefunden, ich habe nicht mehr Feinde und Gegner als der langjährige Durchschnitt, ich habe keine drückenden materiellen Sorgen, ich werde von vielen Zeitgenossen gemocht, ich werde hie und da auf der

Straße von Fremden freundlich begrüßt, ich wohne in einer geliebten Gegend in einem sehr angenehmen Haus, man kümmert sich zu Hause um mich, die mangelnde Sehkraft und die Gehschwierigkeiten – irgend etwas hat ja ein jeder in diesem Alter. Die Frau Lore meines alten Freunds Walter Taussig sagt: Wenn du über fünfzig bist und wachst in der Früh auf, und es tut dir nicht das geringste weh, dann bist du tot!

Also: Es geht mir so gut, als es mir nur gehen kann. Es könnte natürlich sein, daß

a) manche Leute mich im antisemitischen Zusammenhang nicht mögen und sich zurückhalten, dies zu zeigen, beziehungsweise daß sie feindselig mir gegenüber sind, aber nicht zeigen, daß es sich um Antisemitismus handelt,

b) daß andere Leute mir Positives erweisen, mir Sympathien zeigen, weil ich dieses bewußte Schicksal hatte.

Die Variante b) wäre mir unlieb. Ich habe viele geblödelte Stampiglien herstellen lassen, aber eigentlich nur die des Vereins zur Abwehr der Überschätzung Hugo von Hofmannsthals häufig verwendet. Unter den Stampiglien befand sich auch eine des Vereins »Zur Abwehr des kritiklosen Philosemitismus«, Sie wissen es schon, die mir gelegentlich übelgenommen wird. Aber ich will nicht wieder diesem Thema verfallen, ich sag's nur.

Wohin ich wollte und wovon ich mich nicht abdrängen lassen will: Es geht mir bilderbuchgut. Und doch hab ich so viel verloren. Ich habe Walter Engel und Peter Stadlen verloren, mit denen ich – welch ein Wunder! – Gesprächsstoff hatte.

Es dauert alles so lang. Man müßte dieses Gesetz näher untersuchen. Schubert war lange, lange nicht da; siehe den Bericht Eduard Hanslicks über die aufgefundene h-Moll-Symphonie. Mozart war immer da und doch nicht wirklich da. Es bedurfte des Bruno Walter und Karl Böhm, ihn ganz in Erscheinung treten zu lassen. Verdi war da und doch nicht wirklich da. Es bedurfte des (eigentlich nicht guten, aber doch) Romans von Franz Werfel, ihn zu erlösen. So ist's auch mit Todesfällen. Ein Schmerz. Ja; aber das Bewußtsein, daß eine oder einer nicht mehr da ist, das dauert!

Heinrich von Kleist:

»Bach, als seine Frau starb, sollte zum Begräbnis Anstalten machen. Der arme Mann war aber gewohnt, alles durch seine Frau besorgen zu lassen; dergestalt, daß da ein alter Bedienter kam und ihm für Trauerflor, den er einkaufen wollte, Geld abforderte, er unter stillen Tränen, den Kopf auf einen Tisch gestützt, antwortete: Sagt's meiner Frau.«

Noch immer denk ich, wenn mich etwas Diesbezügliches bewegt: Das muß ich den Xandl fragen – dem Xandl sagen.

Noch immer, wenn der Evi oder mir etwas sehr raffiniertes Geblödeltes einfällt, sage ich: »Das versteht außer uns nur die Susi.« Die Susi! Eine so geistreiche, charmante Jugendfreundin, die Wien verlassen mußte, ein großes Bündel Schicksal zu absolvieren hatte. Nach ihr und ihrem appetitlichen Hirn hatte ich so sehr Sehnsucht, daß ich die Möglichkeit einer Reise, die von einer Redaktion veranstaltet wurde, nach New York und Washington wahrnahm, um mich in New York von der Menge abzusetzen und die Susi endlich wiederzusehen. Sie war seither mehrfach hier, es ist immer eine Art Fest (blödes Wort, denn Feste sind oft so öd!), sie hat die Absicht, nach Europa überzusiedeln, das wird eine große Sache. Um die Susi zu charakterisieren, eine wahre Begebenheit. Sie erzählte von einem Menschen, der eine »Hazienda« besaß. Ich darauf: »Hazienda«, das ist einer, dessen Erkältung eben zu Ende ist« (Hatzi-Ender). Sie verstand, bejahte, das war's schon.

Der Hitler hat mir den Walter Engel, den Peter Stadlen und die Susi genommen, die österreichische Bundesregierung hat es unterlassen, sie mir rechtzeitig wiederzugeben!

EPILOG: JAKOB HARINGER

Es ist Ende November. Ein halbes Jahr seit meinem Geburtstag wird nächste Woche vergangen sein. Inzwischen hat sich allerlei ereignet; doch der Zweck dieser Mitteilungen ist ja nicht das Tagebuch. Da war das Symposion über Musik in der Emigration, da war eine Feier »200 Jahre Josefstadt«, bei der ich reden durfte, die jährliche Jurysitzung für die Vergabe des nächstjährigen Nestroy-Rings, die Eröffnung der Ausstellung »Hans Weigel – Leben und Werk« in einem Korridor des Wiener Rathauses, nächst der Wiener Stadt- und Landesbibliothek, höchst vorbildlich gemacht vom Herrn Dr. Walter Obermaier, in Anwesenheit des Herrn Bürgermeisters und der Frau amtsführenden Stadtrat von Wien. Der Walter Engel, dem ich den Katalog schickte und dazu, weil ich mich so ungern zur Schau stelle – was mir ja auch bei diesem Buch die mehrfach geäußerten Alma-Mahler-Zores macht –, meinte, es sei eine Ansichtskarte, schrieb mir: »Das ist eine Ansichtskarte, wie es sie interessanter und reizvoller kaum geben kann. Wir finden den einleitenden Aufsatz hervorragend gut, der Autor verdient alle ›Ober‹, die er als Oberbibliotheksrat Obermaier im Titel und im Namen hat.« Und sowas lebt im Bundesstaat Maryland!

Und nun zum Abschied ein letzter Bericht.

Zwei Jahre war ich Angestellter im Paul Zsolnay Verlag, Abteilung Herstellung und Vertrieb, das war recht lehrreich, vor allem für meinen Umgang mit dem graphischen Gewerbe. Eine Folge dieser Tätigkeit war eine gewisse Laxheit im Umgang mit Büchern, denn bei Zsolnay gab es Riesenauflagen und Bücher: Probebände, Stärkebände, man konnte herumliegende Bücher mitnehmen, man hatte Rabatt, wenn man Verlagswerke bestellte.

Ich sammle Bücher. Antiquariatskataloge sind für mich eine faszinierende Lektüre. Doch weil ich eine gewisse Laxheit im Umgang mit Büchern mein eigen nenne, fällt es mir nicht so schwer wie normal, mich von Büchern zu trennen. Ich verschenke oft Bücher. Zu den von mir gesammelten Büchern gehören auch die Bücher von Jakob Haringer, den man heute kaum mehr kennt.

Haringer war zu seiner Zeit bekannt, es gibt positive Texte über ihn von Hermann Hesse, Alfred Döblin und anderen. Er war ein Sachse, seine Biographie ist voll von Rätseln, er war ein Rebell, ein Vagant, ein Bettelbriefschreiber großen Formats, ein Radaubruder, ein Schuldenmacher, ein sehr bedeutender Lyriker. Das geht indirekt daraus hervor, daß er von Robert Neumann und von Friedrich Torberg parodiert wurde.

Als ich im Wiener Zsolnay-Verlag bedienstet war, erschienen dort zwei Gedichtbände von Haringer. Und einmal las mir mein Kollege Grünberg die Verse vor:

Ist alles eins,
Was liegt daran,
Der hat sein Glück,
Der seinen Wahn.
Was liegt daran!
Ist alles eins,
Der fand sein Glück!
Und ich fand keins.

Diese Verse hab ich mir seit damals gemerkt. Und als meine Existenz sich 1945 fortsetzen durfte, begann ich, auch Haringer zu sammeln. Ich erfuhr, daß mein Kollege Peter Härtling gleichfalls ein Haringerist ist. Er weiß, daß

Arnold Schönberg dieses »mein« achtzeiliges Gedicht vertont hat, meint aber, daß Haringer dies nicht gewußt habe.

Ich hatte fast alles, was von Haringer erschienen ist, unter meinen Büchern.

Und ich las, daß die Stadt Salzburg eine nach einem sehr üblen rechtsstehenden Autor benannte Salzburger Gasse umbenannt hatte und daß es in der Stadt Salzburg eine Gasse gibt, die nach Jakob Haringer benannt ist.

Da freute ich mich sehr, umso mehr, als es in der Stadt Wien so viele Straßennamen, Platznamen, Gartennamen gibt, die es nicht gibt.

Und ich schrieb der betreffenden Abteilung des Salzburger Magistrats, daß ich der Stadt Salzburg gern meine Haringer-Sammlung schenken möchte. Ich bekam eine freundliche, positive Antwort und die Einladung, die Bücher dem Herrn Bürgermeister persönlich zu übergeben.

Die Evi hatte zugesagt, an einer Anti-Wackersdorf-Veranstaltung im Salzburger Landestheater teilzunehmen, und wir verabredeten uns mit dem Bürgermeisterbüro für den Nachmittag vorher.

Und noch immer strahlender Spätherbst für die Fahrt nach Salzburg. Wir waren vom Land Salzburg, das die Anti-Wackersdorf-Kundgebung veranstaltete, zum Wohnen in das Hotel Österreichischer Hof eingeladen, hatten um ein flußseitiges Zimmer gebeten, kamen bei Tageslicht an, öffneten das Fenster und sahen auf die »schöne Stadt«, wie sie am schönsten ist, und die Evi nahm sofort ihre Malsachen und porträtierte die Aussicht auf die Front am linken Salzachufer. Dann gingen wir durch den Mirabellgarten zum Schloß Mirabell, wo die Stadt Salzburg, die man auf dem herrlichen Stiegenhaus erreicht, zu Hause ist, in das Büro des Bürgermeisters, ich brachte einen Koffer mit Büchern und Broschüren, tat den Haufen auf den Tisch und schob ihn zum Herrn Bürgermeister hinüber. Dann gingen wir durch den Mirabellgarten zurück, es war finster geworden. Am nächsten Tag war die Anti-Wackersdorf-Kundgebung im Landestheater, am nächsten Tag brachte die Evi am Fenster noch zwei wohlgelungene Aquarelle zustande, dann fuhren wir zurück nach Wien, und in wenigen Tagen, am 29. November, ist mein Lebensalter achtzigeinhalb.

Und seit gestern muß ich versuchen, damit fertig zu werden, daß der Erich Fried nicht mehr lebt.

Maria Enzersdorf, 24. November 1988